苟得其養, 無物不長
제대로 돌보면 무엇이든 잘 자란다.

― 〈고자〉 상8 ―

맹자 여행기

초판 1쇄 인쇄 2016년 1월 14일
초판 1쇄 발행 2016년 1월 18일

지은이 신정근

펴낸이 정철기
펴낸곳 h2
주 소 서울시 관악구 봉천동 남부순환로 246라길 8, 401호
전 화 02-745-9213 **팩 스** 02-745-9214
전자우편 aragong01@hanmail.net
출판등록 2001년 10월 8일 제2010-000223호

ⓒ 신정근, 2016
ISBN 978-89-89884-91-0 03140

이 책은 저작권법에 따라 보호받는 저작물이므로 무단전재와 무단복제를 금지하며,
이 책의 전부 또는 일부를 이용하려면 반드시 저작권자와 h2의 서면동의를 받아야 합니다.

* 잘못된 책은 구입한 곳에서 바꾸어 드립니다.
* 책값은 뒤표지에 있습니다.

책 밖으로
나 온
사상가
───────
0   1

맹자여행기
절망의 시대, 사람의 길을 묻다!

| 신정근 지음 |

일러두기

1. 맹가孟軻가 개인 이름이고 맹자孟子는 존칭이다. 맥락에 따라 둘을 섞어서 사용한다.
2. 중국의 인명, 지명은 현지음, 한자, 독음 순으로 표기한다. 단, 한자음이 더 익숙한 인명이나 지명은 한자음을 표기한다.
3. 인문여행의 여정은 맹자의 출생, 성장, 사망, 기념 등의 시간 순서에 따른다. 독서와 답사에서는 꼭 이 순서를 따를 필요가 없다.
4. 전체 책 제목은《 》, 그 외 논문, 영화, 그림, 시, 비석 등의 제목은 모두〈 〉로 표시한다.
5. 나는 시간의 여유가 생길 때마다 중국 인문학의 고장을 찾는다. 이 책의 집필은 세 차례에 걸친 답사의 결과이다. 1차는 반자와 아들 성빈, 2차는 반자, 3차는 출판사 관계자와 동행했다. 서술 시점은 3차 기행을 기준으로 하지만 필요 시 이전의 답사 사정을 언급했다.
6. 현지의 사정이 바뀌거나 세 번에 걸친 답사로도 내용이 부족한 경우 별도의 답사를 통해 사실 관계를 바로잡았다.

■ 프롤로그

최초의 심리학자이자 혁명가, 맹자를 찾아가는 길

주周나라가 은殷나라를 이어서 중원의 지배권을 장악했을 때 "신하가 임금을 어떻게 정벌할 수 있느냐?"라는 반론이 만만찮게 제기되었다. 당시의 왕권은 하늘이 덕 있는 사람에게 점지해 주는 것이었다. 따라서 하늘이 이미 천명을 준 은나라를 무력으로 무너뜨린 주나라는 자신에게 덧씌워진 반란의 혐의를 지워야 했다. "은나라 마지막 주왕은 폭정을 자행했다", "주나라도 천명을 받았다" 따위의 이유를 제시했지만 주나라의 개국은 완전한 정당성을 얻기 어려웠다.

오랜 '침묵의 시간'이 지나가고 있었다. 주나라가 천하를 차지했으니 사실을 인정하고 더 이상 이 문제를 거론하지 말자고 서로 무언의 약속이나 한 것처럼 보였다. 이 무언의 침묵을 깬 사상가가 있었으니, 그가 바로 맹자이다.

그는 신분제 사회에서는 상상하기 힘든 주장을 들고 나온다. 바로 '역성혁명易姓革命'의 정당성을 주장한 것이다. 군주는 백성을 보살펴야 한다. 오히려 백성을 도탄에 빠뜨리는 폭군은 더 이상 군주가 아니다. 따라서 설혹 폭군을 죽인다고 해도 그것은 왕을 죽인 반란이 아니라 범죄자를 처단한 정의의 실현이다.

맹자는 현실의 왕 같지 않은 왕을 서슴지 않고 '독부獨夫'(독재자)라고 불렀다. 나아가 '누구를 위한 나라인가?'에 대해 새로운 가치 서열을 제시했다.

> 民爲貴, 社稷次之, 君爲輕.
> 민위귀, 사직차지, 군위경.

> 백성이 가장 귀하고, 사직(나라)이 그다음이고, 군주가 가장 가볍다.
> _〈진심〉하14

맹자는 신성한 절대 권력의 자리에 백성을 올려놓았다.

맹자, 연꽃을 닮은 철학자

나는 이런 맹자를 생각하면 세 가지가 떠오른다. 첫째, 연꽃이고 둘째, 공자이고 셋째, 정도전이다. 왜 '연꽃'일까? 연꽃은 더러운 물속에서 피어난다. 더러운 물과 아름다운 꽃은 어울리지 않는다. 하지만 연꽃은 이 어울리지 않는 관계를 현실로 구현한다. 맹자는 전국시대에 활약했던 제자백가 중의 한 명이다. '전국시대戰國時代'라는 말 자체가 싸우는 나라들의 시대라는 뜻이다. 맹자는 평화의 시대가 아니라 전쟁의 시대를 살았다.

《맹자》를 보면 국가의 곳간에 군량미가 썩어 나고 마구간의 말은 배불리 사료를 먹지만, 백성은 굶주림에 허덕이며 길에서 죽어 나가는 참상을 묘사하고 있다. 역설이다. 무엇을 위해 국가가 존재하는지 물을 만하다. 맹자는 이를 두고 "짐승을 몰아다 사람을 잡아먹는 형세"라며 분노했다. 맹자가 이렇게 '사람을 살리는 시대'가 아니라 '사람을 잡아먹는 시대'를 살았으니 혁명을 외치지 않을 수 있었겠는가?

이런 상황이라면 사람의 본성을 당연히 '성악性惡'이라고 해야 하지 않을까? 맹자는 그렇게 생각하지 않았다. 그는 '성선性善'이라 보았다. 이것은 발상의 전환을 뛰어넘는 역발상이다. 성악이라고 한다면, 부패한 세상을 갈아엎을 이유는 될 수 있다. 하지만 새 시대를 향한 '희망의 씨앗'을 찾을 수가 없다. 혁명은 수단이지 목적이 될 수 없다. 혁명에 성공한 뒤에 '살맛 나는 세상' 또는 '도의가 살아 있는 세상'을 일구려면, 그 바탕이 될 마음의 씨앗이 필요하다. 맹자는 '성선'을 그 씨앗으로 본 것이다.

여기에 한 아이가 엉금엉금 기어가는데 그 앞에 우물이 있다. 당신이 그런 상황을 보고 있다면 어떻게 할 것인가? 이해타산 따위는 집어치우고 오로지 아이를 살려야겠다는 마음으로 우물로 뛰어갈 것이다.

왜냐면? 사람은 남을 때리고 질투하고 미워하는 마음도 가지고 있지만, 남을 아끼고 돌보고 사랑하는 마음도 가지고 있다. 아무리 전쟁과 광기로 서로 싸운다 하더라도, 남을 사랑하는 이 마음의 씨앗, 즉 성선性善을 잘 키우면 사람이 달라지고 세상도 바꿀 수 있다. 맹자가 찾아낸 성선은 더러운 물속에서 피어나는 연꽃과 닮지 않았는가?

맹자, 공자의 그늘에 가려진 만년 2인자의 서러움

'공맹孔孟'이라는 말이 있다. 공자와 맹자를 아울러 일컫는 말이지만, 맹자는 공자 다음이라는 의미이기도 하다. 왜 '공자孔子'는 홀로 빛나는 별이지만 맹자는 공자가 있기에 겨우 빛나는 별로 취급 받을까? 나는 맹자를 생각하면 늘 안타까움이 앞선다. 맹자도 충분히 홀로 빛나는 별임에도 불구하고 공자의 그늘에 가려서 제 빛을 발하지 못하기 때문이다. 사람들은 1인자와 함께 2인자를 찾기도 하지만 1인자 없는 2인자를 따로 주목하지는 않는다. 이러한 경향은 한국 사회에도 '승자독식'이라는 형태로 짙은 그림자를 드리우고 있다.

과거에도 공자는 '성인聖人'으로 추앙 받았지만 맹자는 성인에 버금가는 '아성亞聖'일 뿐이었다. 맹자는 늘 공자 다음의 2인자였다. 그래서 나는 '맹자' 하면 언니에 치이는 여동생, 형에 치이는 남동생의 신세를 떠올리게 된다.

사상 자체만을 놓고 봐도 맹자가 결코 공자에 뒤처질 이유가 없다. 맹자는 오늘날 우리가 여전히 쓰고 있는 숱한 용어들을 만들었다. 예컨대 오십보백보五十步百步, 조장助長, 호연지기浩然之氣, 지언知言, 조심操心, 방심放

心, 진심盡心, 측은지심惻隱之心 등을 처음으로 사용했다. 아울러 송명宋明과 조선의 성리학에서 빼놓을 수 없는 사단四端, 양지良知, 양능良能, 정전井田, 인의예지仁義禮智, 후의선리後義先利 등도 그에게서 비롯되었다.

이것만이 아니다. 사실 더 큰 업적이 있다. 맹자는 동아시아 사상사에서 가장 먼저 마음 '심心'을 철학의 주제로 설정한 인물이다. 최초의 심리학자라고 할 수 있다. 이는 철학사에서 중요하게 평가되어야 할 지점이다. 그의 독창적인 발상이기 때문이다. 그래서 나는 동양의 철학자들을 '유가'나 '도가'의 테두리로 묶는 발상이 사실을 왜곡하는 측면이 많다고 주장해 왔다. 유가라는 틀에서는 공자와 맹자는 어김없이 같거나 비슷한 사람으로 분류되기 때문이다. 하지만 사상가 개인에 주목한다면 공자는 공자대로, 맹자는 맹자대로 각자의 장점이 빛을 발하게 된다.

맹자 이전의 철학에서는 사람의 객관적인 행위에 주목했다. 당시에는 어떤 형태의 행동을 관찰하는 것만으로도 그 사람이 어떤 사람인지 식별할 수 있었다. 왜냐하면 신분사회에서는 계급에 따라 규정된 행위의 코드를 준수해야 했기 때문이다. 물론 행동으로 모든 것이 드러나면 투명해서 좋다. 하지만 어떤 행동이 권위로 규정된 코드에 따른 것인지 아니면 그가 진정으로 옳다고 생각해서 하는 것인지가 분명하지 않았.

마음은 블랙박스와 같다. 행동이 'A 아니면 B'라는 이진법의 세계라면 마음은 다양한 조합이 가능한 다차원의 세계이다.

사람은 마음의 일부 또는 전부를 발휘하여 행동할 수도 있지만 마음과 달리 행동할 수도 있다. 따라서 권력과 권위로 행동을 통제할 수는 있어도 마음은 어찌할 수 없다. 맹자는 바로 외부의 힘에 좌지우지되지 않는 마음이라는 새로운 주체를 찾아낸 것이다. 이 업적만으로도 공자의 권위에 묻히지 않고 얼마든지 홀로 빛날 수 있지 않은가?

정도전, 맹자의 환생

왜 '정도전'일까? 신분사회에서 왕은 세습된다. 세자는 서연書筵을 하고 왕도 경연經筵을 하지만, 지도자로서의 자질과 능력을 사전에 알기는 어렵다. 일단 왕위에 오르면 권력자를 견제할 수 있는 강력한 제도도 없다. 멍청하게 날뛰는 폭군이 등장하면 지배자가 죽을 때까지 기다리는 수밖에 없다. 공동체에 번영을 가져와야 할 최고 지도자가 오히려 혼란과 전쟁 그리고 불안의 원인, 즉 거악巨惡이 되는 것이다.

맹자 이전에도 포악한 정치 지배자를 '큰 쥐(석서碩鼠)'라 부르고 '태양'에 비유해서 왜 망하지 않느냐고 저주를 퍼붓기도 했지만, 폭군을 처벌할 수 있는 논거를 제시하지는 못했다.

인민은 폭군을 권좌에서 끌어내리지도 죽이지도 못하고, 벙어리 냉가슴 앓듯이 그저 바라보아야만 했다. 이러한 상황에서 맹자는, 정의를 해치고 평화를 깨는 자는 왕이 아니라 그저 '한 놈一夫'일 뿐이라고 선언한다. 즉 천명에 의지하지 않더라도 왕이 왕 노릇을 하지 못한다면 더 이상 왕이 아니라고 한 것이다.

정도전 당시, 고려는 원제국의 지배에 국정이 농락당하고 왜구의 침략에도 속수무책이었다. 정치력의 부재는 귀족들의 농간과 관리들의 부패로 이어져 인민의 고통이 극에 달하고 있었다. 정도전을 비롯한 신진 정치세력이 개혁을 시도하지만, 공민왕의 죽음과 난마처럼 얽힌 이해관계로 인해 번번이 실패하고 만다. 정몽주와 함께 고려를 개혁하려던 정도전은 깊은 절망에 빠진다.

어떻게 해야 할까? 거악을 심판하는 신도 없다. 아래로부터 개혁을 이끌 세력도 없다. 천명이 바뀌거나 왕이 대오각성하기를 마냥 기다릴 수도 없다. 결국 정도전은 왕조를 바꿔야 한다는 결단을 내린다. 그가 내세운 발란반정撥亂反正(혼란을 정리하여 정상으로 돌아간다)은 어디에서 왔을까? 그것은 바로 맹자가 '한 놈'이라면 왕의 자리에서 몰아낼 수 있고, '한 놈'을 처단했다고 해서 쿠데타라고 말할 수 없다고 말한 '방벌放伐' 혁명에서 온 것이다. 정도전의 혁명에 맹자가 끼친 영향력은 절대적이었다. 조선의 건국과 600년 운영체계의 초석은 맹자의 사상으로 구축되었다고 해도 과언이 아니다.

맹자로 인해 동아시아 사회가 엄격한 신분사회였음에도 불구하고, 오늘날의 시민 불복종과 같이 거악의 고통을 끝장낼 수 있는 역성혁명의 길을 찾았던 것이다.

이제 그런 맹자를 찾아가려고 한다. 생각만으로 가슴이 뛰고 상상만으로 머리가 자유로워지지 않는가? 절망 속에서 희망을 찾았던 '맹자'를 만나서 난마로 얽힌 우리 시대의 문제를 푸는 실마리를 찾아보자.

목차

- **프롤로그** 최초의 심리학자이자 혁명가, 맹자를 찾아가는 길 _5
- 쩌우청외 맹자 유적지 위치와 교통편 _16

1장 사맹四孟의 도시, 쩌우청鄒城을 가다 - 이산嶧山

- 01 손님이 되는 인문여행 _21
- 02 공맹의 역사 전망대, 이산 _30
- 03 쩌우청 기차역, 공자맹자탄생성지비孔子孟子誕生聖地碑 _51
- 04 티에산 공원, 맹모교자상孟母敎子像 _60
- 05 역사가 기록한 여자, 칠녀漆女 이야기 _72

2장 맹자의 유년을 찾아서
- 맹자고리孟子故里, 맹자고택孟子故宅

- 01 맹가孟軻라는 이름의 비밀 _85
- 02 맹가가 태어나 뛰놀던 고향 _89
- 03 맹모정孟母井과 맹모지孟母池를 찾다 _102
- 04 맹자의 아버지는 누구인가? _113

3장 아들만큼 유명한 어머니
- 맹모삼천사孟母三遷祠, 맹모림孟母林

01 맹모삼천사孟母三遷祠, 맹모는 두 번 이사했다 _125
02 맹모사孟母祠, 자사서원子思書院, 자사사子思祠의 옛터 _141
03 맹모가 영웅이 된 수상한 내력 _156
04 맹모의 자식 교육 _166
05 위대한 어머니의 안식처 _178
06 맹모를 기리는 노래들 _191

4장 인간 맹가에서 역사의 맹자로 - 맹림孟林

01 공자 후손, 맹자의 자취를 찾다 _199
02 맹림, 맹자의 안식처 _208
03 사마천, 맹자를 푸대접하다 _226
04 조기趙岐, 맹가를 살린 사람 _233
05 주희朱熹,《맹자》를 살린 사람 _241

5장 슈퍼스타 맹자를 만나는 곳 – 맹묘孟廟

01 맹자의 철학적 위상 _249
02 세월이 빚은 판타지 _260
03 또 하나의 숲, 비림碑林 _271
04 하늘이 만든 우물 이야기, 천진정天震井 _288
05 맹자의 영혼이 숨 쉬는 곳, 아성전亞聖殿 _294
06 싸움닭 맹자 _304
07 《맹자성적도孟子聖迹圖》 _310
08 맹자의 또 다른 아버지, 자사子思 _322
09 맹자의 효孝 이야기 _334

6장 등불이 꺼지지 않는 부활의 터전 – 맹부孟府

01 맹부에는 누가 마지막으로 살았나? _349
02 몇 개의 문을 지나야 하는가? _355
03 지방 권부의 심장과 사적 공간 _362
04 꽃이 반기는 정원을 거닐다 _374

7장 혁명가 맹자

01 백성의 고통은 누구의 책임인가? _393
02 정도전, 맹자의 부활 _415
03 조선을 관통한 맹자 _427

- 에필로그 삶의 현장에서 사상가를 만나는 '인문여행'을 떠나며 _448

부록

- 중국에서 가장 오래된 《맹자성적도》 _456
- 어디서 잘까? - 쩌우청의 숙박 _462
- 무엇을 먹을까? - 쩌우청의 특색 음식 _465

- 참고문헌과 자료 _469

쩌우청의 맹자 유적지 위치와 교통편

■ 버스와 택시의 출발 지점은 쩌우청 기차역이다.

산둥성

1. 이산 峄山
위치: 山东省 邹城市 峄山镇 峄山风景区
교통: 버스 2번(2위안), 택시(약 30위안)

2. 쩌우청 기차역 邹城火車站
위치: 山东省邹城市 凫山街道 郏国路1号
교통: 버스 1, 2, 17, 20번

3. 티에산 공원 鐵山公園
위치: 山东省 邹城市 西北二里(岗山北路)
교통: 버스 19번

4. 칠녀성유지 漆女城清址
위치: 山东省 邹城市 和睦村
　　　(北宿镇 岳庄村西北, 城关镇 朱家村
　　　西南)

5. 맹자고리 孟子故里, 맹자고택 孟子故宅
위치: 山东省 邹城市北 凫村内, 孟母林西
교통: 취푸에서 1번 버스

6. 맹모삼천사 孟母三遷祠
위치: 山东省 邹城市 西庙户营村内
교통: 버스 1, 6, 7, 15번

7. 맹모사, 자사서원, 자사사의 옛터
위치: 맹묘 맹부 북동쪽 300m

8. 맹모림 孟母林
위치: 曲阜南 15公里处
　　　(104國道 凫村 公交站牌 东走500m)
교통: 취푸에서 1번 버스

9. 맹림 孟林
위치: 山东省 邹城市东北 12公里 四基山
　　　西麓
교통: 버스 201, 213번

10. 맹묘 孟庙, 맹부 孟府
위치: 山东省 邹城市 亚圣路 1498号
교통: 버스 17, 20번

공자와 맹자, 진시황을 비롯한 수많은 역사 속 인물들의 숨결을 간직한 신화와 전설의 무대 이산.

정상에 오르면 쩌우청의 시가지가 손에 잡힐 듯 한눈에 들어온다.

맹자는 이곳에서 분명 호연지기를 떠올렸으리라.

그러다 문득 홀로 계신 어머니가 마음에 걸려 혹시나 자신의 집이 보이지 않을까 한 손을 이마에 붙이고 눈을 찡그리고 있는 한 남자의 모습이 겹쳐진다. 마음이 뜨거워졌다.

나는 지금 성인도 아성도 아닌 그 남자, 맹가와 같이 서 있다.

1

사맹四孟의 도시, 쩌우청鄒城을 가다 – 이산嶧山

현재 세계에서 가장 긴 해상 교량 칭다오하이완대교青島海灣大橋.

01 손님이 되는 인문여행

주인의 자리에서 나그네의 자리로

나는 '여행旅行'이란 말보다 '답사踏査'라는 말을 좋아했다. 여행 하면 어쩐지 사람들이 떼를 지어 몰려다니는 모습이 떠오르지만 답사는 직접 발로 현장을 누비며 대화를 나눈다는 느낌이 들기 때문이다. 하지만 곰곰이 생각해 보면 '여행'도 좋은 말이다.

우리는 자신이 사는 곳에서 주인이자 제왕이다. 모르는 것이 없으니 맘 편하게 거칠 것 없이 활보한다. 그러나 낯선 곳에 가면 밥 한 끼를 먹고 물 한 잔을 마시려 해도 누군가에게 물어야 한다. 제 집에서 큰소리만 치던 어른이 낯선 곳에서는 어린아이가 된 꼴이다. 그래서 여행은 '오만傲慢한 나'를 저절로 '겸손謙遜한 나'로 만들어 준다. 이것이 여행이 주는 진짜 선물이다.

물론 모두 그런 것은 아니다. 직원들을 수족처럼 부리는 '왕족 여행'이나 '회장님 여행'은 '오만한 나'를 더욱 오만하게 만들 뿐이다. 여기서 그런 여행을 논하지는 않겠다.

나도 한때 떠나는 것 자체를 지독히 싫어했다. 반자(아내)가 여행이라는 말만 꺼내도 바쁘다는 핑계를 대거나 "비싼 돈 들여서 왜 고생을 사서해?"라고 몰아붙이곤 했다. 나는 익숙한 곳에서 제왕 노릇 아니 폭군 노릇을 계속 하고 싶었던 것이다. 어느 날 돌아보니, 이건 아니었다. 나야말로 낯선 곳의 무능한 존재였다. 정말 부끄러웠다.

나는 낯선 곳을 찾아 친절하게 맞아 주는 사람들을 만나며, 익숙한 곳에 대한 과도한 집착과 낯선 곳에 대한 까닭 모를 적개심을 하나씩 내려놓게 되었다. 두려워할 것이 없었다. 이제 답사나 여행은 내 삶의 일부가 되었다. 어찌 보면 어른들은 자신이 처음부터 어른이었다고 착각하며 사는 것 같다. 나는 낯선 곳에서 어린아이와 같이 낮은 마음으로 하나씩 알아 가는 기쁨을 느낀다. 나이가 들어서도 호기심과 설렘을 가질 수 있다는 것은 얼마나 큰 축복인가!

나그네로 돌아다닌다는 여행旅行과 발로 걸어서 하나씩 찾는다는 답사踏査가 다를 바가 없다. 그래서 나그네로 낯선 곳을 걸으며 역사의 현장을 보고 사람들을 만나는 경험은 곧 자신의 과거와 현재 그리고 미래를 비추는 '인문여행'이 될 수밖에 없다.

인간은 모두 태어날 때 준비 없이 세상에 나온다. 그래서 누군가의 보살핌이 절대적이다. 이제 시작하는 인문기행에서 새롭게 태어나려면 약간의 준비가 필요하다. 잠깐 머무르다 오는 것이니, 가는 곳에 무엇이 있는지 정도는 알아 두어야 하지 않을까?

곧 지상地上(땅)을 거닐기 전에 지상紙上(책)과 망상網上(인터넷)을 둘러본다면 짧은 시간에 낯선 곳을 더 잘 만날 수 있다. 삼상三上여행, 즉 지상紙上여행과 망상網上여행 그리고 지상地上여행을 함께한다면 더 재미가 있을 것이다.

가깝고도 먼 2300년 전으로

인천 공항에서 1시간 남짓이면 충분했다. 잠깐 타고 내린다고 해야 할까. 중국이 이렇게 가깝다니.

우리 일행이 칭다오靑島청도 공항에 도착한 것은 지난해(2014) 늦은 여름이었다. 아직 후텁지근한 열기가 남아 있었지만 하늘은 청명했다. 마중 나온 조선족 가이드와 만나 서둘러 차에 짐을 싣고 공항을 빠져나왔다. 통성명을 하고 일정에 대해 이야기하는 사이, 차가 해안도로에 접어들었다. 그리고 잠시 뒤 우리는 바다 위를 달리고 있었다. 현재 세계에서 가장 긴 해상 교량인 칭다오하이완대교靑島海灣大橋청도해만대교였다. 총 길이가 41.58km에 이르니 마라톤 코스에 견줄 만하다. 차창 너머로 칭다오 시가지와 푸른 바다가 끝없이 펼쳐진다. 세상이 원색으로 살아나는 느낌이다.

칭다오는 맥주와 다양한 해산물 요리가 유명한 곳이다. 맥주 한 잔의 유혹이 간절했지만 빠듯한 일정이었다. 칭다오에서 취푸曲阜곡부까지 324km, 거기서 맹자의 고향 쩌우청鄒城추성까지 30분 정도 더 걸린다고 하니 거의 400km의 거리였다. 그래서 보통은 지난濟南제남 공항을 통하지만 이번에는 가이드와 차편 때문에 칭다오를 택했다.

중국의 고속도로는 뜻밖에도 잘 정비되어 있었다. 울퉁불퉁하고 먼지 날리는 비포장도로를 걱정했던 터라 상쾌한 느낌마저 든다. 간단한 식사를 위해 들른 휴게소에는 차와 사람들로 북적였다. 먼 길 가는 과객들을 위한 주전부리와 지역의 특산품을 팔고 깨끗한 화장실과 식당이 있다. 이제 더럽고 지저분한 중국은 과거에 묻어 두어야 한다.

일행의 점심 대용으로 옥수수가 제일 맛나 보여서 몇 개 샀다. 크고 맛도 좋았다. 대나무 잎으로 삼각 김밥처럼 싼 찐 밥 쫑즈粽子종자도 훌륭하다. 옥수수 한 개와 쫑즈 두 개면 어지간한 사람의 한 끼로 충분하다. 주차장에는 고급 외제차가 즐비해 중국 경제의 현주소를 실감하게 한다. 그런데 차번호가 독특했다. 눈길을 끄는 맨 앞의 글자는 해당 지역의 이름이라고 한다. 예컨대 경京 자는 베이징北京북경 지역의 차에 붙고 노魯 자는 산둥성山東省산동성 지역의 차에 붙는데 옛 노나라를 의미한다.

봉건사회에서 외세의 침탈과 전쟁, 사회주의 혁명과 문화혁명, 개혁개방과 자본주의까지 굴곡진 근현대사 속에서도 여전히 중국인을 하나로 묶는 것은 전통사상과 문화이다. 이것이 우리가 중국 인문기행을 떠나는 이유이기도 하다.

1. 중국의 고속도로 휴게소. 쾌적하고 활기차다. '超市초시'는 중국말로 '차오스'로 슈퍼마켓이란 뜻이다. '厕所측소'는 '처쉬'라 하며 화장실을 가리킨다.
2. 눈길을 끄는 차 번호판의 첫 글자가 지역의 이름이다.

신화와 전설의 도시, 쩌우청

쩌우청에 들어서면 맹자의 고향임을 알려 주는 표지판들이 금방 눈에 띈다. 쩌우청은 지닝濟寧제령 시의 행정관할에 속하는 작은 시이지만 도심의 거리가 10차선에 이른다. 면적이 서울의 세 배에 달한다는 사실을 알면 그 규모를 이해하기 쉽다. 산둥성은 남한과 북한을 합한 크기이다.[1]

쩌우청은 산둥성의 서남쪽, 시계의 7~8시 방향에 있다. 면적은 1,613km²이고 인구는 115만(2011년 기준) 명이다. 역사적으로 보면 진秦이 처음으로 추현騶縣을 설치했고 한漢, 진晉, 남북조南北朝, 당唐을 거치면서 추현鄒縣으로 이름이 바뀌었다. 1992년 10월에 이르러 현에서 시로 승격되면서 쩌우청鄒城 시가 되었다.

산둥성의 지형은 동고서저東高西低, 북고남저北高南低의 모습을 보이고 있는데, 쩌우청은 그중에서 낮은 지대에 있는 셈이다. 그리고 쩌우청은 원래 바다였다가 지각 운동으로 육지가 되었다. 우리는 쩌우청을 대표하는 이산嶧山역산(582.8m)과 푸산鳧山부산(233m)에서 그 증거를 확인할 수 있다. 이산에는 파도와 조류의 작용으로 인해 침식이 일어난 기둥과 동굴이 있고, 푸산에는 조개껍데기의 화석이 남아 있다.

---

[1] 중국은 22개 성, 4개 직할시, 5개 자치구, 2개의 특별행정구로 이루어져 있다. 이중 산둥성은 황하黃河 하류의 산둥반도에 자리하고 있으며, 지리적으로 우리나라와 가장 가깝다. 산둥은 타이항太行 산맥의 동쪽에 있어서 붙여진 이름으로 산시성山西省과 짝이 된다. 산둥성은 춘추전국시대 제나라와 노나라가 위치한 곳이어서 제노齊魯 대지라고도 부른다.

쩌우청의 도심대로는 10차선에 달한다. '警方監控경방감공'은 CCTV를 말한다. '징팡젠쿵'으로 읽는다.

인문지리의 측면에서도 쩌우청은 맹자 이전부터 풍부한 문화 자산을 지니고 있었다. 고대부터 중원 지역을 구주九州로 분류했는데, 쩌우청은 그중 서주徐州에 속했다. 그리고 이산과 푸산은 일찍부터 신화와 전설의 무대였다. 푸산은 일명 팔괘산八卦山으로도 불리며 중국 신화에 나오는 복희가 이곳에서 팔괘를 그렸다고 한다.[2] 또 푸산의 동쪽 봉우리는 승작산承雀山으로 불리는데, 복희의 여동생 여와가 이곳에서 태어났다고 한다.[3]

쩌우청의 이산과 푸산은 역사시대에 들어와서도 일찍부터 문헌에 등장한다.

> 嶧陽孤桐, 泗濱浮磬.
> 역양고동, 사빈부경.
>
> 이산의 남쪽 자락에 오동나무가 자라고 사수의 물가에는 경석이 난다.[4] _《서경》〈우공禹貢〉

> 保有鳧嶧, 遂荒徐宅, 至于海邦, 淮夷蠻貊, 及彼南夷, 莫不率從, 莫敢不諾, 魯侯是若.

---

[2] 《사해辭海》, 上海辭書出版社, 1999 참조.
[3] 《중국고금지명대사전中國古今地名大辭典》, 商務印書館, 1931 참조.
[4] 김학주 옮김, 《서경》, 명문당, 2002, 121쪽.

보유부역, 수황서택, 지우해방, 회이만맥, 급피남이, 막불솔종, 막감불
낙, 노후시약.

푸산과 이산을 차지하고 마침내 서택徐宅(서주)으로 넓혀 바닷가까지
이르고, 회이와 만맥 그리고 저 남이까지 하나같이 따르지 않는 곳이
없으니, 모두 노나라 제후에게 복종한다.[5]
_《시경》〈노송魯頌 비궁閟宮〉

《서경》과 《시경》에 등장하는 구절이다. 《시경》의 내용을 보면 노나
라가 세력을 확장하여 지역의 맹주로 자리 잡는 과정을 읊고 있다. 그런
데 노나라의 영토를 말하면서 이산과 푸산을 기준으로 들고 있다. 이때
이미 이산과 푸산이 군사적으로 중요한 거점이었다는 사실을 말해 준다.

---

[5] 이원섭 옮김, 《시경》, 청목문화사, 1986, 431~434쪽.

02 공맹의 역사 전망대, 이산

공맹의 숨결을 따라 이산 가는 길

낯선 곳을 여행하다 보면 웬만한 호기심과 체력을 가진 사람도 지치기 쉽다. 그래서 먼저 전체를 조망할 수 있는 곳에 올라 가슴이 확 트이는 해방감을 맛보는 것도 좋은 방법이다. 맹자 기행의 첫 일정은 이산이다. 이산은 중국의 역사와 공맹의 숨결이 살아 있는 곳이다. 호텔에 짐만 맡기고 출발한다.

이산은 쩌우청 시의 중심에서 남쪽으로 30분 정도의 거리이니 그리 멀지 않다. 다만 시내를 벗어나면 이내 시골길로 접어들어 여정이 조금 어렵게 느껴질 수도 있다. 기차역에서 버스를 타는 것도 좋은 방법이다.

가는 내내 텅 빈 넓은 도로에 이따금씩 오가는 자동차와 시골 아낙들

1. 중국의 서민들은 대개 전기 모터가 달린 자전거를 교통수단으로 이용한다.
2. 이산이 높지 않은 탓에 나무가 조금만 높아도 시야를 가린다.

의 자전거가 인상적인 대조를 이룬다. 자세히 보면 중국의 자전거는 전기 모터가 달린 오토바이크 겸용이 대부분이다.

큰길을 벗어나면 시골 풍경이 금방 눈에 들어온다. 골목 어귀에서 전동 자전거를 탄 아주머니에게 이산을 물었다. 지역의 명소라 그런지 두말없이 손짓으로 방향을 가리킨다.

하지만 고개만 들면 사방이 산인 우리와 달리 길 찾기가 난감하다. 산이 높지 않으니 나무가 조금만 높아도 시야를 가려서 잘 보이지 않는다. 겨우 이산의 들머리에 들어서니 또 곳곳에 산이 있어서 어느 곳이 이산인지 구별하기가 어렵다.

우여곡절 끝에 산자락을 따라 난 길을 한 바퀴 뺑 돌아서야 이산의 입구를 찾았다.

주차장에 들어서며 처음 마주한 이산은 햇살을 잔뜩 머금은 채 웃는 모습으로 다가왔다. 하지만 금세 어! 하는 느낌이 들었다. 멀리서는 몰랐는데 가까이서 보니, 이산은 하늘에서 바위를 쏟아 부은 듯한 돌산이었다. 하지만 바위틈으로 자란 나무와 풀들이 무성해 황량한 느낌을 덜어 주고 독특한 산세를 느끼게 한다.

돌산을 오른다고 미리 걱정할 필요는 없다. 건강하고 여유가 있다면 등산해 봄 직하다. 그리고 산중턱까지 케이블카가 운행되고 있으니, 편하게 이산에 오를 수 있다.

산 정상을 향해 찌를 듯이 솟아 있는 입구의 현판이 금박으로 눈이 부시다. 매표소까지 오르는 동안에도 유적과 기념물에 향을 올리며 참배하는 사람들이 쉽게 눈에 띈다. 그제야 평일임에도 꽤 많은 차들이 주차장을 메우고 있는 모습이 보였다. '천하제일기산天下第一奇山'이라는 비석이

이산의 현판이 금박으로 눈부시다. 한자는 번체자이다.

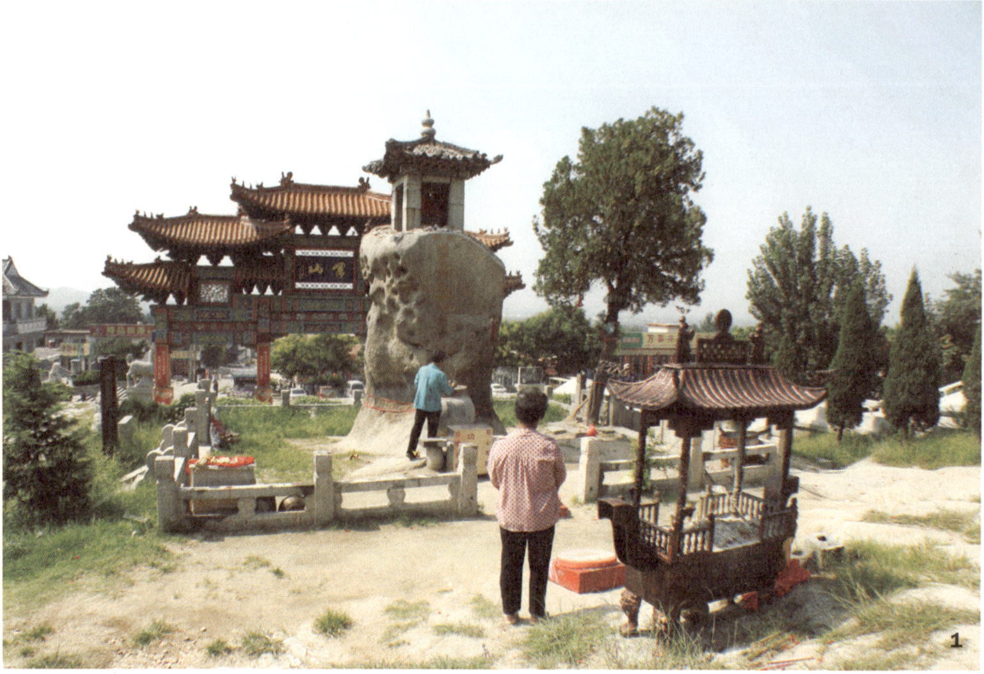
1

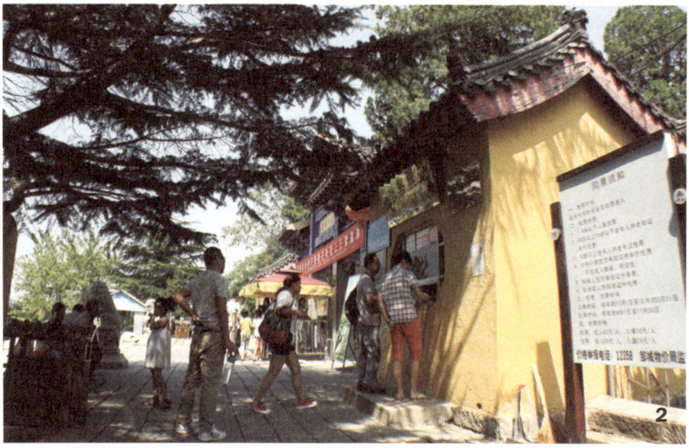
2

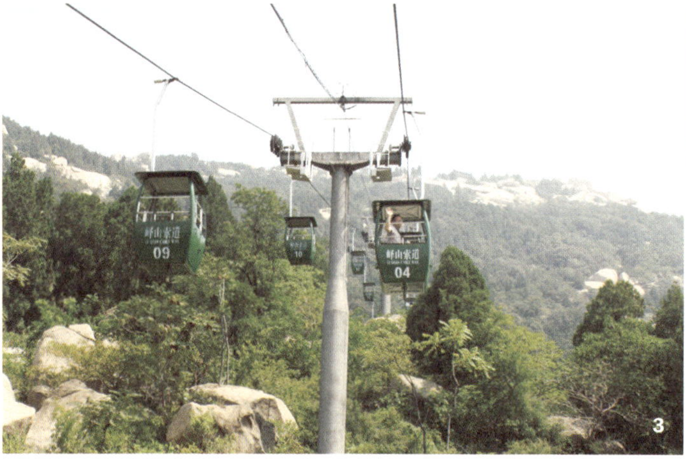

3

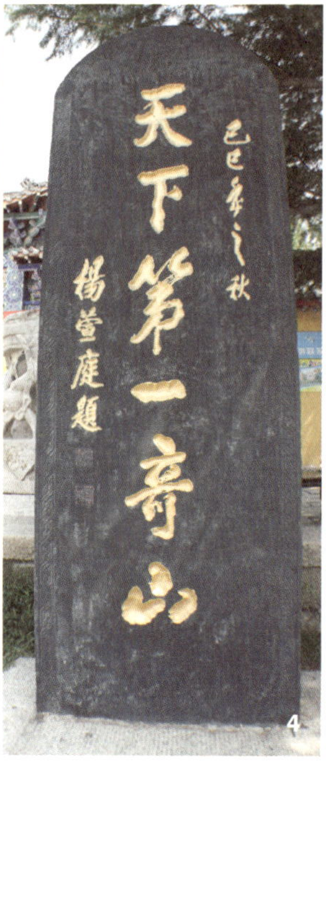

4

말해 주듯, 이산의 명성을 짐작할 수 있다.

매표소에서 표를 사는데 입장료와 케이블카 비용이 만만찮다. 이산의 케이블카는 서울의 남산처럼 여러 사람이 타는 곤돌라 형태가 아니고 스키장 리프트처럼 두 사람이 탄다.

일행이 세 사람이니 내가 주인공이라며 혼자 타라고 한다. 기익기익 굵은 철제 케이블의 작은 소음이 반복된다. 줄을 서서 차례를 기다리면 왠지 나도 모르게 긴장이 된다. 유원지 관람차의 뚜껑을 벗겨 놓은 것 같은 모양의 리프트가 다가오자 안전 요원이 손짓을 한다. 재빨리 다가가 올라탄 뒤 안전벨트를 매고 문을 닫는다.

잠시 안도의 한숨을 내쉬며 바야흐로 펼쳐질 장관에 대한 기대로 설렌다. 밝은 햇살 탓에 오히려 뿌연 듯 보이는 먼 풍경과 바람소리가 들린다. 하지만 아래를 내려다보면 낭떠러지에 선 듯 오금이 움찔거리는 건 어쩔 수 없다. 뒤칸에 따라오는 일행이 사진을 찍는다고 웃으며 손을 흔들라고 야단이다.

그렇게 흔들흔들 10여 분이 훌쩍 지나 산등성이에 위치한 종착지가 보인다.

---

1. 아이를 낳게 해준다는 자손석子孫石, 이산의 상징물 중 하나이다.
2. 입장료가 꽤 비싸다(성수기인 4~11월 60위안, 12~3월 50위안).
3. 일행을 향해 손을 흔드니 사진을 찍는다. '쒀다오索道'는 케이블카라는 뜻이다. 사실 조금 무섭다.
4. '천하제일기산'의 표지석. 이산에서는 수많은 비석과 표지판에 새겨진 기록들과 마주하게 된다.

산중턱에서 비밀의 문을 찾다

　　　　　　　케이블카에서 내리면 놀라운 광경이 펼쳐진다. 도교 사원과 기암괴석 그리고 숱한 석비石碑들과 휴게시설 등이 빼곡히 들어차 있다. 사람들까지 북적거리니 땅 위의 작은 마을을 옮겨 놓은 것 같다.

　잠시 호흡을 가다듬고 답사를 시작한다. 우선 팔괘석八卦石을 찾는다. 팔괘 모양의 바위가 여덟 개 있다고 했는데, 찾아보니 하나밖에 보이지 않는다.

　조금 올라가니 달콤한 샘물이 난다는 감로지甘露池가 나온다. '돌산이지만 물이 있었구나. 그래야 진짜 명산이지.' 반가운 마음에 한걸음에 달려간다. "이곳은 신선의 샘(仙源)이다. 수십 미터 깊은 동굴에 숨어 있어 마르지 않고 마시면 병을 낫게 하고 건강하게 해준다"고 쓰여 있다. 청량한 샘물 한 모금이라도 기대해 보지만, 철문에 가로막혀 있어 확인할 길이 없다.

　중국의 문화 유적지에는 대부분 유교와 도교가 공존한다. 특히 명산 유적에는 도교 사원이 빠지지 않는다. 이산의 도교 사원에도 참배하는 사람들이 많았다. 안내판에는 영어와 한국어, 일본어가 함께 표기되어 있어, 이곳을 찾는 사람들이 누구인지 말해 주고 있다. 만약 공자나 맹자에게 "당신은 중국 사람입니까?"라고 묻는다면 그들은 어떤 표정을 지을까? 2천 년이 훌쩍 넘는 과거에는 '한족'도 '중국'도 없었다. 유교와 도교는 중국만의 것이 아니라 동아시아인의 삶을 관통해 온 사상이다.

　이 지역도 황사가 심하면 어김없이 시야를 가리지만 여행하기에는

이산 중턱의 풍경. 하도 건물이 오밀조밀하여 마치 마을을 통째로 옮겨 놓은 것 같다.

1. 도교 사원. 중국의 문화 유적지에 가면 대부분 유교와 도교가 공존한다.
2. 감로지甘露池. 달콤한 샘물이 나온다는 뜻이다.
3. 옥황전. 사람의 길흉을 주관하는 도교의 최고신인 옥황상제를 모시는 곳이다. 현판의 글씨는 송설체松雪體를 창조해 낸 조맹부의 글씨이다.

쾌적하다. 산 곳곳에서 중국인의 붉은색 사랑을 확인할 수 있다. 바위마다 커다란 붉은 글귀가 새겨져 있고 나뭇가지마다 매달아 놓은 붉은 천들이 펄럭인다.

보는 것마다 발걸음을 붙잡지만 이제 정상을 향해 나아가 보자.

그런데 얼마가지 않아 갑자기 길이 뚝 끊어진다. 바위로 가로막혀 길이 보이지 않는다. 바위를 타고 가라는 말인가? 아마 여기서 발길을 돌리는 사람도 많았으리라. 하지만 잘 보면 막힌 길이 아니다. 막힌 듯 보이는 바위와 엇갈려 누워 있는 바위틈이 길이다.

여기서부터 이산의 정상에 설 수 있는 자격을 주는 통과의례가 시작된다. 한 사람이 겨우 빠져나갈 수 있는 바위틈이 계속 된다. 허리를 펴지도 못하고 기어가거나 아니면 손을 짚고 엉덩이 걸음으로 앞으로 나아가야 한다. 바위틈 사이로 햇빛이 들어오기 때문에 동굴처럼 깜깜하지는 않지만, 몇 걸음 앞으로 나아가다 보면 때로는 다리를 한껏 벌려 바위틈을 건너야 하고 때로는 반대방향의 사람이 지나가기를 한참 기다려야 한다. 어떤 곳은 내려오고 올라가는 사람들이 바위틈에서 만나 양쪽에서 북적거리는 정체 구간이 생긴다.

중국 관광객들은 가족 단위가 많다. 대부분 자녀들과 함께 공맹의 발자취를 찾은 사람들이다. 어떤 이는 양손에 짐을 들고 아이들까지 챙기려니 위태로울 지경이다.

1. 산사태로 바위가 무너져 내린 듯하다. 실상은 길을 만드는 중이다.
2. 막힌 길이 아니다. 붉은 화살표를 믿고 앞으로 나아가면 길이 있다.
3. 바위틈 정체 구간. 사람들이 바위틈에서 만나 양쪽에서 북적거린다.

정상에서 바다를 보다, 관해석觀海石

얼마나 걸렸을까? 포기할까라는 생각이 들 때쯤 비스듬하게 누워 있는 큰 너럭바위를 만나게 된다. 내 느낌으로는 2km는 더 온 듯하지만 실제로는 200m 남짓일 뿐이었다. 고개를 드니 이제 정상의 턱밑이다. 바위를 타고 몇 걸음만 더 오르면 된다.

푸른 하늘과 마주 선다. 갑갑했던 시야가 트이니 마음도 탁 트인다. 맺힌 땀방울을 스치는 바람이 더할 나위 없이 청량하다. 정상에 오른 사람만이 맛볼 수 있는 특별한 선물이다.

잠시 힘이 풀린 다리에 다시 힘을 넣고 사방을 둘러보니 맹자가 전한 공자의 말을 실감할 수 있다.

"모든 것이 한눈에 들어온다." 이 말에 딱 맞는 광경이다. 책에서 볼 때는 그냥 그러려니 했는데, 막상 정상에 오르니 오히려 예쁘게 표현했다는 생각이 절로 든다. 산 아래로 펼쳐진 마을이며 나무며 모두 소인국의 나라처럼 보인다.

'관해석觀海石' 바다를 보는 돌, 정상의 바위에 새겨진 이름이다. 그 옛날에는 이곳에서 바다가 보였던 것일까? 쩌우청이 바다가 융기한 지역임을 말해 주는 것이리라. 그리고 난간에는 수많은 붉은 천들이 겹겹이 묶여 있어, 마치 범인凡人들의 소망이 불길처럼 타오르는 것 같다.

멀리 산 너머 북쪽으로는 쩌우청의 시가지가 손에 잡힐 듯 보였다. 맹자는 분명 이곳에서 호연지기浩然之氣[6]를 떠올렸으리라. 그러다 문득 홀로 계신 어머니가 마음에 걸려 혹시나 자신의 집이 보이지 않을까 한 손을 이마에 붙이고 눈을 찡그리고 있는 한 남자의 모습이 겹쳐진다. 왠지

산 너머 북쪽으로 쩌우청의 시가지가 보인다.

정상에 서면 하늘과 가까워진다.

마음이 뜨거워졌다. 나는 지금 성인聖人도 아성亞聖도 아닌 그 남자, 맹가孟 軻와 같이 서 있다.

정상으로 가는 험한 여정을 듣고서 미리 등반을 포기하는 사람들에게는 기쁜 소식이 있다. 우리가 이산을 찾았을 때, 바위틈으로 가는 길이 험하다 보니 바위 위로 쇠를 박아 새로 길을 만들고 있었다. 지금쯤은 그 길이 만들어졌을 터이니 편하게 이산 정상을 오를 수 있을 것이다.

물론 나는 이산을 찾는 사람들에게 새로 생길 편한 철계단보다 바위틈의 길을 권하고 싶다. 몸을 뻣뻣하게 세운 채 걷기보다 한없이 낮추어 걷기를 권하는 것이다. 이때 내가 길을 만들면서 앞으로 나아간다는 느낌을 알 수 있다. 이는 편히 철계단을 걸으면 결코 느낄 수 없는 소중한 체험이다. 역사 속 인물들이 그랬던 것처럼, 나만의 길을 개척해 나갈 때 비로소 세상을 새로운 시선으로 바라볼 수 있게 된다.

산을 내려오다 '이 험한 돌산을, 공자나 맹자는 어떻게 올랐을까?' '과연 직접 끝까지 다 올랐을까?'라는 괜한 의심이 들었다. 옆에 있던 일행이 대답한다. "일단 우리부터 걸어서 한번 올라 볼까요?" 순간 그 바위틈 길이 떠올라 마주보며 웃는다. 하지만 나는 이산을 다시 찾는다면 꼭 처음부터 걸어서 오를 생각이다. 거친 숨을 몰아쉬며 한 걸음씩 오르다 보면 바위와 부딪치며 이산과 더 많은 대화를 나눌 수 있기 때문이다.

---

6 사람의 선한 기상이 온몸에 가득 찼을 뿐만 아니라 하늘과 땅 사이를 한 치의 틈도 없이 가득 메운 상태를 말한다. 호연지기는 〈공손추〉 상2에서 맹자가 공손추와 나누는 대화에 등장한다.

주차장에서 만난 할머니. 귀에 꽂은 풀잎이 모기를 쫓는다고 한다.

 산을 내려와 바라본 이산의 풍경은 그 전과는 사뭇 달랐다. 여전히 나무가 조금만 높아도 시야를 가리지만, 나에게는 무척 커 보였다. 먼저 정상에 올랐던 그들처럼 호연지기 한 조각쯤 품에 안았기 때문이리라.

전체를 꿰뚫어 보다

 이산(582.8m)은 중국의 오악五嶽 중 하나인 타이산泰山태산(1,545m)에 비할 높이는 아니지만, 쩌우청을 대표하는 지형지물이다. 과거 쩌우청에 들른 사람이라면 대부분 이산에 올랐다. 맹자의 전언傳言에 따르면, 일찍이 공자는 이산에 오르고서 더 큰 세상을 품게 되었다고 한다.

> 孔子登東山而小魯, 登太山而小天下. 故觀於海者難爲水, 遊於聖人之門者難爲言. 觀水有術, 必觀其瀾. 日月有明, 容光必照焉. 流水之爲物也, 不盈科, 不行. 君子之志於道也, 不成章, 不達.
> 공자등동산이소노, 등태산이소천하. 고관어해자난위수, 유어성인지문자난위언. 관수유술, 필관기란. 일월유명, 용광사조언. 유수지위물야, 불영과, 불행. 군자지지어도야, 불성장, 부달.

> 공자가 동산에 오르고서 노나라가 작다고 여겼고, 태산에 오르고서 천하가 작다고 여겼다. 따라서 바다를 본 사람은 어지간한 물에 움직이지 않고, 성인의 문하를 거닐던 사람은 어지간한 말에 움직이지 않는다. 물을 살피는 방법이 있으니 반드시 물결을 살펴야 한다. 해와 달은 빛을 내서 비출 곳은 남김없이 비춘다. 흐르는 물은 빈 웅덩이를 채워야만 앞으로 나아간다. 군자가 도에 뜻을 두면 내적 성취를 이루어야만 언젠가 전체를 꿰뚫게 된다. _〈진심〉 상24

공자가 오른 '동산東山'이 바로 '이산嶧山'이다. 공자는 방 안에 앉아 책만 읽던 책상물림이 아니었다. 그는 산과 강을 찾고 세상을 주유하며 책에서는 느낄 수 없는 진리를 몸으로 만났던 것이다. 그리고 맹자는 그런 공자의 이야기를 전하며 살며시 자기 이야기를 하고 있다. 특히 마지막 문장은 깊이 새겨 볼 만하다.

사람은 각자 자신의 세계를 가지고 있다. 사람이 자신의 경험과 지식에 갇히면, 더 넓고 더 깊은 세계를 보지 못하고 자기 고집만 피우게 된다. 이 고집은 웬만해선 꺾이지 않는다. 특히 자존심과 결부되면 설령 자신의 생각이 틀렸다는 것을 알아도 결코 다른 사람의 말을 들으려고 하지 않는다. 하지만 군자는 자신이 일구어 낸 세계를 늘 전체와 연결 짓는다. 맹자는 공자의 경험에서 '전체를 보라'는 메시지를 읽어 내고 있는 것이다.

이산을 찾았던 역사 속 인물들

공자와 맹자의 뒤를 이은 인물은 바로 진시황秦始皇과 이사李斯[7]이다. 진시황은 BC 221년 전국시대를 통일하고 진제국을 세운 인물이다. 그는 3년 뒤, BC 219년에 국정을 안정시키고 자신의 위업을 널리 알리기 위해 전국 순시에 나선다. 진시황은 모두 일곱 차례에 걸쳐 순시에 나섰는데, 마지막 순시에서 환궁하는 도중에 죽음을 맞고 만다. 《사기》의 〈진시황본기秦始皇本紀〉에 따르면, 진시황은 자신의 통일 대업을 기록한 비석을 이산에 남겼는데[8], 송나라 순화 4년(933년) 정문보鄭文寶가 중각한 탁본이 남아 오늘날까지 전해지고 있다. 탁본의 유

---

[7] 이사李斯는 한비韓非와 순자荀子의 문하에서 학문을 배웠다. 그는 진나라로 가서 진시황을 도와 천하통일의 대사업을 이루었다. 하지만 그는 '포스트 진시황'과 관련해서 사욕을 부리면서 초기의 긍정적 역사의식을 잃어버렸다.

진시황은 통일 후 자신의 치세를 과시하느라 전국을 순회했다. 최초로 이산 석각石刻(BC 219)에 순행 사실을 기록했다. 비석은 높이 190cm, 너비 48cm이며, 비문은 모두 222자인데 황제가 나라를 세웠다는 '황제입국皇帝立國'으로 시작한다. 글은 당시 이사가 소전체로 썼고, 송나라 순화 4년(993)의 탁본이다.

---

8 정범진 외 옮김,《사기본기》, 까치, 1994, 163쪽.

려한 전서篆書는 이사의 것이다.

 이들 뒤에도 한고조 유방, 당태종 이세민, 송태조 조광윤, 명태조 주원장, 청건륭제 등이 이산에 올랐다. 사상가와 시인 묵객도 이 대열에 빠질 리가 없다. 사마천, 이백, 두보, 소식, 육유, 조맹부, 정판교 등이 이산을 찾아서 시와 글씨를 남겼다. 이산은 가히 사상과 문화, 예술의 보고라고 할 수 있다. 시간이 허락한다면 과거 이산을 찾았던 사람들이 남긴 자취를 찬찬히 만나 보는 것도 좋다. 여의치 않다면 '전체를 보라'는 맹자의 말을 되새겨 보는 것만으로도 족하다.

03 쩌우청 기차역, 공자맹자탄생성지비 孔子孟子誕生聖地碑

녹슨 철망에 갇힌
공자맹자탄생성지비를 만나다

이산에서 전체를 보았으니 이제 맹자를 만나러 갈 시간이다. 현재 쩌우청은 아무래도 사맹四孟[9], 즉 네 가지 맹자 관련 유적지로 인해 큰 명성을 누리고 있다. 그러니 우리의 인문기행도 자연히 사맹을 중심으로 펼쳐질 수밖에 없다. 하지만 그 전에 돌아볼 곳이 몇 군데 있다.

---

9 맹묘孟廟, 맹부孟府, 맹모림孟母林, 맹림孟林 등을 가리킨다. 이외에 맹자 관련 유적지로 맹자고리孟子故里, 맹모삼천사孟母三遷祠 등이 있다.

먼저 쩌우청 훠처잔火車站화차점(기차역) 광장으로 가 보자. 예나 지금이나 기차역은 버스터미널과 더불어 도시의 내부와 외부를 이어 주는 관문이다. 사람과 물류가 모여들어 그 지역의 경제와 문화를 한눈에 엿볼 수 있는 인문의 창窓이다. 더욱이 아직 인근에 국제공항이 없는 쩌우청의 경우, 기차역은 답사를 위한 가장 좋은 출발점, 중국식으로 '여유중심旅遊中心'이라 할 수 있다.

또 이곳 광장에는 1924년에 공자가 태어난 지 2475년을 기념하여 세운 〈공자탄생성지비孔子誕生聖地碑〉와 〈맹자탄생성지비孟子誕生聖地碑〉가 나란히 있다. 비석에 '성聖'자가 공통으로 들어 있기도 하고, 공자가 '성인聖人'으로 맹자가 '아성亞聖'으로 불리는 까닭에, 두 비를 통칭하여 〈쌍성탄생성지비雙聖誕生聖地碑〉라고 부른다. 이것만 봐도 쩌우청이 공자, 맹자와 얼마나 인연이 깊은지 알 수 있다.

기차역에 도착했을 때는 이미 어둑어둑 해가 저물고 있었다. '두 성인의 탄생비를 얼마나 대단하게 만들었을까' 기대하며 발길을 재촉한다. 멀리 기차역을 알리는 간판이 보인다. '邹城站'이라는 글자가 역사 옥상에 사람 키만큼이나 크게 한 자씩 세워져 있어서 멀리서도 쉽게 알아볼

쩌우청 기차역. 인근에 숙소도 많고 대중교통도 편리하다.

수 있다. 하지만 광장에 들어서도 쌍성비는 쉽게 눈에 들어오지 않는다. 나중에 '왜 쌍성비가 눈에 빨리 들어오지 않았을까?'라고 생각해 보니 시선의 문제였다. 쌍성비가 중요한 조형물이라는 생각에, 나의 시선은 자연히 광장의 중앙으로만 향했다. 그래서 쌍성비가 눈에 띄지 않았던 것이다. 천천히 기차역 광장을 둘러보니 역을 마주하고 조성된 작은 공원이 있다. 그 오른편 구석에 나무에 가려진 비각의 지붕이 보였다. 서둘러 비각에 다가가자 쌍성비의 자태가 그 모습을 드러냈다.

순간 나는 주춤했다. 그곳의 분위기가 쌍성비의 '성지聖地'라는 말과는 전혀 어울리지 않았기 때문이다. 쌍성비는 비각의 녹슨 철망 안에 갇혀 있었고 그나마 있는 철망도 군데군데 훼손되어 있었다. 책으로만 만들어진 이미지는 이렇게 현장에서 깨지게 마련이다. 이내 실망감을 내려놓고 사진을 찍으려고 하니 또 철망이 시야를 방해한다. 까치발을 하고 손을 뻗어 철망 위에서 찍기도 하고, 그래도 용이하지 않아 철망 사이로 카메라 렌즈를 집어넣기를 몇 차례 반복하다 겨우 그림이 될 만한 사진을 찍었다.

사진을 찍은 뒤에 나는 어떤 비석의 모양을 보았으면 마음이 편했을까 스스로에게 물어보았다. 물론 지금 상태의 쌍성비가 만족스러울 리가 없다. 웅장하지 않아도 역사의 숨결을 느낄 수 있고 진실한 마음을 헤아릴 수 있는 유물의 상태를 보면 좋겠다는 생각이 든다.

다시 한 번 묵묵히 비문을 보다가 문득 잊고 있던 사실이 떠올랐다. 이 쌍성비는 1960~1970년대에 진행된 문화혁명 이전에 세워진 기념물이다. 그렇다면 그 격동의 시기에도 어떻게 훼손되지 않고 보존될 수 있었을까? 분명 공맹孔孟을 추도하는 이들의 결연한 의지가 작용했을 것

녹슨 철망 안에 갇혀 있는 〈쌍성탄생성지비雙聖誕生聖地碑〉. 쌍성비 앞의 자전거가 마치 공자와 맹자가 타기를 기다리는 것 같아 묘하게 느껴진다.

이다.

사실 쩌우청이 맹자의 고향임에도 불구하고 맹자 홀로 띄우지 않고 계속 공자와 짝짓는 이유는 뭘까? 이러한 배치는 맹자를 이해하는 핵심 코드 중의 하나이다. 공자를 떠나서 홀로 존재할 수 없는 맹자의 위상과 그와 나란히 선 철학적 위상을 동시에 말해 주고 있는 것이다. 우리는 이렇게 '쌍성'이라는 말에서 쩌우청의 문화적 분위기를 엿볼 수 있다.

기차역 간판에 환하게 불이 켜지고 어둠이 내렸다. 퇴근 시간이 가까워지자 쩌우청의 중심답게 제법 차들이 늘어났다. 호텔을 알리는 '판덴飯店반점,' '쥬덴酒店주점'의 네온사인도 하나둘 보이기 시작한다. "밥 먹고 계속 고민하시죠." 일행의 목소리에 생각에서 깨어난다. 숙소는 기차역에서 10여 분 거리였다.

그들이 공맹孔孟이라 불리는 진짜 이유

맹자는 〈만장〉 하1에서 공자에 대해 이렇게 말하고 있다.

> 孔子, 聖之時者也. 孔子之謂集大成.
> 공자, 성지시자야. 공자지위집대성.
>
> 공자는 성인으로 때를 알았던 분이다. 공자와 같은 분을 '여럿을 모아 하나의 체계를 이루었다'고 말한다. _〈만장〉 하1

맹자의 공자에 대한 존경의 표현에서 비롯된 말이 바로 '집대성'이다. 여러 곳에 흩어져 있던 많은 사상 자원을 통합하여 큰 가치를 이루었다는 뜻이다. 맹자의 이러한 마음은《맹자》곳곳에서 드러난다. 이처럼 맹자는 공자를 마음속 깊이 존경하여 그의 후계자를 자처했다. 하지만 항상 미적지근한 듯 보이는 공자의 태도와는 달리 맹자는 끊임없이 논쟁하고 싸웠다. 이러한 차이는 시대의 변화와 무관하지 않다.

춘추전국시대는 기원전 770년 주周나라의 세력이 약화되어 낙양으로 도읍을 옮긴 후부터 진나라가 중국을 통일한 기원전 221년까지를 일컫는 말이다. 주나라 천자가 진晉나라를 분할한 한韓 씨, 위魏 씨, 조趙 씨 가문을 정벌하지 않고 정식제후국으로 승인한 기원전 403년을 기점으로 춘추시대와 전국시대로 나뉜다. 그러니 공자는 춘추시대 사람이고 맹자는 전국시대 사람이다. 공자와 맹자가 살았던 시기는 100여 년 차이밖에 나지 않지만 시대의 양상은 전혀 달랐다.

춘추시대에는 오패五覇를 비롯한 140여 개의 제후국들이 침략과 복속을 반복하는 혼란스러운 상황이었지만 천자의 나라인 주 왕실의 권위가 건재했다. 하지만 전국시대는 진秦, 초楚, 연燕, 제齊, 한韓, 위魏, 조趙, 칠웅 중 강대국들이 스스로 자신을 왕이라 칭하며 천하통일을 노리고 있었다. 천자의 권위는 이미 땅에 떨어진 지 오래였다. 또 철제 농기구가 보급되고 화폐가 통용됨으로써 농업과 경제 시스템이 비약적으로 발전한 시기이기도 했다. 칠웅들은 앞다투어 인재를 등용하고 부국강병을 실현하고자 했다. 때문에 전국 각지에서 새로운 사회 질서를 외치는 사상가들이 다투어 등장하였는데 이들을 일컬어 '제자백가諸子百家'라 했다. 이들의 치열한 논쟁을 일컬어 '백가쟁명百家爭鳴'이라 불렸다.

공자의 사랑仁의 정치, 즉 힘力보다 덕德으로 나라를 다스려야 한다는 주장은 제자백가들의 표적이 되었다. 특히 전국시대에 이르러 공자는 비현실적이고 한가한 사상가로 비난받으며 만신창이가 되어 가고 있었다. 이때 맹자가 홀연히 등장하여 공자의 사상을 되살리기 위한 투쟁을 시작한다. 그의 사상은 공자에 대한 존경만큼이나 고통 받는 백성들을 위한 구체적인 대안을 담고 있었다. 맹자의 논변은 새롭고 격렬했다. 수많은 논쟁에서 맹자는 홀로 싸웠다. 그는 싸움꾼이란 소리를 들으면서도 공자의 인의仁義 사상을 현실에 깊이 뿌리내리고자 했던 것이다.

맹자가 공자와 함께 공맹이라 불리는 진짜 이유가 여기에 있다. 공맹의 호칭은 공자를 제대로 변호한 영광의 이름인 셈이다.

쩌우청의 밤

첫날부터 대장정을 끝낸 느낌이다. 숙소에 도착하자마자 침대에 털썩 몸을 누이니 한없이 가라앉는다. 허기가 밀려왔다. 간단히 씻고 저녁식사를 위해 방을 나섰다. 중국 음식에 대한 기대로 다들 밝은 표정이지만 모두 피곤한 기색이 역력했다.

호텔을 나서자 쩌우청 한여름 밤의 세계가 펼쳐진다. 대로변 식당들은 인도까지 차지하고 장사를 한다. 남녀노소가 함께 술과 음식을 즐기며 왁자지껄하다. 한 상 차려진 테이블마다 땅콩과 야채볶음, 두부와 버섯, 돼지고기와 닭고기 등의 요리가 술과 함께 올라와 있다. 웃통을 벗고 술잔을 부딪치는 중년 남자들과 청춘 남녀, 가족들까지 시골 장터에 나

중국 식당에 들어서면 식재료의 종류와 상태에 당황하게 된다.

온 것 같다. 베이징이나 상하이上海상해와 같은 큰 도시에서는 보기 힘든 정취이다. 길가의 큰 건물을 끼고 한 걸음만 골목길로 들어서면 예전의 마을 집들이 그대로 있다. 현대식 건물에 옛사람들이 북적거린다고 해야 할까. 중국 대륙은 여전히 건설 중이며 과거와 미래가 한 곳에 공존한다.

일행들과 한참을 돌아다니다가 손님이 많아 보이는 작은 식당에 자리를 잡았다. 주문이 많은 탓인지 재료 칸이 군데군데 비어 있다. 맞은편 주방에서는 지글지글, 쿵, 탁탁탁 기름 끓는 소리와 도마 소리가 요란하다. 우리는 닭요리와 야채볶음을 선택한다. 사오지燒鷄소계(부록 '쩌우청의 특색 음식' 참조)를 주문할 요량이었다. 그런데 지배인으로 보이는 여자가 목청을 높이며 "어즈, 어즈"라고 한다. 통역에게 물으니 재료인 토종닭이 떨어져서 거위를 추천하는 것이라고 한다. '어즈'는 거위의 중국식 발음이다. 결국 우리는 '어즈' 요리를 먹었다. 맛은 찜닭과 비슷한데, 너무 질겨서 씹기가 힘들었다. 꼭 닭요리를 드시라고 추천한다. 추가해서 볶음밥을 시켰더니 또 없다고 한다.

기름진 요리와 허기가 한 번에 녹아드는 만찬을 기대했건만 맥 빠지는 노릇이었다. 다만 술은 좋았다. 나는 술을 그리 즐기는 편이 아니지만 중국에서는 반주를 곧잘 한다. 취푸의 공씨 가문을 부자로 만들었다는 '공부가주孔府家酒'나 중국의 명주로 유명하여 가짜까지 나도는 '마오타이주茅臺酒'와 같은 술이 아니더라도, 지역마다 특색 있는 술이 있기 때문이다. 가격도 저렴하고 맛의 수준도 거의 차이가 없다. 맹자의 고향 쩌우청에는 '맹부연주孟府宴酒'가 있다.

모두들 입안과 목구멍까지 화하게 달라붙는 한 잔의 백주와 질긴 '어즈' 고기를 씹으며 나그네의 피로를 푼다.

04 티에산 공원, 맹모교자상 孟母教子像

쩌우청 시민의 쉼터를 가다

　　　　　　　　호텔 앞이 아침부터 부산스럽다. 간단한 아침거리를 파는 상인들과 출근하는 사람들이 사거리로 모여들었다. 신호등의 신호가 바뀔 때마다 자동차와 자전거의 물결이 파도처럼 쓸려 지나간다. 높은 빌딩들과 인파에 갇힌 수직의 분주함이 아니라 하늘과 먼 풍경이 보이는 수평의 분주함이다. 심호흡을 힘껏 하고 걸음을 옮긴다.

　　쩌우청 시내의 한가운데에는 티에산鐵山철산 공원이 자리 잡고 있다. 이곳에는 맹자와 관련된 유명한 조상, 〈맹모교자상〉이 있다. 원래 이 조상은 맹자고리孟子故里에 있었는데, 먼지와 때를 타서 보기에 좋지 않다는 이유로 옮겨졌다고 한다. 맹자 관련 책자를 보거나 맹모를 인터넷에서 검색하면 맨 앞에 등장한다.

공원에는 남쪽과 동쪽에 정문이 있다. 하지만 우리는 시민들이 드나들며 자연스럽게 입구가 된 중턱의 진입로에 차를 세웠다. 그런데 공원에 들어서서 이 조상의 위치를 물으니 '모르겠다'는 '부즈다오不知道!'의 대답만 돌아온다. 여기서 당황할 필요는 없다. 여행을 할 때면 흔히 겪는 상황이다. 우리나라에서도 길을 물으면 모르는 사람이 많다는 것을 상기해 보자. 또 현지에서 부르는 이름이 다를 수도 있다. 손님이니 거듭 물어야 한다.

몇 사람에게 더 물었을 때, 마침 한 사람이 '안다'고 한다. 나이 지긋한 이 어르신은 낯선 사람들에게 어디로 가라고 하지 않고, 자신을 따라오라고 선뜻 앞장을 서신다. 처음에는 가까워서 그러나 보다 싶어서 뒤를 따라가며 이야기를 나누었다. 맹자를 찾아 한국에서 왔다고 하니, 자신은 정년퇴임을 했고 오늘은 운동 삼아 나온 길이니 부담 갖지 말라고 하신다.

티에산 공원은 쩌우청 시민들의 편안한 휴식처였다. 걷다 보면 오락과 운동을 즐기는 사람들이 제법 많다. 나무 그늘 아래 공터에는 나이 지긋한 일군의 사람들이 모여서 한 손으로는 한가롭게 부채를 부치며 마작을 즐기고 있었다. 산책 나온 가족과 연인들의 모습도 여기저기 눈에 띄었다.

꽤 먼 거리를 걸었지만 조상의 모습은 눈에 들어오지 않았다. '아직도 얼마나 더 가야 할까?'라는 생각이 들 즈음 쩌우청의 중요 유물로 널리 알려진 티에산 〈마애각경磨崖刻經〉이 보인다.

이 석각은 남북으로 66.2m, 동서로 16.4m나 되는 규모로 윗부분에

삼삼오오 모여 앉아 마작을 즐기는 사람들. 웃통을 벗은 중국인의 모습은 세계적인 화제가 되기도 했는데 주로 청장년층의 풍속이다.

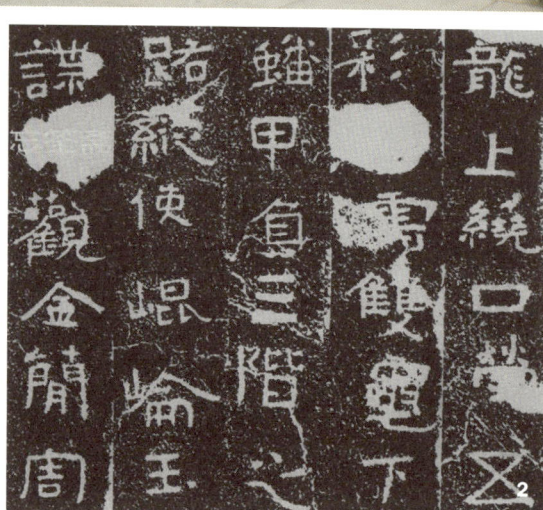

1. 뒤편으로 보이는 언덕에 〈마애각경〉이 새겨져 있다.
2. 북제의 고승이자 서예가 안도일의 글씨이다.

는 커다란 용과 구름이, 아래에는 물고기가 새겨져 있고, 가운데에는 불교《대집경大集經》〈해혜천보리품海慧穿菩提品〉등 800여 자가 새겨져 있다. 북제北齊 시대 고승이자 서예가인 안도일安道壹의 글씨이다.[10] 북제의 예서와 해서를 직접 만나기 위해 한국의 서예가들이 많이 찾는 곳이기도 하다.

티에산의 무술 고수들

좀 더 내려오다 보니, 공터 한쪽에 범상치 않은 기운을 내뿜는 이들이 모여 있다. 몇몇은 건장한 상체를 드러낸 채 상대방의 동작을 날카롭게 주시하고 있었다. 아마도 각자의 기예를 뽐내는 곳인 듯하다. 지금은 흰 도복을 갖춰 입은 중년의 남자가 채찍 신공을 선보이고 있다. 쇠편이 달린 기다란 채찍이 쉭쉭 허공을 가르다가 갑자기 땅바닥을 내려치니 여지없이 팍팍 불꽃이 튄다. 그 위세가 대단하다. 가까이 갔다가 행여 맞기라도 할까 봐 멀리 피해 간다.

우리도 한 자리를 차지하고 무술 구경을 하고 싶었지만, 이제 체력이 바닥을 보이는 상황인지라 '오로지 조각상을 향해!' 앞으로 나아갔다. 언덕을 다 내려오면 보트 같은 물놀이 기구를 탈 수 있는 연못이 있고 그

---

10 쩌우청에는 이곳 티에산 이외에도 이산嶧山, 강산崗山, 거산葛山 등에 많은 석각이 있다. 쩌우청시는 이러한 석각을 모아《산동북조마애각경전집山東北朝摩崖刻經全集》과 논문집을 발간했다 (1992).

1. 티에산 공원에서 무예 수련 중인 시민들.
2. 아는 사람은 표지판을 볼 필요가 없지만 모르는 사람에게는 표지판도 어렵다.

옆으로 제법 큰 야외 공연장이 눈에 들어온다. 그 공연장을 끼고 오르막을 지나자 그제야 하얀색의 조각상이 모습을 드러냈다.

관점과 감흥의 차이

공원이라고 하지만 티에산도 산이므로 규모가 상당했다. 나중에 확인해 보니, 우리는 티에산을 오르고 내리며 공원을 가로로 횡단한 셈이었다. 먼 거리를 내내 웃는 낯으로 인도해 준 어르신도 자신의 소임을 다했다며 작별의 인사를 하신다.

진심으로 감사를 표하고 서둘러 조각상으로 다가갔다. 조상의 정면에는 청쓰위안程思遠정사원의 '맹자 어머니가 자식을 교육시킨 정신을 드높이자'(發揚孟母敎子的精神)라는 글이 있고, 사면을 빙 둘러 맹자의 일화가 새겨져 있다. 그 위에는 맹모와 맹자가 마주 앉아 서로를 따사로운 눈길로 바라보고 있다. 두 사람의 숱한 고사를 모른다고 해도 예사롭지 않은 분위기가 물씬 풍긴다. 쩌우청에서 맹자를 찾는다면, 맹모를 빼놓을 수 없다는 사실을 새삼 깨닫게 된다.

내가 책자에서만 보던 조상을 직접 본다는 기쁨에 취해 연거푸 사진을 찍고 있을 때, 어젯밤의 과음으로 뒤떨어져 따라오던 일행이 "이게 그건가요? 역사적으로… 언제 만든 겁니까?"라며 가쁜 숨을 내쉬며 연거푸 묻는다. 나는 그제야 조상을 찬찬히 훑어보기 시작했다.

관점을 바꾸니 감흥은 금세 사그라졌다. '맹모가 자식을 가르친다'는 '맹모교자孟母敎子'의 조상이지만 어린 맹자가 남아인지 여아인지도 분명

맹모를 알리는 문서나 홍보물에 어김없이 등장하는 바로 그 조상이다.

하지가 않다. 이제 두 사람의 시선이 다정하게 맞물리는지도 의심스럽다. 아무리 뜯어봐도 누가 언제 만들었는지조차 밝히지 않았다.

"이걸 보려고 여기까지 올 필요가 있었을까요?" 일행이 다시 묻는다. 이쯤에서는 앞뒤 따지지 않고 '사진 몇 장'에 이끌려 여기까지 온 나를 자책했다. 나는 최소한 "다음에 오지 않아도 된다"는 정보를 얻지 않았느냐고 궁색하게 반문한다. 일행에게서 뜻밖의 대답이 돌아온다. "뭐 그래도 쩌우청 사람 구경은 잘한 셈이네요." 그렇다.

중국의 유적지를 다니다 보면 조상과 기념물이 많지만 한눈에 봐도 '조야하다'는 느낌을 주는 경우가 많다. 그곳이 누구를 기념하는 곳인지 알려 주는 기호 또는 안내판 이상의 역할을 하지 못한다. 아름다운 유적을 기대했다면 실망이 클지도 모른다. 하지만 유물과 문화는 사람을 떠나서 존재할 수 없다. 맹자는 역사적 인물이기에 그 행적과 의미를 밝히는 것이 중요하지만 지금 쩌우청 시민들이 맹자를 어떻게 생각하는지도 소홀히 할 수가 없는 것이다. 인문기행이라면 더욱 그러하다.

'맹모교자'의 조상은 단순한 조형물에 불과하지만, 쩌우청 시민들에게는 맹자의 고향에 살고 있다는 자부심이 되고 있다.

길 안내를 해주신 어르신의 수고도 맹자의 고향을 찾아온 손님에 대한 응대가 아니었을까?

잠시 쉬려고 벤치에 앉아 조각상을 물끄러미 바라보니, 맹모와 어린 맹자의 다정한 모습이 아른거린다. 만약 이 조야한 조상만 보실 요량이라면 동쪽 입구를 이용하면 수월하다. 동문에 들어서면 바로 잘 단장된 정원에 자리하고 있다.

하지만 티에산 공원 전체를 둘러보면, 쩌우청 시민들이 '공원에 와서

티에산 공원 동문 정원에 맹모교자상이 있다.

동문을 나오면 한적한 거리가 눈에 들어온다. 그 거리를 걸으면 나도 손님에서 그곳의 주민이 되는 듯한 느낌이 든다. 낯선 거리를 천천히 걸어 보자.

어떻게 시간을 보내는지' 그리고 '맹자를 어떻게 생각하는지', '맹자 어머니의 교육을 어떻게 생각하는지'를 보고 들을 수 있다. 아울러 서예에 관심 있는 이라면 북제의 승려 안도일의 작품을 직접 감상할 수도 있다. 또 운이 닿으면 중원의 무림 고수(?)들을 만날 수도 있다.

05 역사가 기록한 여자, 칠녀漆女 이야기

쩌우청에는 칠녀漆女도 있다

쩌우청은 주周나라 때부터 유서가 깊은 지역으로, 주邾나라로 불리던 독립 소왕국 또는 노나라의 부속국이었다. 현재 쩌우청은 맹자孟子와 맹모孟母가 차지하는 역사적 비중이 크다. 맹자가 태어나기 이전부터 강과 산이 있었고, 또 사람이 살고 있었다. 그리고 맹모 이전에도 주목할 만한 한 여성의 이야기가 전해지고 있다.

유향劉向의 《열녀전》을 보면 노칠실녀魯漆室女 이야기가 등장한다.[11]

---

[11] 이숙인 옮김, 《열녀전》, 예문서원, 1996, 199~202쪽.

칠녀성유지 가는 길.

    노魯나라에 혼기가 찬 칠녀漆女(칠실녀漆室女)라는 처녀가 있었다. 어느 날 그녀가 기둥을 잡고 큰 소리를 내며 울기 시작했다. 놀란 이웃집 아낙네가 칠녀에게 물었다.

    "시집을 못 가서 서러워서 우느냐?"

    그러자 칠녀가 울면서 대답했다.

    "노나라의 왕은 늙고 태자는 나이가 어려서, 장차 큰일이 일어날까 걱정되어 웁니다."

    이웃 아낙네가 위로하며 말했다.

    "나라일은 왕족과 대신들이 알아서 할 터이니 아녀자들이 걱정할 일이 아니다."

그래도 칠녀는 진정하기는커녕 더욱 걱정을 하며 말했다.

"노나라에 무슨 일이 생기면 군신부자가 화를 입을 뿐만 아니라 아녀자들도 전쟁의 고통을 피할 수 없지 않습니까?"

이 말을 듣고 이웃 아낙네는 말문이 막혔다. 과연 3년 뒤에 노나라에는 대란이 일어나 수많은 사람이 죽고 마을이 큰 피해를 입었다. 훗날 사람들이 그녀의 식견을 가상히 여겨 칠녀성漆女城을 쌓고 기념했다고 한다.

이것이 칠녀성유지漆女城遺址이다. 이 이야기가 맹자와 무슨 상관이 있는지 의문을 가질 수도 있다. 하지만 사상과 문화는 전통의 뿌리 없이 자라지 못한다. 칠녀는 맹자를 떠올리게 한다.

'하필왈리何必曰利', 맹자의 사자후

《맹자》는 맹자와 양혜왕[12]과의 만남으로 시작된다.

孟子見梁惠王. 王曰: 叟不遠千里而來, 亦將有以利吾國乎? 孟子對曰: 王何必曰利? 亦有仁義而已矣.

맹자견양혜왕. 왕왈: 수불원천리이래, 역장유이리오국호? 맹자대왈:

---

[12] 양혜왕(재위 370~319 BC)은 위魏나라 혜왕惠王을 말하며, 이름은 '영罃'이다. 《전국책》에는 '영嬰'으로 기록되어 있다. BC 370년 아버지 위무후魏武侯의 뒤를 이어 왕위에 올랐다. 즉위한 지 9년 후에 이웃 진秦나라의 군사적 위협으로 인해 수도를 안읍安邑에서 대량大梁으로 천도했다. 그 뒤에 위혜왕은 양혜왕으로도 불리게 되었다.

왕하필왈리? 역유인의이이의.

맹자가 양혜왕을 만났다. 왕이 말했다. "선생께서 천 리를 멀다 하지 않고 오셨으니, 어떻게 하면 내 나라를 이롭게 할 수 있겠습니까?" 이에 맹자가 답했다. "왕께서 어찌 이로움만을 말씀하십니까? 오직 인과 의가 있을 따름입니다."_〈양혜왕〉상1

우리가 흔히 쓰는 '불원천리'와 '하필이면'이라는 말이 《맹자》에서 비롯된 사실을 아는 사람이 얼마나 될까. 《맹자》에서 맹자의 첫 일성이 바로 '하필왈리何必曰利'이다.

먼 길 오시느라 수고하셨다며 한껏 예를 갖춰서 "어떻게 하면 우리나라를 이롭게 할까요?"라고 묻는 양혜왕을 향해 맹자는 다짜고짜 "하필이면 이익 이야기를 끄집어내십니까? 인의仁義가 있을 뿐입니다"라고 돌직구를 날리고 있다.

시작부터 맹자가 시대와 불화하는 모습을 보여 주는 이 첫 구절은 《맹자》전편의 요지를 압축하고 있다고 해도 과언이 아니다. 또 앞으로 맹자가 걸어갈 길이 결코 평탄하지 않으리라는 문학의 복선에 해당된다고 할 수 있다.

王曰何以利吾國,[13] 大夫曰何以利吾家, 士庶人曰何以利吾身, 上下交征

---

[13] 고대에 천자天子가 다스리는 지역을 천하天下라고 하고, 천자는 땅을 나누어 제후들을 봉했다. 이 제후의 땅을 '국國'이라 했다. 제후는 대부에게 땅을 나누어 주는데, 이것이 봉읍(식읍食邑, 채읍采邑)으로 이를 '가家'라고 한다. 오늘날 국가國家란 말이 여기에서 비롯되었다.

利而國危矣.
왕왈하이리오국, 대부왈하이리오가, 사서인왈하이리오신, 상하교정리이국위의.

왕이 어떻게 하면 내 나라에 이익이 될까를 말하면, 대부들은 어떻게 하면 내 봉읍封邑에 이익이 될까 말하고, 선비와 서민들도 어떻게 하면 내 몸에 이익이 될까를 말할 것이니, 위와 아래가 하나같이 이익을 다투게 되면 나라가 위태로워질 것입니다. _〈양혜왕〉상1

이어서 맹자는 이익을 앞세우는 사회의 비극적 결말을 경고한다. 왕이 이익을 앞세우면 위아래가 모두 제 이익만을 다투어 결국 나라가 위태로워진다는 것이다. 그 욕심은 신하가 왕을 죽이고 자식이 부모를 해쳐서라도 모두 빼앗지 않고는 만족하지 못하는 것이다. 맹자는 이익을 향한 욕망의 약탈성에 주목하고 있다. 서로 더 많이 가지려고 싸운다면 결국 남의 것을 빼앗을 수밖에 없기 때문이다.

결국 오늘날 세월호의 참사도 제 뱃속만 채우려는 사람들이 만들어 낸 우리 사회의 부끄러운 민낯이 아니겠는가.

이렇게 《맹자》에는 이익의 힘으로 흘러가는 시대와 그것에 맞서서 인의의 가치를 역설하는 맹자, 두 물줄기가 부딪치는 소리를 끊임없이 울려 내고 있다. 그 소리를 듣는다면 《맹자》를 제대로 읽었다고 단언할 수 있다.

맹자, 전쟁상인에게 분노하다

세상에서 이익을 좇는 인간이 만드는 가장 끔찍한 일은 무엇일까? 바로 전쟁이다. 전쟁이 일어나면 왕과 제후들, 전쟁 물자를 파는 상인들은 큰 이득을 취할 수도 있지만, 백성들은 전장에서 목숨을 잃고 식량을 공출당하고, 집과 논밭이 불타 굶어 죽고 피난민으로 떠돌아야 했다. 칠녀의 이야기는 이러한 백성들의 고통을 말하고 있는 것이다.

그러니 맹자가 전쟁을 부추기거나 전쟁으로 이익을 취하는 자들에 대해 강한 적개심을 보이는 것은 당연했다.

> 爭地以戰, 殺人盈野, 爭城以戰, 殺人盈城. 此所謂率土地而食人肉, 罪不容於死! 故善戰者服上刑, 連諸侯者次之.
> 쟁지이전, 살인영야, 쟁성이전, 살인영성. 차소위솔토지이식인육, 죄불용어사! 고선전자복상형, 연제후자차지.

> 땅덩어리를 빼앗으려고 전쟁을 벌여서 죽은 사람이 들판을 가득 메우고, 성을 빼앗으려고 전쟁을 벌여서 죽은 사람이 성을 가득 채운다. 이것은 토지를 차지하려고 사람의 살을 뜯어먹는 것과 같다. 이런 참상을 일으키는 자의 죄는 사형에 처해도 모자란다! 그러니 전쟁을 잘하는 자는 극형에 처하고, 제후들을 묶어서 술수를 부리는 자는 다음이다. _〈이루〉 상14

맹자는 전쟁을 부추기는 자에 대해 '인육'을 들먹이며 가차 없는 응징을 부르짖고 있다. 사람이 도덕적으로 완전하다며 '성선性善'을 외치던 그였지만 전쟁으로 이익을 취하는 전쟁 상인만큼은 얼음장 같은 눈으로 바라보고 있는 것이다.

21세기를 살아가는 우리의 삶도 팍팍하기 그지없다. 자살, 청년 실업, 최장의 노동 시간, 가족과 함께하지 못하는 저녁 시간 그리고 분단 국가… 한국 사회의 현실을 상징하는 말들이다. 이렇게 버거운 삶 속에서 변화의 희망을 어디서 찾아야 할까? 나는 맹자를 자주 만나 보라고 권하고 싶다. 그 해답의 실마리를 찾을 수 있을 것이다.

칠녀성유지漆女城遺址를 찾다

나는 칠녀의 유적지를 찾아보고 싶어졌다. 맹모가 자식 교육의 상징이라면, 칠녀漆女는 고대의 여성상과 달리 사회와 정치 현실에 관심을 가진 '참여하는 시민'의 특성을 보여 주고 있기 때문이다.

또 이 칠녀漆女는 훗날 늙은 아버지를 대신해서 남장을 하고 전쟁터에 나가 공을 세웠다는 '목란木蘭'의 초기 형태로 보인다. 목란 이야기는 〈뮬란mulan〉이라는 디즈니의 만화 영화로 만들어져 세계에 알려지기도 했다.

관광 지도에서는 찾기 힘든 곳이라 최대한 자료를 모아 위치를 확인해야 했다. 벌써 일행들은 미리 큰 기대는 하지 말자는 분위기이다. 고생도 하고 실망도 하며 조금씩 답사 내공이 쌓여 간다는 뜻이다. 하지만 학

지평선과 맞닿아 있는 옥수수밭. 쩌우청 어디서나 볼 수 있다.

자인 나로서는 국내에 전혀 자료가 없는 곳이라, 내심 설레는 마음으로 칠녀의 유적지를 찾아 나섰다.

티에산 공원에서 서남쪽으로 30분쯤 달렸을까. 내비게이션에 입력한 목적지에 도착했지만 기념물이나 안내판은 보이지 않았다. 구획 정리된 산업단지와 끝도 없는 옥수수밭이 마주하고 있어 황량한 벌판에 서 있는 느낌이었다. 도로의 경계에서 위아래로 한참을 찾다가 겨우 지나가는 주민을 만나 물으니 옥수수밭을 가리킨다. 그제야 멀리 붉은색 물체가 눈에 들어온다. 수로를 건너 다가가 보니, 중국의 국기인 오성홍기로 덮인 표지석이었다. 깃발을 들추자 '漆女城遺址'라는 글씨가 드러난다. 바로 이곳이 '칠녀성유지'였다.

하지만 아무리 둘러봐도 보이는 건 옥수수밭뿐이고 다른 흔적은 보이지 않았다. 그리고 주변에는 쓰레기들이 아무렇게나 널브러져 있었다. '왜 이럴까?' 의문이 절로 든다. 일단 사진을 찍기 위해 깃발을 고정하고 대충 주위를 정리하다 곧 실마리를 찾는다. 이곳은 술 한 잔을 올리며 무언가를 기원하는 곳이었다. 쓰레기의 대부분이 술병과 향, 촛대 같은 것들이다. 조상이나 기념물이 없어도 누군가는 이곳에서 칠녀를 기리며 자신의 소원을 빌었던 것이다. 중요한 곳이라는 의미로, 국기로 감싸고 벽돌을 올려서 바람에 날아가지 않게 해둔 것도 칠녀를 기억하는 주민들의 애정이 아니었을까?

표지석 뒷면에는 "보호구역은 이 표지석을 기점으로 동으로 45m, 서로 55m, 남으로 8m, 북으로 130m이다. 이외 녹지 방향으로 100m까지도 건설 공제 지역이다"라고 새겨져 있다. '칠녀성유지'는 보호구역으로 보존되고 있는 유적이었다.

눈대중으로 넓이를 계산해 옥수수밭을 베어 내고 보니, 머지않아 이곳에 들어설 기념물의 모습이 그려진다. 학자로서 나는 모든 것을 차치하고 마음이 흡족했다. 국내에는 제대로 된 사진 한 장 없는 유적지를 최초로 찾은 것이다.

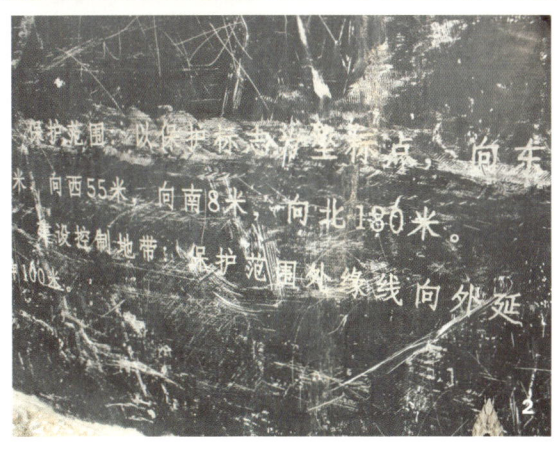

1. 국내 최초로 확인한 〈칠녀성유지비〉. 어수선한 자리를 치우고 사진을 찍었다.
2. 표지석에는 '칠녀성유지'의 범위와 내용이 적혀 있다. 뒷면의 보기 흉한 낙서를 가리려고 오성홍기로 덮어 둔 것일까?

맹자고리의 풍경은 번화하기보다 낡고 외진 느낌이 강렬하다. 우리 일행을 찾아 모여든 동네 아이들의 모습이 정겨울 따름이다. 맹모삼천은 지금 남의 집 마당에 초라한 모습으로 남아 있다. 아는 이에게 묻지 않으면 찾을 수 없는 곳이 되었다. 어린 맹가는 이곳에서 물을 긷고 음식을 만드는 어머니의 모습을 맴돌며 어리광을 피웠을 것이다. 현숙한 맹모정의 기억은 맹자로 하여금 성선의 실제를 증명하는 사상의 발원지가 되었다. 철학사의 혁명과도 같은 성선설이 바로 이곳에서 탄생한 것이다.

2

맹자의 유년을 찾아서

— 맹자고리孟子故里, 맹자고택孟子故宅

맹모림에서 온 직원이 굳게 잠긴 고택의 문을 열고 있다.

01 맹가孟軻라는 이름의 비밀

피휘避諱, 이름을 숨겨야 오래 산다

맹자는 어린 시절에 가족과 마을 사람들이 부르던 이름이 아니다. 그때 부르던 이름은 맹가孟軻이다. 맹자孟子는 맹가가 학문적으로 커다란 업적을 쌓게 되자 그를 존경하여 부르는 이름이다. 한자에서 자子는 보통 의자椅子, 탁자卓子처럼 물건을 나타내는 말의 접미어로 쓰이지만 공자, 노자, 맹자, 장자처럼 학문적 성취를 이룬 사람의 성 다음에 붙으면 존경의 의미를 나타낸다. 따라서 맹자孟子는 맹 선생님, 맹 박사님 등의 의미라고 볼 수 있다.

맹가의 가軻는 실제로 잘 쓰이는 글자가 아니다. 조선시대 정조의 이름은 이성李祘이다.[1] 성祘 자도 여간해서 잘 쓰지 않는 글자이다. 여기에는 조선시대 왕의 이름은 민간에서 사용할 수 없었기 때문에 희귀한 글자를 찾고 외자로 지어 불편을 덜어 주고자 한 이유가 있다.

그런데 왕가도 아닌 맹자의 집안에서 왜 이렇게 잘 쓰이지 않는 글자를 이름에 썼을까? 추측하자면 동아시아 전근대 사회의 이름에 대한 금기, 즉 피휘避諱를 떠올릴 수 있다. 오늘날은 오히려 자신을 널리 알리려 애쓰는 시대이므로 피휘 현상을 이해하기가 쉽지 않다. 따라서 약간의 설명이 필요하다.

사람의 이름은 다른 사람이 당사자를 부르는 호칭이며 소리이다. 문제는 옛사람들이 그 소리를 다른 존재 즉, 귀신이나 특히 저승사자가 듣게 되면 그 사람을 저승으로 데려갈 수 있다고 생각한 것이다. 그래서 맹가의 가軻처럼 남들이 쓸 일이 없는 글자를 쓰면 그 소리를 들을 일이 없게 된다. 유아 사망률이 높던 시절이었으니 이런 주술적 처방이라도 붙잡고 싶었을 것이다.

우리나라에서 귀한 자식일수록 아명으로 '개똥이'나 '쇠똥이' 같은 천한 이름으로 불렀던 것도 같은 맥락이다. 또 성장한 후에도 다른 이의 이름을 함부로 부르는 것이 예에 어긋난다고 생각했다. 이름은 왕이 신하를 부르거나 윗사람이 아랫사람을 부를 때나 사용되었다. 수많은 별칭, 즉 초명, 아명, 자, 호, 별호, 자호, 시호 등으로 자신의 호칭을 바꿔서 불렀던 연유도 여기에 있다.

---

1 이전에는 祘의 음이 산으로 널리 알려졌다. 최근 안대회 교수가 '祘'은 한자의 발음을 정리한《규장전운奎章全韻》(1796)에 따르면 '성'으로 읽어야 한다고 밝혔다.

맹가孟軻, 고단한 운명을 예고한 이름

〈만장〉 하2에서 북궁기北宮錡가 맹자에게 주나라의 작위와 봉록을 묻자 맹자는 자신의 이름을 '가'로 밝히고 있다.

> 자세한 내용은 다 알 수 없다. 제후들이 자신들에 해로운 내용은 싫어해서 그 문서를 모두 없앴기 때문이다. 그렇지만 가는 그 대략을 들어서 알고 있다.[2] _〈만장〉 하2

〈만장〉 하2에 쓰인 '가'가 바로 맹자의 이름이다. 맹가의 '가軻' 자는 수레의 굴대나 차축을 의미하는데, 주로 감가轗軻, 감가坎軻, 감가坎坷의 꼴로 쓰인다. '감轗(坎)'은 길에 나 있는 웅덩이, 구덩이를 뜻한다. 길에 크고 작은 구덩이가 있으면 요즘의 자동차도 덜컹거리며 빨리 달리지 못한다. 또 바퀴보다 큰 구멍에 빠지기라도 하면 꼼짝없이 멈추는 수밖에 없다. 그래서 '감가'는 수레바퀴가 구멍에 빠져서 앞으로 나아가지 못하거나, 사람이 장애물을 만나서 제 뜻을 펼치지 못한다는 의미가 된다.

《공총자孔叢子》[3]를 보면 맹가라는 이름과 어려운 가정 형편의 관련성을 밝히고 있다. 〈잡훈雜訓〉에는 "맹자거가 어릴 때 자사를 찾아와 만나

---

2 〈만장〉 하2, 其詳不可得而聞也, 諸侯惡其害己也, 而皆去其籍, 然而軻也嘗聞其略也.
3 공자 가문의 언행을 묻는 책으로 공자의 8대 후손 공부孔鮒가 지었다고 알려지지만 현재 믿을 수 없는 위서僞書로 간주된다.

고자 했다"(孟子車尙幼, 請見子思)는 구절의 '맹자거孟子車'에 대해 다음과 같이 주가 달려 있다.

> 달리 '자거子居'라고 한다. 살림이 가난하고 생활이 어려웠다. 이 때문에 이름이 가이고 자가 자거이다.[4]

그래서 맹자의 자는 자거子車(혹은 子居) 또는 자여子輿로 알려진다.[5] 거車와 여輿는 모두 수레와 관련이 있다. 보통 자는 이름과 연관성이 있는 글자를 사용하므로 맹자의 경우도 그런 사례에 따랐다고 할 수 있다.

이렇게 보면 맹자의 이름인 가軻는, 무엇을 실어서 나르는 수레의 핵심 부품이면서 상황에 따라서는 울퉁불퉁한 길이나 구덩이를 만나 오도 가도 못하는 어려움에 빠진 불우不遇한 모양을 상징하고 있다. 이것은 맹자가 시대를 헤쳐 나갔던 이미지와도 정확하게 들어맞는다.

---

4 一作子居, 居貧坎軻, 故名軻字子居. 이 내용은 왕응린王應麟의 《곤학기문困學紀聞》에도 나온다.

5 맹자의 자는 상당히 후대가 되어서야 비로소 나타난다. 맹자가 당시 널리 알려진 인물이 아니었다는 점을 알 수 있다. 《사기》〈맹자순경열전〉에는 언급조차 되지 않았고, 조기도 《맹자제사孟子題辭》에서 "자를 들어 본 적이 없다"(字則未聞也)고 했으며, 삼국시대 위魏나라 서간徐幹은 《중론中論》에서 "지금까지 자가 전해지지 않는다"(至今厥字不傳)라고 했다. 그 후 위나라 왕숙王肅이 《성증론聖證論》에서 처음으로 맹자의 자를 '자거子車'로 밝혔다. 이후 진나라 부현傅玄은 《부자傅子》에서 '자여子輿'로 밝혔고, 공부는 《공총자》에서 '자거子車'와 '자거子居'로 제시했다. 오늘날은 '자여'가 가장 널리 받아들여지고 있다.

02 맹가가 태어나 뛰놀던 고향

이제 맹자 아니 맹가가 태어나고 자란 곳을 찾아가 보자. 어쩌면 책에서는 느끼지 못한 '맹자의 기'를 체험할 수도 있을 것이다. 우리에게도 수많은 훌륭한 선현들이 있다. 그러나 그들의 생가가 아직까지 남아 있는 경우는 많지 않다. 기껏 기를 받기 위해 찾아간다는 것이 갓 당선된 대통령의 생가生家 같은 곳들이다. 정말로 기를 받았다고 거기서 울기도 한다. 열흘 붉은 꽃이 없고 십 년 가는 권력이 없다는데, 2300년 유학의 뿌리를 지탱한 맹자의 기를 어찌 4~5년짜리 정치가의 기 따위에 견주겠는가?

호연지기가 탄생한 그곳, 맹가의 생가로 가 보자.

취푸曲阜의 상징물. 공자가 천하를 주유하며 세상을 이끄는 모습을 나타낸다.

맹자는 공자와 가까운 곳에 살았다

맹가가 태어나고 자란 '맹자고리孟子故里'와 '맹자고택孟子故宅'이 있는 푸춘鳧村부촌(또는 富村)은 쩌우청의 북쪽, 공자의 고향 취푸와 가깝다. 취푸에서 남쪽으로 13km쯤 떨어져 있다. 쩌우청 시의 중심보다 취푸에서 더 가까운 셈이다.

취푸와 쩌우청이 가깝다는 것은 맹자의 말에서도 확인된다. 《맹자》 〈진심〉 하38에서 맹자는 자신이 공자와 시간적으로 멀지 않은 시대에 살았고 공간적으로도 가까운 곳에 살았다고 말하고 있다.

> 由孔子而來, 至於今, 百有餘歲, 去聖人之世, 若此其未遠也. 近聖人之居, 若此其甚也. 然而無有乎爾, 則亦無有乎爾!
> 유공자이래, 지어금, 백유여세, 거성인지세, 약차기미원야. 근성인지거, 약차기심야. 연이무유호이, 즉역무유호이!

> 공자로부터 지금까지 백여 년이 지났다. 성인 공자로부터 떨어진 세상(시간)도 그다지 멀지 않고, 성인 공자가 살던 곳(공간)도 참으로 가깝구나! 아직 공자를 이은 사람이 없지만, 정말 이을 사람이 없겠는가! _〈진심〉 하38

맹자의 이 말 중에 마지막 구절 "然而無有乎爾, 則亦無有乎爾!"는 대대로 해석의 논란을 일으켰다. 문장에 뜻이 있는 실사보다 뜻이 없는 허사虛辭가 많아서, 꼭 어떻게 해석해야 한다고 단정하기가 쉽지 않기 때문이다. 그래서 '맹자가 조심스레 자신이 공자를 이을 사람이라고 생각했을 것이다'라는 식으로 풀이되고 있다.

전체 맥락을 찬찬히 살펴보면 맹자의 진의를 헤아릴 수 있다. 공자가 살았던 시간이나 공간이 '가깝다'고 한 것은 중의적인 표현이다. 실제 물리적으로 가까울 뿐 아니라, 맹자 자신이 공자의 진실을 잘 알고 있다는 말이다. 잘 알고 있는 사람이 공자를 잇는 것은 참으로 자연스럽다. 그런데 맹자는 왜 "아직 이을 사람이 없다"라고 말했을까? 이것은 두 가지 맥락에서 해석할 수 있다.

첫째, '공자를 이은 사람이 없다'라는 사실이 확인되어야만 맹자 자신이 공자를 이을 유일한 또는 강력한 후보자가 될 수 있다. 만약 이은 사람이 있다면, 그 사람과 경쟁해야 한다. 그래서 맹자는 먼저 '아직 없다'고 과감하게 선언한 것이다.

둘째, 공자의 제자는 '공문십철孔門十哲'을 비롯하여 3천 명에 달했다. 그들이 활동했거나 활동하는 상황에서 "공자를 이은 사람이 없다"라는 말은 상당한 도발일 수 있었다. 그래서 '아직 없다'라고 말함으로써 다른 사람들의 반응을 보고 동의를 얻고자 했다. 이에 대해 뚜렷한 반론이 나오지 않으면 자신의 주장은 사실로 공인되는 것이다.

그런 연후에 맹자는 한 번 더 '아직까지 없었지만 앞으로도 없을까?'라는 말로써 '공자의 계승자= 맹자'라는 등식을 조심스럽게 내비쳤던 것이다.

이렇게 맹자는 자신을 공자와 연결시킴으로써 존재 의의를 찾고 있다. 이러나저러나 공자와 맹자는 '공맹孔孟'이 될 수밖에 없었다.

맹자고리와 맹모림.

맹자고리孟子故里의 맹자고택孟子故宅

중국어의 구리故里고리는 우리말의 고향故鄕에 해당한다. 맹자고리는 '맹자의 고향'이라는 뜻이다. 중국어의 구자이故宅고택는 우리말의 '옛집'이라는 뜻이다. 예컨대 베이징에 있는 근대의 문인 루쉰의 옛집을 루쉰구쥐魯迅故居노신고거라고 한다. 고리와 고택의 고가 옛 고古가 아니라는 점에 주목할 필요가 있다. 고리古里와 고택古宅 하면 그냥 오래된 마을, 오래된 집처럼 오래되어 낡은 곳을 나타낼 뿐이다. 같은 곳이라도 고古가 아니라 고故를 쓰면 '나'와 사연으로 엮이는 장소를 나타내게 된다. 고리故里는 오래되었지만 내가 뛰놀던 곳이며, 고택故宅은 오

취푸에서 1번 버스를 타면 종점이 푸춘이다.

래되었지만 내가 먹고 자며 생활하던 곳이 되는 것이다.

맹자의 고향과 옛집이라고 으리으리한 건물을 예상한다면 실망하기 쉽다. 베이징의 쯔진청紫禁城자금성, 취푸의 쿵먀오孔廟공묘 정도의 유명한 유적지가 아니면 제대로 관리되지 않는 경우가 많다. 보통은 겨우 원형을 알아볼 수 있을 정도이고 심한 경우 파괴된 채로 방치되기도 한다. 많은 시간과 비용을 들여서 어렵게 찾아갔건만, 인근 주민들도 정확한 위치를 모를 때가 많다. 답사는 아직 찾지 못한 것에 개의치 않고 마음을 비워 보이는 대로 보는 것이 편하다. 그러다가 볼 만한 것을 하나라도 찾으면 보물을 캐는 셈이다.

푸춘은 맹자가 어린 시절에 묘지 근처에서 장례 지내는 흉내를 내며 놀았다는 곳이다. 즉 맹모가 '맹모일천孟母一遷'을 하기 전까지 살았던 곳이다. 지금도 이 마을의 서쪽 마안산馬鞍山 부근에는 공동묘지가 있다. 푸춘은 104번 도로변에 위치해 있기 때문에, 차의 속도를 조금만 높여도 그냥 휙 지나치기 쉽다. 택시를 탄다면 기사에게 꼭 맹자고리와 맹자고택을 확인해야 장소를 놓치지 않는다.

이제 푸춘의 입구에 있는 '孟子故里'의 패방牌坊을 찾아야 한다. 패방은 우리나라의 일주문一柱門처럼 중요한 기념물이 있는 장소를 알리는 문짝이 없는 대문 모양의 건축물이다. 눈을 부릅뜬 일행들 덕분에 무사히 도로변에서 패방을 찾았다. 차에서 내려 아무리 사방을 둘러봐도 패방에 쓰인 '孟子故里'라는 금색의 글씨가 아니라면, 이곳이 맹자의 고향임을

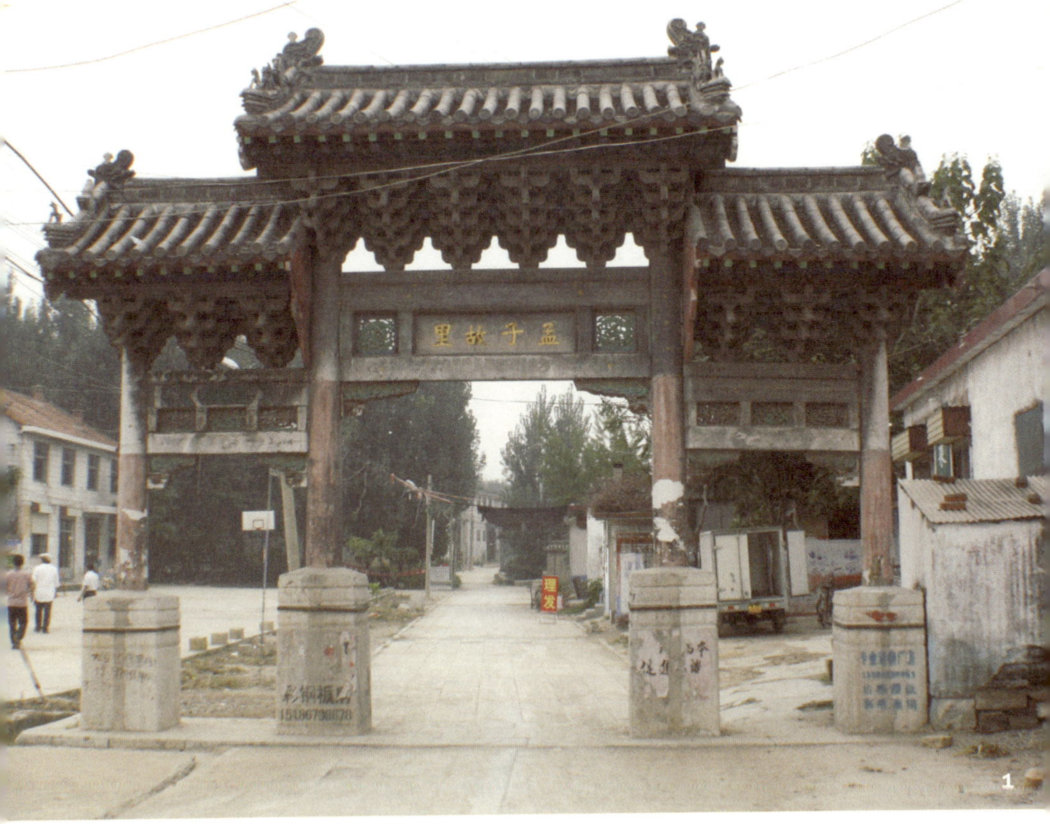

1

2

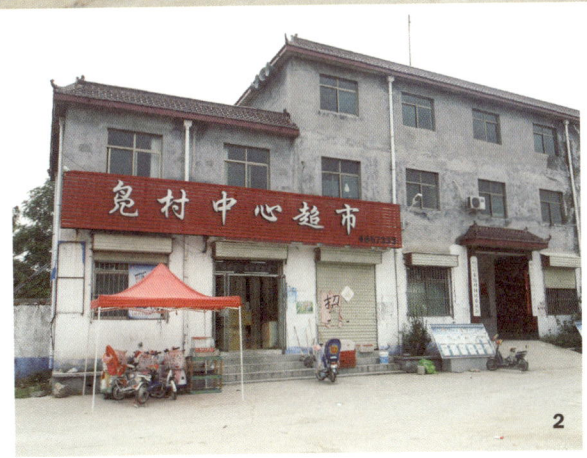

1. 맹자고리의 패방, 맹자가 태어나 자란 곳이다.
2. '凫村푸춘'은 맹자 고향의 이름이고 '超市차오스'는 '슈퍼마켓'이라는 뜻이다. 오른쪽으로 맹자연구소가 있다.

알아차리기가 쉽지 않다.

먼지가 쌓인 패방은 각종 선전물과 전화번호로 어수선했다. 도로변에는 정리되지 않은 물품들이 고물처럼 쌓여 있다. 패방 왼편으로 공맹의 글귀들이 쓰인 게시판과 파란색 놀이기구가 눈에 띈다. 그리고 관공서처럼 보이는 건물이 있는데 한쪽에 '맹자연구소孟子硏究所'라는 간판이 보인다. 하지만 셔터가 내려져 있다. 낡고 외진 느낌이 강렬했다.

패방을 뒤로하고 천천히 마을에 들어서며 어린 맹자를 떠올려 본다. 200m쯤 걸었을까? 안쪽 마을과 경계를 이루는 개울이 있고 오른쪽으로 주위 건물들과는 다른 고풍스런 집이 한 채 보인다. 다리 건너편 마을 어귀에는 노인 몇 분이 의자를 내어 놓고 무심히 세월을 흘려보내고 있다.

담장 너머로 오랜 세월의 자취를 느끼게 하는 측백나무와 몇 종의 나무가 예사롭지 않은 장소임을 말해 준다. 집 밖에는 오래되어 보이는 연자방아가 하나 있다. 하지만 이곳이 맹자고택이라는 것을 알려 주는 흔한 안내판도 입장료를 받는 매표소도 없다. 대문 앞에 다가가 고개를 드니 빨간색 현판에 쓰인 '孟子故宅'이라는 글씨가 금박으로 선명했다.

맹자고택 앞에서 잠시 섰다가 섬돌에 올라 대문을 밀었다. 밀면 쉽게 열리고 집에 들어서면 누군가 반갑게 맞아 주리라 생각했지만 문은 꿈쩍도 하지 않았다. 더 세게 밀어 보지만 마찬가지이다. 문을 몇 차례 두드려도 나오는 사람도 대답하는 사람도 없다. 그제야 불현듯 '이곳은 개방하지 않는 곳인가?'라는 생각이 들었다. 들어갈 수 없으니 더 들어가고픈 마음이 생긴다. 벌어진 문틈으로 안을 들여다보았다. 닫힌 문을 조금이라도 더 열고 내부의 비경을 보고 싶다. 영화의 주인공처럼 저 담벼락을 가볍게 뛰어넘을 수 있으면 좋겠다.

맹자고택의 담벼락과 집 안의 나무.

맹자고택의 현판.

사실 나는 지난겨울(2014년 2월) 여기서 돌아선 기억이 있다. 그리고 6개월 뒤에 다시 맹자고택 앞에 서게 된 것이다. 상황은 전과 같지만 이번에는 혼자가 아니었다. 주변에 있는 가게와 사무실까지 여기저기 다니며 물었다. 닫힌 듯 보이는 곳에도 사람이 있었다. 한 분이 맹모림孟母林에 가서 매표소 직원에게 말하면 맹자고택의 문을 열어 준다고 알려 준다. 두 번의 발걸음을 헛되이 할 수 없다는 생각에 서둘러 맹모림으로 향했다.

굳게 닫힌 고택故宅의 문을 열다

맹모림은 104번 도로 건너편 마안산 자락에 위치하고 있다. 그리고 그 오른편에 마을의 공동묘지가 있다. 요즘 사람들이 걸어가기에 다소 먼 거리이지만 차로 10분도 걸리지 않는다.

맹모림 입구에서 매표소 직원과 작은 실랑이가 벌어졌다. "맹자고택을 보고 싶다"고 하자, 처음에는 "미리 연락하지 않으면 안 된다"며 난색을 표했다. 아마도 상부에 보고해야 하는 모양이었다. "먼 길을 왔다. 꼭 보고 싶다"고 재차 부탁하자, 그제야 "맹모림의 입장권을 사면 맹자고택을 열어 주겠다"고 한다. 일종의 패키지 계약이 성립된 셈이다.

다시 맹자고택에 이르니, 어떻게 소식을 들었는지 고택 주변으로 동네 아이들이 모여들었다. 적막하던 동네가 갑자기 시끌벅적해졌다. 잠시 후 우리에게 표를 팔았던 여성 관리원이 오토바이에 할아버지 한 분을 태우고 도착했다. 열쇠를 꺼내 들고 문으로 다가간다. 이윽고 끼익 하는 소리와 함께 완강하게 버티던 맹자고택의 문이 열렸다. 모여 있던 아

동네 아이들이 모여들었다. 적막하던 동네가 갑자기 시끌벅적해진다.

이들이 마치 제 집인 양 먼저 뛰어 들어간다. 그 속에 어린 맹가가 있을 것만 같다. 밖에서 지치도록 놀다가 엄마에게로 뛰어가는 맹가 말이다.

맹자고택에는 3칸의 정전과 뜰 그리고 부속 건물이 있다. 정전 앞에는 맹자의 유적지에서 빠지지 않는 측백나무가 자라고 있다. 오랫동안 방문객이 없었는지 붉은 플래카드가 주름이 잡힌 채 처마 아래로 늘어져 있고 향로에는 온기가 없다. 정전의 중앙에는 맹자 부모상이 있고, 오른쪽 감실에는 맹자상, 왼쪽 감실에는 맹자 45대손이자 맹씨의 중흥조로 여겨지는 맹녕상孟寧像이 있다.

동쪽으로 뜰을 지나면 '孟子研究會'라는 편액이 걸려 있는 건물이 있다. 문은 닫혀 있지만, 창문가에 2014년 회비를 낸 사람의 명단이 적힌 빨간 벽보가 붙어 있다. 적게는 20위안, 많게는 100위안을 냈다. 왼쪽으로 들어가면 '맹자교자전람孟子教子展覽'의 간판을 단 건물이 있다. 맹모림에서 함께 오신 할아버지가 문을 열어 주신다. 내부에 맹자 어머니의 자식 교육에 관한 자료가 전시되어 있는데 여러 명이 앉을 수 있는 자리도 마련되어 있다. 아마도 방문객을 위한 교육 공간으로 활용되는 모양이다. 하지만 사진이나 시설이 모두 낡았다.

건물들을 둘러본 뒤에 고택의 이곳저곳을 거닐었다. 행여 맹자의 흔적을 찾을 수 있을까 두리번거렸지만 보일 리가 없다. 맹자의 영광을 기억하려는 후손들의 노력이 군데군데 보일 뿐이다.

외지인들이 제법 구경거리가 되는 모양인지, 우리를 따라다니며 천진난만하게 웃고 떠드는 아이들의 모습이 정겹다. 어린 맹가는 어떤 아이였을까? 분명 보고 들은 것을 잘 따라 하는 영민하고 감수성이 예민한 아이였을 것이다.

1. 맹자고택의 정전.
2. 맹자 45대손 맹녕상.

03 맹모정孟母井과 맹모지孟母池를 찾다

맹자 74대손을 만나다

전시관 뜰을 나서다 대문을 열어 준 관리원에게 인사를 건넸다. 이름을 밝히지는 않았지만, 뜻밖에도 취푸에 사는 공자 74대손이라고 한다. 내가 놀라며 고개를 크게 끄덕이자, "취푸는 대부분이 공씨이고, 쩌우청은 한 집 건너 한 집이 맹씨"라며 신기한 일도 아니라고 웃는다. 맹자의 유적을 공자의 후손이 관리하고 있다는 사실은, 나에게 여러 가지 의미를 떠올리게 했다. 뒤에서 자세히 언급하겠지만 공자를 살린 것이 맹자이고, 맹자를 되살린 것이 공자의 후손이 아니던가?

맹모림에서부터 동행해서 전람관 문을 열어 주신 할아버지께도 "공씨孔氏이신가?" 하고 물었더니 손사래를 치며 "나는 맹씨이다"고 하신다.

맹자 74대손 멍셴관 할아버지의 맹씨 인증 샷.

맹자고택의 관리원은 공자 74대손이다.

나는 그제야 기억이 떠올랐다. 지난겨울에 이곳을 방문했을 때 맹모림에서 만난 맹자 74대손 멍셴관孟憲管맹헌관(1938년생) 할아버지였다. 그분은 기억하지 못했지만, 타국에서 다시 만나는 인연인지라 반가웠다. 할아버지는 굳이 여권까지 보여 주며 맹씨임을 증명해 보이셨다. 맹자의 후손이라는 자부심이 대단했다.

마침 맹자 어머니가 물을 긷던 우물과 연못이 생각나서 할아버지에게 물었다. "맹모정孟母井은 있지만 맹모지孟母池는 없어졌다"고 하신다. 다시 두 곳의 위치를 물으니, 대답 대신 우리 일행의 손을 잡고 앞장을 서신다. 그러고는 맹자고택을 나와 곧장 다리를 건너 골목 초입의 한 주택으로 들어가셨다. 맹모정을 가는데 왜 갑자기 남의 집으로 들어갈까?

할아버지는 거침없이 주인을 불러 우리를 소개한다. "한국에서 온 사람들이 맹모정을 보러 왔다"고 하니 주인아주머니도 반갑게 맞아 주신다. 나는 '이분이 위치를 정확히 아시는 모양이구나!' 하고 지레짐작했다. 그때 갑자기 할아버지가 옥상으로 올라가는 계단으로 다가갔다. 그러고는 계단 옆에 놓인 세숫대야와 무언가를 덮고 있는 판때기를 치우셨다.

그러자 반원 모양의 구멍이 모습을 드러낸다. 입구는 반이 막힌 상태였지만 그 아래는 '이곳이 우물이다'라는 사실을 확인할 수 있는 완연한 형태를 갖추고 있었다. 맹모정이 이런 모습일 거라고는 미처 상상도 못했다.

기록에는 "이 우물은 여러 차례 개보수 공사를 거쳤는데, 주위에 청나라 광서 연간에 세운 〈중수정대비重修井臺碑〉가 있다"고 했지만 실체를 확인할 수는 없었다.

맹모정이 어떻게 이렇게 되었을까? 사연은 이랬다. 이 집의 주인도

현재 남아 있는 맹모정의 모습. 국내 최초로 위치를 확인했다.

맹모정은 맹씨 후손의 집 마당에 있다.

맹씨 후손인데, 집을 지으면서 맹모정이 완전히 묻히게 된 것을 아슬아슬하게 형태만 남겨 놓았다는 것이다. 이렇게 맹모정은 묻지 않으면 찾을 수 없는 곳이 되어 있었다. 설명을 다 듣고 사진을 찍었다. 계단에 올라서 좋은 각도를 잡아 보려 했지만 우물 전체를 시원하게 볼 수 있는 사진은 얻기 힘들었다. 하지만 다시 볼 수 없을지도 모른다는 생각에 방향과 장소를 바꿔 가며 셔터를 눌렀다.

지금은 우물의 깊이가 2m가량이지만 과거에는 더 깊고 물이 좋았다고 한다. 그래서인지 여전히 촉촉한 물기가 배어 있다. 맹자의 어머니는 이곳에서 물을 길어 밥을 하고 음식을 만들었을 것이다. 그 곁을 맴돌며 어리광부리는 어린 맹가의 모습이 보인다.

철학사를 발칵 뒤집어 놓은 우물 이야기

《맹자》를 읽다 보면 '우물'이 몇 차례 나온다. 그중에서 철학사를 발칵 뒤집어 놓은 우물 이야기가 있다. 맹자의 대표적인 사상은 '성선性善'이다. 뉴턴이 떨어지는 사과를 보고 만유인력을 생각해 냈다면 맹자는 우물을 빌려 성선의 실재를 확인한다.

今人乍見孺子將入於井, 皆有怵惕惻隱之心, 非所以內交於孺子之父母也, 非所以要譽於鄕黨朋友也, 非惡其聲而然也. 由是觀之, 無惻隱之心, 非人也.
금인사견유자장입어정. 개유출척측은지심. 비소이내교어유자지부모야, 비소이요예어향당붕우야, 비오기성이연야. 유시관지, 무측은지심, 비인야.

지금 여기 어린아이가 우물로 다가가서 떨어지려는 상황을 보았다고 하자. 모두 깜짝 놀라서 아파하는 공감을 겪을 것이다. 이것은 아이를 구해 주고 부모로부터 뭔가를 받으려고 하는 것도 아니고, 마을 사람과 친구들로부터 좋은 소리를 들으려고 하는 것도 아니고, 구해 주지 않았다고 나쁜 말을 들을까 싫어서 하는 것도 아니다. 이러한 상황에서 함께 아파하는 마음이 없으면 사람이 아니다. _〈공손추〉 상6

맹자는 우리에게 '금인사견유자장입어정今人乍見孺子將入於井'의 상황, 즉 어린아이가 앞에 있는 우물로 뭔지도 모르고 기어 가고 있는 상황을 제시한다. 당신이 이 상황을 보게 된다면 어떻게 할까? 내 일이 아니라며 가던 걸음을 재촉할까? 아니면 아이를 구해 주고 부모에게 받을 보상을 계산할까? 맹자는 '사람이라면' 누구나 앞뒤 따지지 않고 뛰어가 아이부터 구하려 할 것이라고 보았다. 그렇다면 사람은 이해관계에 좌우되지 않는 순수한 마음을 가지고 있는 것이다. 맹자는 이러한 마음을 '불인인지심不忍人之心', 즉 다른 사람을 차마 내버려두지 못하는 마음이라 했다.

맹자는 이렇게 사유의 실험을 통해 '성선이 실제로 있다'는 것을 밝히고 있다. 너무나 당연해 보이는 이 생각이 철학사의 혁명과도 같은 '성선설'의 토대가 된 것이다.

사단四端, 순수한 마음의 네 가지 싹

보통 성선설은 성악설에 대비해서 의의를 갖는다고 생각한다. 이런 선과 악의 이분법은 단순한 결론일 뿐이다. 이는 성선의 아주 일부분에 불과하다. 맹자가 성선을 말했다고 사람이 악행을 저지른다는 사실을 몰랐을 리 없다. 전국시대의 상황을 떠올리면 성선이 아니라 성악이 더 자연스럽다. 하지만 맹자는 아무리 생존경쟁에 내몰린 각박한 세상이라도 '사람이라면' 당연히 하거나 하지 않는 것이 있다고 생각했다. 그것이 바로 사단四端, 즉 마음의 순수한 네 가지 싹이다.

> 惻隱之心, 仁也. 羞惡之心, 義也. 恭敬之心, 禮也. 是非之心, 智也. 仁義禮智, 非由外鑠我也, 我固有之也, 弗思耳矣.
> 측은지심, 인야. 수오지심, 의야. 공경지심, 예야. 시비지심, 지야. 인의예지, 비유외삭아야, 아고유지야, 불사이의.
>
> 함께 아파하는 마음이 사랑(仁)이다. 부끄러워하는 마음은 도의(義)이다. 상대를 존중하는 마음이 예의(禮)이다. 옳고 그름을 가리는 마음이 지혜(智)이다. 인의예지는 밖에서 나에게 우겨 넣어진 것이 아니라 나에게 본래부터 있는 것이다. 그 마음에 집중하지 않아 모를 뿐이다. _〈고자〉 상6

극악한 사람이라도 영원히 악한 것이 아니다. 이해타산을 벗어난 성선의 마음에 주목한다면 좋은 사람이 되고 세상을 변화시킬 수 있다. 맹자는 성선에서 시대의 희망을 발견한 것이다. 성선과 사단은 맹자가 가꾸고자 한 세상의 출발점이었다.

성선은 유일신과 충돌한다

17세기 천주교 선교사들이 동아시아에 처음 들어왔을 때 포교에 많은 어려움을 겪었다. 그 이유 중 하나가 사람들에게 깊이 뿌린 내린 맹자의 사상 즉, 성선이었다. 우리가 성선론에서 쉽게 놓치는 것이 '인간이 완전하다'는 철학적 사고이다. 물론 인간이 완전한 지식과 영원한 의지를 가진 신과 같은 존재라는 뜻이 아니다. 성선이란 사람에게는 도덕적 삶을 살고자 할 때 외적 힘에 의지하지 않고 스스로를 움직일 수 있는 추진력이 있다는 말이다.

우물에 빠지려는 아이를 보면, 누가 시키지 않아도 뛰어가 아이를 구한다. 즉 사람이 능력과 의지에 한계가 있음에도 불구하고 올바르게 살려고 할 때 자신 안에게 그 근원을 찾을 수 있는 것이다. 그래서 우리는 무슨 문제가 생기면 "너 자신을 돌아보라" 혹은 "네 마음을 보라"라고 말하는 것이다. 동아시아에서 기도와 구원보다 수양과 성찰이 강조되었던 이유이다.

이렇게 성선이 사람들에게 완전한 존재가 될 수 있는 가능성을 제공하고 있기 때문에 굳이 신을 믿어야 한다는 선교사들의 말이 설득력을 갖지 못했던 것이다.

마테오 리치는 《천주실의天主實義》에서 "인간은 습선習善은 가능하지만 성선性善은 가능하지 않다"라고 말했다. 선은 학습될 수 있지만 생래적으로 타고날 수 없다는 말이다. 이것이 성선과 충돌하는 지점이다. 오늘날 우리가 흔히 겪는 종교 논쟁의 하나이기도 하다.

성선의 우물

맹자가 찾아낸 성선의 밑바탕에는 어린 시절 어머니를 따라 우물가에서 놀던 경험이 있을 것이다. 길어 올려도 길어 올려도 계속해서 솟아나는 우물물. 한 두레박을 퍼내도 금세 새로운 물이 들어찬다. 우물의 무한한 복원력과 생명력 그리고 어머니의 사랑. 그것은 어린 맹자의 뇌리에 깊이 새겨졌을 것이다. 나중에 도덕의 근원을 생각하다가 이 우물을 떠올리지 않았을까! 우리는 이런 추측의 실마리를 《맹자》에서 찾을 수 있다.

> 有爲者, 辟若掘井. 掘井九軔, 而不及泉, 猶爲棄井也.
> 유위자, 벽약굴정. 굴정구인, 이불급천, 유위기정야.
>
> 인위를 실천하려고 노력하는 것은 땅속 깊이 우물을 파는 것과 같다. 물을 찾기 위해 우물을 아홉 길이나 팠지만 물이 나오지 않는다고 우물 파기를 포기한다면 처음부터 우물을 파지 않은 것과 같다.
> _〈진심〉 상29

도로정비 사업 때 묻힌 맹모지. 발굴 계획이 있다니 다음번에 만나기를 기대해 본다.

마음에 깃든 사단의 성선과 땅속에 있는 우물은 닮았다. 겉으로 보면 사단과 우물은 보이지 않는다. 마음을 들여다보고 땅을 파내면 성선과 우물의 근원을 만날 수 있다.

맹자는 이 우물에 비친 하늘이며 흘러가는 구름이며 많은 것을 보았으리라. 나도 어릴 적에 물을 긷다가 작은 우물에 어떻게 하늘의 모든 것이 담기는지 신기하게 생각한 적이 있다. 지금 모습이 아무리 초라해도 우리는 성선의 우물가에 서 있는 셈이다.

좁은 마당에 남자들이 들어차 있는 것이 답답했는지, 주인아주머니가 집 안으로 이끄신다. 소파, TV 등이 잘 정돈된 시골집 살림살이가 편안한 가정의 분위기를 느끼게 해준다. 하지만 너무 폐를 끼치는 것 같아 차는 사양했다. "고맙다"는 인사를 하고 집을 나섰다.

할아버지는 다시 우리 일행을 이끌더니 맹자고택 앞으로 가신다. 그곳에는 한 무더기의 벽돌과 목재들이 쌓여 있고 그 앞에 개울이 있다. 맹자고리를 남북으로 흐르는 바이마허白馬河백마하로 보이는데 확실하지는 않다. 할아버지가 벽돌이 쌓여 있는 장소를 가리키며 맹모지孟母池가 있던 곳이라고 하신다. 몇 년 전 도로 정비 사업을 하면서 매립됐다고 한다. 그리고 맹자 유적지 복원 사업이 예정되어 있다며 언젠가 맹모지가 모습을 드러낼 것이라는 소식도 전해 주셨다.

이렇게나마 그동안 확인할 수 없었던 귀중한 장소를 찾았으니 다행일 따름이다. 다음에 이곳을 찾았을 때는 번듯한 맹모지를 만날 수 있기를 바라 본다. 맹자 74대손 멍셴관 할아버지께 깊은 감사를 표한다. 세상의 변화는 막을 수 없지만, 가치는 지키고자 하는 사람의 몫이다.

04 맹자의 아버지는 누구인가?

맹자고리를 떠나기 전에 일행들과 다음 일정을 의논하고 있을 때였다. 지금까지 전혀 관심이 없어 보이던 통역이 특유의 조선족 말투로 묻는다. "근데 맹자 아버지는 누구예요?" "중국에서도 맹자 어머니는 유명한데 아버지는 몰라요." 그도 자식 교육에 관심이 많은 터라 이제 궁금증이 생기는 모양이었다.

대부분 '맹자' 하면 어머니 '맹모'만을 떠올린다. 아버지는 아는 사람이 거의 없다. 당연히 맹자에게도 아버지가 있었고 기록에도 보인다. 맹자고택의 정전에서 우리는 이미 맹모와 함께 있는 맹부를 만났다. 하지만 자세히 보았더라도 그의 이름은 알 수 없었을 것이다. 맹자신위에는 '추국공맹자지신위鄒國公孟子之神位'라고 이름이 적혀 있는데 공교롭게도 맹부신위에는 '계성주국공지신위啓聖邾國公之神位'라고만 적혀 있어 그 이름이 없다. 이제 질문에 답해야 할 때이다. 맹자는 자신의 이름부터 개인사와 관련된 내용들이 특별한 경우가 많다. 우선 맹씨의 조상은 역적이었다.

맹자의 조상은 역적이었다

맹씨의 기원은 산동성과 허난河南성 상치우商丘상구 두 곳으로 알려진다. 《통지씨족략通志氏族略》에 보면 "노나라에 맹손씨孟孫氏가 있다. 노나라 환공桓公의 자식 중 경보慶父(또는 공중共仲)의 후손들이 원래 중손씨仲孫氏였지만 경보가 군주를 시해한 죄를 피하기 위해 맹씨孟氏로 고쳤다"라고 쓰여 있다.

이 기원의 전말을 알려면 《좌씨전》의 장공 32년(BC 662)에 일어났던 노나라의 정국 변동을 살펴봐야 한다. 중손씨仲孫氏 경보慶父는 노나라 환공의 서자이자 장공莊公의 서형으로 평소부터 정치적 야심이 컸다. 장공이 죽자 경보는 제후의 자리에 욕심을 드러내지만 계우季友는 장공의 유지를 받들어 장공의 아들 자반子般을 즉위시킨다. 이에 격분한 경보는 자객을 보내 자반을 살해한다.

하지만 계우는 다시 장공의 아들 계啓(민공閔公)를 즉위시킨다. 경보가 다시 민공마저 죽이자 노나라 정국은 일대 혼란에 빠진다. 경보는 이제 누구도 건드릴 수 없는 존재가 되었고 모든 상황이 그의 뜻대로 되어 가는 것처럼 보였다. 하지만 당시 "경보가 죽지 않으면 노나라의 어려움은 끝나지 않는다"(慶父不死, 魯難未已)라는 말이 나올 정도로 경보에 대한 여론이 악화되었다. 결국 경보는 거莒나라로 도망쳤다. 훗날 계우의 노력으로 경보는 노나라로 돌아올 수 있게 되지만 귀국 도중에 자살로 인생을 마쳤다. 계우는 경보의 아들 공손오公孫敖로 하여금 아버지의 작위를 잇게 했다.[6] 훗날 경보의 후손들은 군주를 시해한 역적의 꼬리표를 떼기 위해, 성을 중손씨에서 맹손씨孟孫氏로 바꾼다. 이때 경보가 환공의 아들 중 맏이였기 때문에 '맹孟' 자를 쓰고 뒤에 '손孫' 자를 떼어 내서 '맹'이 단독으로 성이 되었다.[7]

이렇게 보면 맹씨는 역적 경보가 시조인 셈이다. 맹자의 성이 나름 귀족의 뿌리를 가지고 있다는 내력을 보여 준다고 할 수도 있지만 공자와 함께 '공맹'으로 불리는 맹자의 위대한 이름을 생각하면 '시조가 역적'이라는 사실은 부담일 수밖에 없다. 그래서 청나라 동치同治 4년(1865)에 나온 《맹자세가보孟子世家譜》와 《맹자와 맹씨종족孟子與孟氏宗族》에는 '맹자'를 맹씨의 시조로 보고 있다.

맹자의 아버지, 맹격

이제 맹자의 아버지를 살펴보자. 기록을 보면 그의 이름은 맹격孟激이고 자가 공의公宜이다. 하지만 이 기록도 맹자가 활동하던 시절이 아닌 후대의 자료에 나타난다. 예컨대 한제국 말에 나타난

---

6 자세한 맥락은 신동순 옮김, 《춘추좌전 1》, 한길사, 2006, 172~177쪽 참조.
7 사오쩌수이邵澤水 편저, 《맹자와 그의 제자孟子和他的弟子》, 亞洲出版社, 2010, 11~16쪽.

위서緯書[8] 중 《춘추연공도春秋演孔圖》와 송원시대에 만들어진 《맹씨보孟氏譜》 등에 보인다. 아마도 과거의 사람들도 우리처럼 맹자의 아버지에 대해 의문을 가졌고, 그 의문에 대한 해답이 한나라 후기부터 만들어졌으리라 추측해 볼 수 있다.

그렇다면 맹격은 어떤 사람이었을까? 전설에 따르면 맹격은 재주와 식견을 갖추었지만 조국에서 활동할 기회를 얻지 못했다. 이 때문에 그는 맹자가 태어났을 무렵 이웃의 송宋나라로 유학을 떠나 그곳에서 자리를 잡으려고 했지만 뜻을 이루지 못하고 맹자가 세 살 되던 해에 세상을 떠난 것으로 알려진다. 구체적인 행적의 진위를 떠나, 맹격이 아들 맹가와 함께 보낸 시간이 거의 없었다는 것은 사실인 듯하다. 맹자의 성장 과정에서 아버지의 모습과 영향력을 찾을 수 없는 이유이다.

한 가지 더 살펴볼 일이 있다. 맹자 아버지의 이름은 그렇다고 쳐도, 그가 맹자 3세에 사망했다는 이야기는 어딘가 '조작'의 냄새가 물씬 풍긴다. 잘 알려진 것처럼 공자도 3세에 아버지를 잃었다. 우연치고는 기가 막히게 공자와 맹자가 모두 3세에 아버지를 잃은 경험을 공유하고 있다. 두 사람에게 공통점이 있다는 점을 선전하려는 의도가 있다고 할 수 있다.

한편으로 자식 3세의 부친 사망설은 사실일 수도 있겠지만, 이것은

---

8 위서緯書는 경서經書에 대응하는 말로 스스로 권위를 높이려는 작명이다. 위서는 《역위易緯》, 《서위書緯》처럼 경서의 이름을 빌려 예언과 도참을 담고 있는 전한 후반기의 서적을 가리킨다. 공자는 위서에서 신적인 인물로 그려지고 있다. 특히 후한의 광무제는 위서의 권위를 인정하고 점술과 예언을 활용하여 지지 기반을 공고히 하기도 했다.

맹자고택의 정전에 모셔진 맹모 맹부상.

당시에 남편이 아무런 책임도 지지 않고 아내를 버리는 '기처棄妻' 현상을 달리 표현한 것으로 볼 수도 있다. 나중에 보겠지만 맹자도 사소한 실수를 빌미로 아내를 내치려 한다. 당시에 맹자 정도 되는 인물이 그런 생각을 했다면, 기처를 심각한 문제가 아니라 당연하게 여기는 사회적 관습이 있었다고 추측해 볼 수 있다. 그렇다면 고대의 산둥성 일원에는 과도한 가부장권이 널리 퍼져 있었다고 가설을 세워 볼 만하다.

제대로 돌보면 무엇이든 잘 자란다

나는 어린 시절에 경남 의령 장박이라는 시골에서 자랐다. 모두 200여 명이 사는 조그만 마을이었다. 요즘 고향을 찾으면 집도 사람도 반 이하로 줄어들었고, 함께 뛰놀던 친구들도 다 외지로 나가고 없다. 새로 태어나는 아기도 없고 골목을 신나게 뛰노는 어린이도 없다. 어린 시절 크게 보이던 학교며 나무가 한껏 작게 보인다. 이런 사물에 대한 지각의 변화는 기쁨이 아니라 아련함으로 다가온다. 고향을 찾을 때마다 왁자지껄한 분위기를 더 이상 느낄 수 없다. 나는 고향의 과거와 현재를 다 알기에 그 변화를 읽을 수 있다.

맹자는 〈고자〉 상8에서 우산牛山의 변화를 말하고 있다. 우산은 원래 나무가 무성하게 우거졌지만 남벌로 인해 민둥산이 되었다.

牛山之木嘗美矣, 以其郊於大國也. 斧斤伐之, 可以爲美乎?
우산지목상미의, 이기교어대국야. 부근벌지, 가이위미호?

맹자가 다시 고향을 찾는다면 어떤 느낌일까? 맹자고리는 쓸쓸하기 그지없다.

> 우산은 원래 나무가 우거지고 아름다워서 사람이 즐겨 찾아 쉬곤 했다. 큰 나라의 도시가 우산까지 팽창하게 되었다. 사람들은 너나 할 것 없이 도끼를 들고 우산에 와서 나무를 베어 갔다. 이렇게 사람들이 계속 나무를 베니 그렇게 숲이 아름답게 우거졌던 우산이 어찌 벌거숭이산으로 변하지 않을 수 있었겠는가? _〈고자〉 상8

전쟁의 시대를 살아간 맹자는 우산의 변화를 예리한 인문학자의 눈으로 살피고 있다. 그리고 이 이야기를 인간의 본성으로 끌어 간다. 우산이 벌거숭이산이 된 것은 나쁜 사람들 때문일까? 어떤 사람이 나쁜 짓을 했다고 그 사람이 원래부터 나쁜 사람이라고 할 수 있을까? 맹자는 그렇지 않다고 보았다.

> 苟得其養, 無物不長. 苟失其養, 無物不消.
> 구득기양, 무물부장. 구실기양, 무물불소.
>
> 만약 제대로 돌봐 주면 어떤 것이든 무럭무럭 자라게 마련이고, 제대로 돌보지 않으면 어떤 것이든 시들게 마련이다. _〈고자〉 상8

맹자의 목소리는 강한 울림을 준다. 지금의 현실이 그때와 다르지 않기 때문일까? 맹자는 전쟁과 생존경쟁에 내몰린 사람들이 괴물이 된다고 하더라도 그 괴물이 사람의 본성이라고 할 수 없다고 말하고 있다. 사람이 비탈진 곳에서 넘어지기 쉬운 것처럼 환경이 열악하면 착해지기가 어렵다는 것이다. 맹자는 오늘날의 복지국가를 그리고 있었던 것일까?

맹자는 왕도정치를 말하며 그 조건을 들었다.

> 養生喪死無憾, 王道之始也
> 양생상사무감, 왕도지시야
>
> 산 사람을 돌보고 죽은 사람을 보낼 때 유감이 없으면 그것이 왕도정치의 시작이다. _〈양혜왕〉 상3

제대로 돌보면 무엇이든 잘 자란다. 맹자는 '맹자의 기'를 받으러 온 우리에게 너무도 당연한 세상의 이치를 들려주고 있다.

맹모는 말로 하는 언교가 아니라 몸으로 직접 보여 주는 신교를 실천했다. 맹모삼천이 그랬고 단기교자가 그랬고 매육담자가 그랬다. 맹모의 가르침은 맹자가 일구어 낸 사상 구석구석에 중요한 영향을 끼쳤다. 맹자의 대장부론 역시 어머니의 교육에서 비롯되었다. 맹모가 묘지에서 이사한 것은 맹자가 빈천에 흔들리지 않겠다는 것으로, 시장에서 이사한 것은 맹자가 부귀에 흔들리지 않겠다는 것으로, 마지막으로 서당에 정착한 것은 모든 것이 뜻대로 되지 않더라도 홀로 무소의 뿔처럼 나아가겠다는 당당한 대장부의 삶으로 이어졌다.

3 아들만큼 유명한 어머니

― 맹모삼천사 孟母三遷祠, 맹모림 孟母林

중국에서 가장 오래된 《맹자성적도》 중 〈단기교자〉의 한 장면.
맹모가 베틀을 잘라 아들을 교육하는 모습을 묘사하고 있다.

01 맹모삼천사 孟母三遷祠, 맹모는 두 번 이사했다

자식 교육의 대명사가 된 맹모

맹자와 공자는 출신과 성장 배경까지 공통점이 많다. 공자는 몰락한 왕족 출신이고, 맹자는 유력한 귀족의 후예였다. 모두 아버지가 일찍 돌아가시고 편모슬하에서 자랐고, 고향도 서로 가까웠다. 또 두 사람은 자신의 이상을 펼치기 위해 외국을 떠돌아다녔다. 하지만 부모와 관련해서는 알려진 바가 다르다. 공자의 어머니 안징재顔徵在는 유부남 숙량흘叔梁紇의 세 번째 부인이 되어 공자를 낳았다. 맹자의 아버지는 맹격孟激이다. 하지만 그의 어머니는 장仉[1]씨로만 알려져 있을 뿐 이름은 알 수 없다. 두 사람의 결혼에 대해서도 알려진 바가 없다.

맹모가 자식 교육을 위해 세 번 이사[2]한 이야기는 '삼천지교三遷之敎'

라고도 하고 '맹모삼천孟母三遷'이나 '삼천택린三遷擇鄰'이라고도 한다. 맹모의 이사와 자식 교육 이야기가 워낙 유명하다 보니, 맹자의 사상에는 고개를 저어도 '맹모삼천'이라는 말에는 다들 고개를 끄덕일 것이다.

《열녀전》에 기록된 맹모삼천의 내용은 아는 대로이다. 맹모가 집을 묘지 근처에 마련하자 맹자가 장례 흉내를 냈다. 맹모가 이를 보고 "여기는 아이를 키울 곳이 못 돼!"(此又非所以處子也)라고 판단하고 시장 부근으로 이사를 했다. 이번에는 맹자가 매일 물건을 사고파는 흉내를 내며 놀았다. 맹모는 "여기도 역시 아이를 키울 곳이 못 돼!"라고 판단하고 다시 이사를 한다. 마지막으로 서당 근처로 이사하니 맹자가 자연히 글공부를 하게 되었다. 그러자 맹모가 "여기가 참으로 아이를 키울 곳이야!"(此眞可以處子也)라는 결론을 내렸다는 이야기이다.[3]

이렇게 옛날부터 지금까지 맹자의 어머니는 교육의 대명사로 널리 알려져 왔다. 하지만 공자 어머니의 자식 교육에 관한 이야기는 전해지지 않는다. 그래서 '맹모孟母'는 일찍부터 사람들의 입에 회자되었지만 '공모孔母'라는 말은 없다. '공모'는 현실의 공씨 자식의 엄마를 가리키는 보통 명사이지만 '맹모'는 오로지 맹자 어머니를 가리키는 고유명사에 가깝다.

---

1 장씨의 고향은 전국시대 진晉에 속하는 산시山西성 타이구太谷현 장춘仉村이다. 대대로 맹모의 이야기가 전해지고 유적지가 남아 있다. 생몰 연대는 BC 392~317년으로 추정한다. 타이완 맹씨종친회《맹자세가족보孟子世家族譜》에는 맹모가 위魏나라 공자 장계仉啓의 딸로 되어 있다.
2 맹모삼천을 글자 그대로 옮기면 세 번 이사한 것이지만 이사는 실제로 두 번 했다. 맹모와 맹자는 이사를 두 번 하여 세 곳의 집에서 살았다. 그러니 맹모삼천은 이사 횟수보다 살았던 집에 초점을 둔 말이다.
3 자세한 내용은 유향, 이숙인 옮김,《열녀전》, 예문서원, 1996, 68~73쪽 참조.

맹모삼천사 가는 길.

맹씨 자식을 가진 다른 어머니가 '맹모'가 될 수 없는 것이다.

후세 사람들은 사당을 지어서까지 맹모의 삼천과 자식 교육에 대한 열정을 기렸다. 맹모삼천사孟母三遷祠가 바로 그곳이다.

맹모삼천사를 찾아 나서다

현재 맹모삼천사孟母三遷祠는 쩌우청 기차역에서 북서쪽으로 멀지 않다. 길로 설명하면 큰 길 쾅젠둥루礦建東路광건동로에서 삼천대로 방향으로 들어간다. 버스를 타면 첸먀오후前廟户전묘호 정거장에서 내리면 된다. 걷기에도 그리 멀리 않다. 삼천사는 잘 알려진 맹자 유적지에 속한다. 내비게이션이나 지도에서도 쉽게 찾을 수 있다.

큰길에서 골목으로 접어들면 얼마 지나지 않아 검은 기와지붕의 건물이 나타난다. 그 앞에는 황금색 종을 매달고 있는 사자상과 오른편으로 검은 비석이 세워져 있다. 이쯤에서 차를 세우고 다가가면, 비석에 쓰인 '맹모삼천사孟母三遷祠'라는 글씨를 확인할 수 있다. 골목 오른쪽에는 아이들이 뛰어놀 작은 공원이 있는데 이름이 '삼천공원'이다.

얼핏 천막만 보였던 정문 앞을 다시 보니 난전이 있다. 가게의 형태는 아니니 마을 장이 선 셈이다. 제법 사람들이 모여 앉아 있고 갖가지 채소와 곡물, 과일들이 삼천사 담벼락부터 펼쳐진 천막 아래에 자리를 잡고 있다. 이곳이 어린 맹자가 장사 흉내를 내며 놀던 그 시장인가? 갑자기 2300년 전으로 돌아간 것 같은 착각이 든다. 천막 안으로 고개를 들이밀고 보니, 가려져 있던 맹모삼천사의 표지석이 보인다. 그 위에도 토마토 몇 개가 가지런히 놓여 있다. 맹모일천의 묘지와 맹모이천의 시장이 지금도 여전하다니…. 사람 사는 곳에 묘지가 있고 시장이 있는 것이 당연하지만, 맹자의 일생이 현실로 성큼 다가오는 것 같다.

찾아보았지만 맹모삼천사에도 맹자고택과 마찬가지로 매표소는 없다. 혹시 '여기는 개방하는 곳이 아닐까?' 하는 마음에 정문을 밀어 보지만 역시 꼼짝도 하지 않는다. 그렇다고 포기할 리 없다. 이런 상황에서는 무조건 여기저기 물어서 방법을 찾아야 한다는 것을 이미 아셨을 테니, 그 과정을 간략히 소개한다.

먼저 삼천사 맞은편 구멍가게에 들러 상황을 말하고 방법을 물었다. 그리고 가게 주인이 일러준 대로, 삼천사 오른쪽 골목으로 들어가 왼쪽

맹모삼천사 앞에는 지금도 마을 사람들이 키운 식재료를 파는 장이 선다.

맹모삼천사의 정문.

첫 번째 집에 들러 문을 열어 달라고 부탁한다. 그 집은 삼천사의 뒷벽을 자기 집 담장으로 쓰고 있었는데, 사정을 들은 주인아주머니가 그 담장에 난 쪽문을 열어 주었다. 이번에는 이렇게 우리가 직접 삼천사의 정문을 열었다.

문화혁명과 맹모삼천사

원래 맹모삼천사는 강희康熙 52년(1713)에 맹씨의 자손들이 비용을 모아서 세웠다. 당시에는 중앙에 세 칸의 정전, 동서로 두 채의 곁채가 있었고, 정전 뒤에 주방과 창고 등 부속 건물이 있었다. 정전에는 맹자부모상과 맹자신상孟子神像을 안치하고 제사를 지냈다. 그리고 정전 앞뜰에 〈창건아성사비기創建亞聖祠碑記〉, 〈묘호영첨설제전비기廟戶營添設祭田碑記〉, 대문 밖에 〈맹모삼천사비孟母三遷祠碑〉, 이렇게 3기의 비석이 있었다.

하지만 맹모삼천사도 중국 현대사의 격변인 문화혁명을 피하지 못했다. 당시 건물은 모두 훼손되고 3기의 비석만 살아남았다. 우리나라 유적지에서는 '임진왜란'과 '병자호란'이란 단어를 많이 만난다. 전쟁으로 인해 훼손이 심했기 때문이다. 중국의 경우는 문화혁명 기간에 수많은 문화재가 파괴되었다.

지금의 건물은 쩌우청 시 문물관리부에서 1994년에 중건을 시작해서 1996년 설날에 낙성식을 치렀다. 이때 '맹모삼천사'의 비석을 복제해 건물 입구 동쪽에 세웠다. 정전의 3칸 중앙에는 맹자부모상과 맹자상

삼천사 오른쪽 골목 첫 번째 집에 들러 뒷문으로 들어가 정문을 열었다.

을 배치하고. 서쪽에는 별도로 맹모의덕당孟母懿德堂을 지어서 그 안에 맹모삼천의 고사를 담은 소상塑像을 안치했다.

　새로 지은 곳이라 경내의 나무들도 아직 아담하다. 정전에 들어서서 맹자부모상을 보면 당혹스러울 수도 있다. 맹격孟激은 맹자 3세에 죽었는데, 부부가 백년해로한 모습으로 표현되어 있기 때문이다. 사실대로 하면 어떻게 될까? 청년 맹격과 할머니 장씨의 소상이 있어야 한다. 그렇다면 장씨가 연하의 남편을 둔 셈이 될 것이다. 일행들과 괜스레 맹격의 나이를 가지고 시시덕거리며 웃는다.

맹자의덕당의 모자상은 부부상과는 전혀 다른 느낌을 준다. 부부상이 상상과 희망을 담은 것이라면 모자상은 현실을 담은 것이기 때문이다. 성자현모聖子賢母의 편액 아래에는 무언가에 정신이 팔린 아들의 손을 꼭 잡은 맹모가 어딘가 가야 할 곳을 지긋이 바라보고 있다. 나도 모르게 고개를 돌려 시선을 따라가게 된다.

중국인의 못 말리는 '분류' 본능

의덕당의 내부는 어두웠다. 겨우 출입할 문 한 칸만 열어 둔 탓이다. 그렇다고 전등 스위치를 찾지는 마시라. 대부분의 유적지는 문화재 보호를 위해 전기 시설을 설치할 수 없다. 더 잘 보려면 손전등이라도 준비해야 한다. 요즘은 휴대폰으로 대신하기도 하지만 공간이 조금만 넓어도 만족스럽지 못하다. 사진을 찍을 때도 플래시나 노출에 신경을 써야 좋은 결과를 얻을 수 있다. 그래도 눈을 깜빡이며 벽면에 걸린 전시물을 잘 살펴보면 중국인들의 못 말리는 '분류 욕망'을 만나게 된다.

중국의 '3대 미인' 이야기는 다들 들어 보았을 것이다. 동시대를 살지도 않았고, 시대마다 미의 기준이 다른데도 3대니 4대니 하는 것이 가당키나 한 이야기인가! 하지만 중국인들은 현재는 물론 과거에 이르기까지 분야별로 '분류'하는 데 목을 맨다.[4] 사람마다 꼽는 인물이 다르지만, 월나라 서시西施, 한나라 왕소군王昭君, 당나라 양귀비楊貴妃가 3대 미

맹모삼천사 경내.

맹모의덕당의 성자현모 편액.

인으로 알려져 있다.

그렇다 보니 중국의 '3대 어머니'라는 분류도 있다. 처음에는 다소 낯설지만 분류를 듣다 보면 나름 중독성이 있다. 또 자신만의 기준을 갖게 만든다. 특히 기존의 분류가 객관적으로 타당하지 않으면 그에 대항해서 제시된 새로운 기준과 경쟁한다. 이렇게 오랜 시간에 걸쳐서 분류 전쟁을 치르다 보면 승자가 생겨난다. 그것이 바로 '3대 미인' 또는 '3대 어머니'(삼대현모三大賢母 또는 현량삼모賢良三母) 같은 타이틀이다.

그렇다면 3대 어머니 타이틀의 승자는 누구일까? 삼국시대 서서徐庶의 어머니인 서모徐母와 북송과 남송 악비岳飛의 어머니인 악모岳母 그리고 전국시대 맹자의 어머니인 맹모가 빠질 수 없다. 이 '3대 어머니'의 수석 자리를 꿰차고 있는 것이 맹모이다.

이들이 어떤 이야기를 가지고 있는지 간략히 알아보자.

서서徐庶는 후한 말에 군사를 일으킨 유비劉備를 도왔다. 유비의 무리는 서서로 인해 비로소 군사 집단이 되었다. 유비를 견제하던 조조는 서서를 빼내기 위해 어머니의 이름으로 거짓 편지를 써서 보낸다. 조조에게 가서 벼슬을 하라는 내용이었다. 효심이 지극했던 서서는 가짜 편지인 줄 모르고 어쩔 수 없이 조조의 진영으로 간다. 서서의 어머니는 그런 아들의 소식을 듣자 아무 미련 없이 스스로 목숨을 끊는다. 그리고 서서는 조조의 진영에서 한마디 말도, 어떤 일도 하지 않았다. 지금도 "몸은

---

4 이러한 중국인의 '분류 욕망'은 긴 역사에서 초점을 세우려는 시도로 볼 수 있다. 하지만 한국인은 이런 욕망이 그렇게 강하지 않다. 오히려 영웅의 등장을 불편해하는 반영웅 심리가 강하다.

조조 진영에 있지만 마음은 한나라에 있다"(身在曹營心在漢), "서서가 조조의 진영으로 가서 한마디도 하지 않았다"(徐庶進曹營, 一言不發) 등의 말이 유명하다. 이후 그의 어머니는 '서모徐母'로 널리 알려졌다.

악비岳飛는 북송 말에 금金이 침입하자 의용군에 참여해 공을 세우고 절도사에 임명된다. 그 뒤 계속 승리하며 북벌을 주도하지만, 화친을 주장하던 남송의 고종高宗과 재상 진회秦檜의 모함으로 대역죄로 몰려 죽고 만다. 지금도 시후西湖서호 인근 항저우杭州항주의 악비 사당에 가면, 진회가 머리를 숙이고 두 팔을 묶인 채 꿇어앉아 있다. 악비의 어머니는 악비가 출전하기 전날, 사당으로 데려가 조상에게 고하게 한 다음, 아들의 등에 '정충보국靖忠報國'이란 네 글자를 문신한다. 하지만 네 번째 '國' 자의 마지막 점을 찍지 않고 "정충보국하고 집에 돌아오면 그때 새겨 주겠다"고 하여 자식의 의지를 굳게 다잡는다. 이것이 유명한 '악모자자岳母刺字'의 고사이다. 이 때문에 악비의 어머니도 '맹모'처럼 일찍부터 '악모'라는 고유명사로 쓰였다.

의덕당의 전시물에도 모두 '모母' 자가 붙어 있는데 모두 네 명이다. 이 분류는 중국의 '3대 어머니'와 경쟁하는 중국의 '4대 현모'이다. 여기에는 서모가 빠지고, 동진시대 명장 도간陶侃의 어머니 '도모陶母'와 북송 문단의 영수 구양수歐陽脩의 어머니 '구모歐母'가 포함된다. 물론 '4대 현모'의 제일 앞자리 역시 맹모이다.

이렇게 맹모는 자식 교육만이 아니라 어머니 역할에서도 이상적인 모델이 되었다. 덕분에 쩌우청 시는 2007년부터 음력 4월 2일에 중화모친문화절中華母親文化節을 거행하고 있다. 이 행사가 맹모와 관련이 있는 것은 두말할 필요가 없다.

벽에 박혀 버려진 비석들

맹모의덕당을 나와 주변을 둘러보면 이곳을 평소에 개방하지 않는 이유를 실감할 수 있다. 곳곳에 파괴된 비석과 표지석이 널려 있다. 오랜 세월이 흘러 건물이 자연을 닮아 간 것이 아니라, 사람의 이념에 따라 '봉건의 가치'로 낙인찍혀 파괴된 것이다.

그렇다면 문화혁명 때 훼손을 피한 3기의 비석은 어떻게 되었을까? 결론부터 말하면 〈창건아성사비기〉와 〈묘호영첨설제전비기〉는 정전의 동서쪽 벽에 박혀 있다. 비석이 건물의 일부가 된 것이다. 처음 보면 기이하게 보이겠지만, 잠시 생각해 보자. 비석이 땅에 서 있으면 망치나 곡괭이로 내리쳐 부수기 쉽다. 하지만 벽 속에 있으면 벽을 다 허물지 않는 한 비석도 송두리째 부수기가 쉽지 않다. 또 해칠 뜻이 없어도 오며 가며 비석을 건드릴 수도 있다. 당시 상황을 고려해 보면 두 비석을 벽에다 심은 것은 솔로몬의 지혜였던 셈이다. 그런데 나머지 하나 〈맹모삼천사비〉가 보이지 않는다. 정문 앞에 세워진 것은 복제품이라고 했다. 그렇다면 진본은 어디에 있을까? 맹묘의 강희비정康熙碑亭 근처로 옮겨져 있다.

조금 이상해 보이는 이 비석의 위치가 격변했던 중국 현대사의 흔적을 담고 있는 것이다. 권력을 위해 문화를 파괴하는 야만과 광기의 시대에도 모두가 눈을 감고 있었던 것은 아니다. 두 눈 똑바로 뜨고 지혜를 발휘한 사람이 있었던 것이다. 과연 '나'라면 어떻게 했을까?

중국 문화혁명 당시 훼손된 비석들.

표지석은 바닥에 뒹굴고 그 위에 전화번호가 적혀 있다.

삼천사소학三遷祠小學

삼천사 정문 밖으로 나서자 더운 기운이 훅 끼친다. 일행들과 떨어져 골목을 따라 들어가니 삼천사 오른편으로 학교가 보인다. 정문 바로 위에 삼천사소학三遷祠小學이라는 커다란 글씨가 보인다. 삼천사를 기념해서 학교 이름을 지은 모양이다. 그리고 정문 양쪽 담벼락에는 큰 글씨로 '천교만교千教萬教, 교인구진教人求眞', '천학만학千學萬學, 학주진인學做眞人'이라고 여덟 글자씩 쓰여 있다. '교육의 핵심은 진리의 탐구이다', '배움의 핵심은 참된 사람이 되는 것이다'라는 뜻이다. 이 구절은 중국의 대표적인 교육자 타오싱즈眞陶行知도행지(1891~1946)가 한 말이다.

맹모의 바람이 이루어졌다고 해야 할까? 이렇게 맹모삼천은 지역 사람들의 삶 속에 자연스럽게 녹아들어 있었다. 골목을 벗어나 다시 시장을 보니, 장사 흉내를 내며 노는 맹가의 모습이 보인다. 맹가는 이제 부쩍 자랐다. 움푹 팬 길에서 가끔 넘어지기도 하지만 금방 털고 일어나 뛰고 달린다. 어떤 때는 어머니가 불러도 듣지 못하고 친구들과 장사놀이에 열중하고 있다. 어렵사리 이사를 왔다가 다시 떠날 결심을 하는 맹모의 마음이 느껴지는 듯하다.

엄마 손을 잡고 다시 이사를 가면서 맹가는 무슨 생각을 했을까? 맹모삼천의 고사에서 보이는 어린 맹가는 호기심이 많고 모방심도 강하고 적응력도 좋은 아이이다. 아마도 새롭게 만날 친구를 궁금해 하며, 제 등에 작은 봇짐을 메고도 엄마의 짐도 하나 들겠다고 보채며 뒤를 따랐으리라.

1. 삼천사 옆에 삼천사소학교가 있다. 한자는 간체자로 쓰여 있다.
2. 삼천사 건너편 구멍가게.
3. 가게에서 산 아이스크림. 싸고 먹을 만하다.

가게 앞에서 한가로이 장기를 두고 있는 노소老少. 맹모가 이곳을 떠나지 않았다면 맹자도 이렇게 평범한 인생을 살았을까?

 떠나기에 앞서 도움을 준 가게로 가서 인사도 하고 더위도 식힐 겸 아이스크림 몇 개를 샀다. 값도 싸고 시원하다. 어떤 것은 너무 얼어서 이가 아플 정도로 딱딱했다. 이러면 어떤가? 더위에 지친 심신을 달래 줄 수 있으면 그것으로 족하지 않은가! 일행들 모두 막대 아이스크림을 하나씩 들고 잠시 망중한을 즐긴다.
 가게 앞에는 그 집 아들인 듯한 젊은이가 나이 지긋한 노인과 한가로이 장기를 두고 있다. 맹모가 이곳을 떠나지 않았다면 맹자도 이렇게 평범한 인생을 살았을지도 모를 일이다. 이제 맹모삼천의 이야기를 현장에서 확인하려면 마지막 한 곳이 남았다.

02 **맹모사**孟母祠, **자사서원**子思書院
자사사子思祠**의 옛터**

맹모삼천의 마지막 장소는 어디인가

사람들은 곧잘 '맹모삼천'을 들먹이면서도 정작 '삼천은 어디어디일까?'라는 질문은 던지지 않는다. 어떤 사실을 알려면 처음부터 끝까지 꿰뚫어 보려는 자세가 필요하다. 그래서 나는 수업 시간이나 논문 지도를 할 때, 물음이 남았는데도 묻지 않으면 학부생이든 대학원생이든 혼을 낸다. 끝까지 파헤치지 않으면 대충 알게 된다. 그것으로 충분하다고 생각할 수도 있다. 하지만 대충 안 것은 언젠가 바닥이 드러나 지식의 한계가 들통나게 마련이다. 자신의 지식을 온전하게 하려면 한 점 의혹이 생기지 않을 때까지 묻고 밝혀야 한다.

맹모일천은 지금 쩌우청 북쪽에 있는 마안산馬鞍山 자락의 묘지 근처이다. 맹모이천은 지금 쩌우청 서쪽 교외이다. 그리고 맹모삼천은 지금 쩌우청 남쪽으로 옛날 맹모사孟母祠와 자사서원子思書院이 있던 곳이다.

이미 두 곳을 찾았으니 마지막 맹모사와 자사서원은 어떻게 찾아야 할까? 기념물이 있기는 한 것일까? 기록에는 "삼천고지방三遷故址坊의 패방이 있고, 옛 추성현 남문 숭교문崇敎門 밖의 인리교因利橋 부근에 있다"고 했다. 그리고 인리교因利橋 부근에는 맹모단기처孟母斷機處[5]의 비석이 있었다고 한다. 맹자의 발자취를 따르는 이번 기행에서 가장 찾기 어려운 곳이었다.

자료와 지도를 찾았지만 정확한 위치를 알 수 없었다. '맹묘와 맹부에서 북쪽으로 멀지 않다'가 확인한 정보의 전부였다. 우리는 맹묘 주차장에 차를 세우고 탐문을 시작했다. 그럴듯한 간판이 걸린 몇몇 가게에 들어가 물었지만 "모른다"는 대답만 돌아왔다. 안내원에게도 물었지만 "지금은 없다"고 한다. 아마도 질문을 오해했던 모양이다. 대로변부터 걷기 시작해 맹묘와 맹부 사이로 난 길이 거의 끝나 가고 있었다. 해는 기울었지만 한여름의 아스팔트길을 헤매는 일은 체력 소모가 심했다. 우리에게 좌절은 없다며 농담을 주고받지만 자꾸 앉고 싶다. 겨우 구멍가게에 들러 갈증을 달랜다.

쩌우청에는 아직 냉장고가 많지 않아서 한여름인데도 차가운 음료를 먹기가 쉽지 않다. 그나마 얼음을 채운 아이스박스에서 잘 고르면 행운이다. 하지만 찬물에 배탈 날 걱정은 없으니 적응해 보는 것도 좋다. 그때

---

[5] 이 비석은 맹자 70대손 맹광균孟廣均이 도광 12년(1832)에 옛 추성현 남문 숭교문崇敎門 밖 인리교因利橋 부근에 세웠다.

맹묘의 남쪽을 흐르는 다사허大沙河. 난사허南沙河, 탕왕허唐王河라고도 불린다.

맹묘에서 맹모사, 자사서원, 자사사의 옛터 가는 길.

'孟子研究院맹자연구원'이라는 간판이 눈에 들어왔다. '여기서는 알 수 있겠지.' 가뭄에 단비를 만난 심정이었다. 역시 정확한 정보를 얻을 수 있었지만 예상대로 우리는 길이 없는 곳을 헤매고 있었다. 주차장까지 터벅터벅 되돌아와 다시 출발했다.

맹모사孟母祠, 자사서원子思書院, 자사사子思祠의 옛 터

맹묘와 맹부 사이 아성로 북쪽으로 가면 맹모사와 자사서원의 옛터로 갈 수 있다. 다만 이 길은 골목길까지 장사를 하는 관계로 복잡하다. 차로 갈 수도 있지만 많이 불편하므로 차라리 걷는 편이 낫다. 넓고 편한 길로 가려면 맹묘와 맹부를 동에서 서로 지나 큰 사거리에서 우회전 그리고 북쪽으로 1km쯤 올라간다. 그러다 하천을 만나면 다시 우회전이다. 그리고 천변을 따라 500m 정도 가다 다리가 보이면 그곳에 차를 세우면 된다. 다시 말하면 맹묘를 기준으로 'ㄷ'자 형태로 이동한다.

도심이지만 모르는 길이니 만만치가 않다. 블록을 놓치면 유턴해야 하고 우회전을 반복하니 혼동하기도 쉽다. 미리 얘기하자면, 아직 발굴 현장뿐이므로 일정 중에서 빼야 한다면 일순위의 장소이다. 나중에 복원이 끝나면 주변도 잘 정리되어 있을 것이다. 하지만 맹자의 일생에서 중요한 곳이니, 우리의 기록을 충분히 숙지해 주길 바란다.

차에서 내리자 옛 '인리교因利橋'였을 것만 같은 다리가 보였다. 강폭은 꽤 넓은데 강바닥에 물이 없다. 아래로 인리허因利河인리하의 양쪽을 정

다리 주변은 공사판으로 어지럽지만 시장이 선다.

공사 현장 왼쪽 너머에 발굴 현장이 있다.

비하는 공사가 한창이었다. 다리를 사이에 두고 양쪽 마을 사람들이 모이는 곳인지, 제법 규모를 갖춘 가게도 있고 길가에 좌판을 놓고 과일이나 농산물을 파는 사람도 많다. 중장비의 소음과 사람들 소리, 어수선한 좌판들, 중국 특유의 카오스 지역이 다리까지 이어진다.

'이 근처에 비석이 있었을까?' 궁금해 하며 천천히 다리를 건너자 이제 본격적인 시장이 나타난다. 설명대로라면, 이쯤에서 뭔가 보여야 하는데 도대체 찾을 수가 없다. 오히려 공사는 안중에도 없다는 듯 시끌벅적한 시장이 눈길을 끈다. 한 번 들어가 볼까 망설이는데 눈치를 챈 일행이 나를 잡아끈다. "교수님, 들어가면 못 나올 것 같은데요. 곧 해집니다." 주변의 소음에 덩달아 웃음소리가 커진다.

정신이 번쩍 든다. 뭔가 이끄는 느낌에 따라 앞으로 나아갔다. 다시 주위를 둘러보고, 위아래로 오르내리다 보니 뭔가가 보였다. 하천 공사에서 나온 돌과 흙더미를 쌓아 둔 둔덕 근처로 길이 나 있었다. 흙더미를 뼹 둘러서 담벼락을 끼고 들어갔다. 얼마 안 가 가림벽이 세워져 있고 입구가 있다. 그 뒤가 발굴 현장이었다.

널따랗게 파인 발굴지에는 벌써 가지런한 건물의 형태가 여러 칸 잡혀 있다. 그리고 공터 한쪽으로 현장사무소로 보이는 회색 콘크리트 구조물이 보였다. 가까이 다가가자 자전거 몇 대가 세워져 있고 그 위로 붉은 바탕에 흰 글씨로 '孟母祠 子思祠 子思書院 遺地考古發掘現場 맹모사 자사사 자사서원 유지고고발굴현장'이라고 쓰인 현수막이 걸려 있다.

오랜 탐문 끝에 현장을 찾았다는 기쁨에 앞뒤 잴 것도 없이 연신 사진을 찍는다. 얼마 지나지 않아 발굴 작업을 하던 사람 중 한 명이 우리에게 다가왔다. 현장 책임자로 보였는데 신분을 묻더니 "사진을 찍지 말라"고

맹모사, 자사사, 자사서원 발굴 현장.

현장사무소에는 붉은 현수막이 걸려 있다.

한다. 나는 예상도 했고 웬만한 사진은 이미 다 찍은 터라 "알겠다"고 선선히 대답하고는 카메라를 내려놓았다. 그때 일행이 통역을 불렀다. 그리고 통역이 현장 책임자에게 열심히 전후 사정을 설명하는 사이 몇 장의 사진을 더 찍는다. 뭔가 아쉬웠던 모양이다.

그 모습을 지켜보다 주변을 둘러보았다. 발굴 현장의 한쪽 끝에 '혁명열사기념탑革命烈士紀念塔'이 덩그렇게 서 있다. 1949년 10월 1일 신중국이 수립된 뒤 이곳은 열사능원과 주거지가 되었다. 이때 옛 유적은 모두 훼손된 후였다. '저 자리에 삼천고지방三遷故址坊의 패방이 있었을까?' 추측해 보지만 알 수 없다. 이제 신중국은 과거가 되었다. 열사능원의 무덤들은 이미 다른 곳으로 이전되었고 탑만 남아 있는 것이다. 당시의 미래였던 지금은 옛 유적의 자취를 다시 찾느라 많은 사람들이 땀을 흘리며 흙을 파내고 있다. 이곳이 바로 과거와 미래가 공존하는 현장이다. 잠시 발굴 현장을 바라보며 과거의 더 먼 과거였을 옛 유적의 모습을 떠올려 본다.

원나라 사거경의 맹자홀릭

맹모사와 자사서원의 유적을 찾다 보면, 맹자의 일생에서 중요한 두 인물이 등장한다. 당연히 한 사람은 자사서원의 주인인 자사子思이다. 공자의 손자이며 맹자의 스승으로 잘 알려진 인물이다. 자사는 할아버지 공자의 사상을 발전시켜 《중용》을 저술했다고 알려져 있다.

또 한 사람 원나라 원정元貞 원년(1295) 추성윤鄒城尹(윤尹은 관직 이름으로 추성의 행정 책임자라는 뜻이다) 사거경司居敬의 헌신적인 수고를 만나게 된다.

갑자기 등장하는 낯선 이름이지만, 그는 산동성 출신으로 추성윤이 된 후 마치 맹자의 혼령이 환생한 듯이 맹자의 옛집과 관련 유물을 찾기 위해 백방으로 수소문한다. 사거경은 그렇게 두 손을 걷어붙이고 나선 결과 두 곳의 옛터를 찾는다. 하나는 폭서대曝書臺[6]이고, 다른 하나는 신당으로 탈바꿈된 자사강당子思講堂이다. 사거경은 이 발견을 계기로, 맹모사, 자사서원, 자사사의 기념물을 세운다. 그리고 전역에 담장을 빙 둘러서 이 지역을 맹자와 자사의 영혼이 숨 쉬는 곳으로 성역화했다.

이후 명청 시대를 거치며 유물이 추가되고 건물이 중수되었다. 지금 전해지는 도화를 보면 세 곳의 구조는 다음과 같다. 맹모사는 맹모가 삼천했던 곳을 기념하는 건물로 '단기교자'의 일화를 들어 단기당斷機堂을 두었다. 그렇다면 이곳이 바로 맹모가 삼천한 뒤에 맹자가 서당의 글 읽는 소리를 듣고 글공부 흉내를 내던 옛집이라고 할 수 있다.

자사서원은 자사의 강학을 기념하는 건물로 폭서대를 중심으로 경현당景賢堂을 두었다. 자사사는 자사를 기리는 건물로 어비정御碑亭, 술성전述聖殿, 솔성당率性堂 등을 순서대로 두었다.

사거경 이래로 세워진 맹모사, 자사서원, 자사사의 건축을 청나라 광서 13년(1887)에 간행된 《중찬삼천지重纂三遷志》에 그려진 도화와 비교해

---

[6] '폭서'는 책을 햇볕에 쬔다는 뜻이다. 옛날 종이책은 책벌레가 종이를 야금야금 갉아먹었다. 이를 막기 위해 정기적으로 책을 서고에서 꺼내 햇볕에 소독하는 행사를 벌였다.

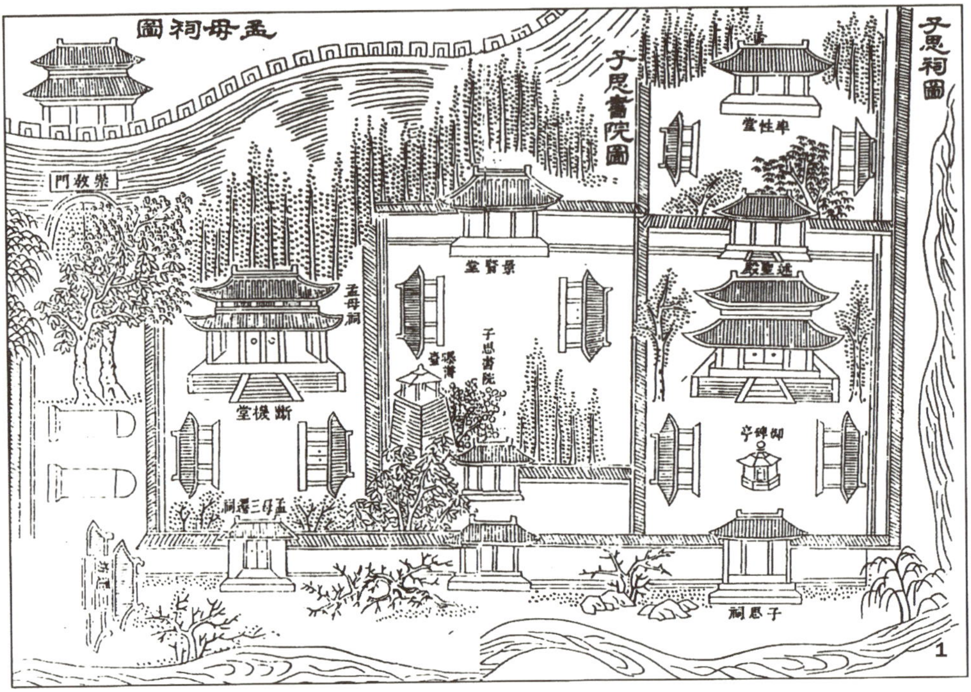

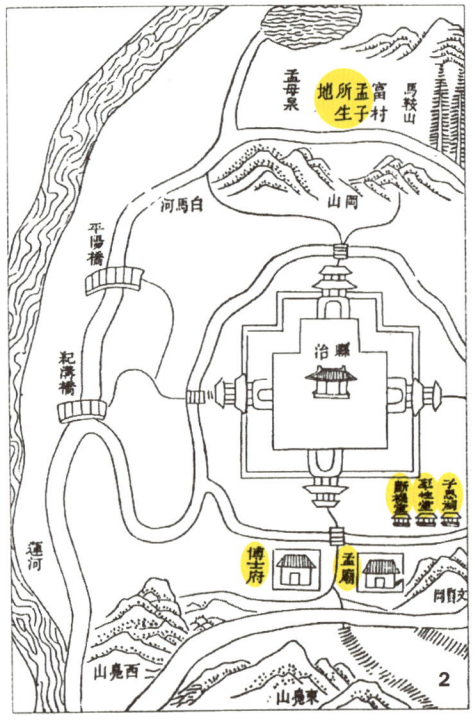

1. 맹모사, 자사서원과 자사사의 위치와 부속건물의 명칭. 이 세 건물은 1946년 전화로 모두 소실되었다.
2. 청나라 광서 13년에 간행된 《중찬삼천지》에 소개된 도화. 맹자소생지(맹자고택), 박사부(맹부), 맹묘, 자사사 등의 위치를 가늠할 수 있다.

보자.[7] 현치縣治, 즉 추성현령의 공관을 중심으로 네 방향으로 현성의 문이 나 있다. 남문을 나서면 단기당, 솔성당, 자사사가 보인다. 그 아래로는 박사부博士府와 맹묘가 보이는데, 박사부는 맹자의 후손이 '세습 한림원오경박사'로 제수되었기 때문에 아성부, 즉 맹부를 달리 부르는 말이다. 이렇게 보면 두 장소가 일직선으로 남북 방향에 있었다는 것을 확인할 수 있다.

또 일본인 바바 하루요시馬場春吉가 《공자성적지孔子聖蹟志 부안맹기타추노유적附顏孟其他鄒魯遺蹟》(東京: 大東文化協會, 1933)에서 자사사를 묘사한 부분을 보자. 그는 1920~1930년대에 걸쳐 취푸 일대에서 공자 관련 유물 등을 광범위하게 조사하고 기록했다.

"삼천사三遷祠의 남쪽에는 '술성묘述聖廟'라는 편액이 걸린 문이 있다. 그 문 밖 서쪽에는 '자사자작중용처子思子作中庸處'[8]의 여섯 자가 새겨진 비석이 있다. 동쪽에는 〈중모추현술성자사자묘기重摹鄒縣述聖子思子廟記〉의 비석이 있다. 문을 들어서면 뜰의 중앙에 비정碑亭이 있고, 비정 안에 건륭제의 〈술성찬述聖贊〉 비가 있다. 비정 뒤 정전에는 술성전이 있는데, 옹정제가 하사한 '성천술조性天述祖'의 편액이 걸려 있다. 그 안쪽으로 수도당修道堂, 신독재愼獨齋, 중용정사中庸精舍, 자사서원과 강당 20여 칸이 있다."

이런 기록과 사진을 보면 지금은 옛터만 남아 있지만 그 모습을 생생히 그려 볼 수 있다. 또 자료에는 이 유적지의 규모가 1만 2700m²에 달

---

[7] 사오쩌수이邵澤水 외 편저, 《맹묘 맹부 맹림 맹모림孟廟 孟府 孟林 孟母林》, 亞洲出版社, 10쪽.
[8] 자사자작중용처는 '자사가 중용을 저술한 곳'이라는 뜻이다.

1907년 프랑스 에두아르 사반느가 찍은 맹모사 앞의 패방.[9]

한다고 한다. 복원이 끝나기 전이라도 이곳에 붉은 현수막만 걸어 놓을 게 아니라 복원할 건물의 배치도라도 세워 두면 좋겠다.

자사와 맹자, 문제적 관계

그렇다면 사거경은 왜 이런 수고를 자처했을까? 문헌에서는 특별한 이유를 찾을 수 없었다. 이 때문에 앞서 '맹자의 혼령이 환생한 듯'이라는 표현을 쓴 것이다. 산둥성 출신인 그는 어릴 적부터 맹모삼천과 맹자의 이야기를 들으며 자랐을 것이다. 그리고 맹자를 공부하며 깊은 감명을 받고 관직에 오르자 그 마음을 행동에 옮긴 것이

---

9 사반느(1865~1918)는 프랑스의 동양학 학자로서 《사기》를 불어로 옮겼고, 대략 열 달 동안 (1907년 3월부터 1908년 2월까지) 중국의 동북과 화북 지역을 답사하며 문화유적과 고고학 자료의 보고서를 남겼다. 이 사진도 보고서에 담겨 있다.

리라. 이렇게 타지를 떠돌며 죽은 옛사람의 자취를 찾아다니는 나와 같은 처지라고 할까? 어찌 되었든 그는 역사적으로 맹자와 관련된 의미 있는 결과를 만든다.

사거경의 이러한 노력 덕분에 쩌우청은 명실상부한 맹자와 자사의 고장으로 되살아나게 된다. 아울러 자사子思와 맹자孟子 두 사람의 관계 역시 오랜 논란에도 불구하고 스승과 제자로 거듭나게 되었다.[10] 도화에 묘사된 건물의 위치만 봐도 두 사람의 관계를 읽어 낼 수 있다. 맹자가 삼천했던 집과 자사가 학생을 가르쳤던 서원이 나란히 있지 않은가!

자사와 맹자의 관계는 사실 의문점이 많은 이야기이다. 하지만 과거 쩌우청 사람들은 두 사람의 관계를 기정사실화했다. 어찌 보면 쩌우청 사람들에게 이 주제는 '사실이냐 아니냐'의 문제를 넘어선 것일지도 모르겠다. 그들은 이 문제를 명백한 사실로 보았기 때문에 합리적 의문을 제기하는 시도 자체를 이해하지 못할 수도 있다.

맹모사와 자사서원이 나란히 붙어 있는 도화를 보면 사실이라서 믿는 것이 아니라, 믿으니까 사실이 되는 역사를 엿볼 수 있다. 이런 걸 보면 '과연 사실이란 뭘까'라는 생각이 든다. 누구나 인정할 수밖에 없는 객관적 추론이 사실일까, 아니면 여러 사람이 의심의 여지없이 믿고 있는 것이 사실일까?

현재 이곳에는 사거경과 맹자 후손들의 노력에도 불구하고, 주요한

---

10 맹자와 자사의 관계는 5장 《공총자》의 등장, 맹자 구하기의 결정판'(329~330쪽)에서 자세히 다루고 있다.

기념물은 1946년의 전화戰火로 모두 소실되어 자취를 찾아볼 수 없다.[11] 다만 〈맹모단기처〉와 〈자사자작중용처〉 두 기의 비석이 1972년에 맹묘의 강희비정 근처로 옮겨져서 오늘날 전해지고 있을 뿐이다. 지금 진행 중인 발굴이 끝나고 유적지가 복원되는 날, 맹자를 기억하기 위해 백방으로 노력했던 사거경의 노력도 함께 기릴 수 있기를 바란다.

발굴 현장에서 나오는 길에 현장 책임자에게 언제쯤 발굴과 복원이 끝날지를 물었다. 늘 그렇듯 대답은 명쾌하다. "잘 모른다." 다시 물어도 대답은 같을 것이다. 그로선 발굴만 할 뿐 그 뒤의 일은 높은 곳에서 결정할 일인 것이다.

힘든 여정이었지만 보람은 컸다. 맹자를 살리고자 애썼던 사람들을 만났기 때문이리라. 해가 뉘엿뉘엿 저물고 있었다. 일행들과 노점에서 포도 두 송이를 샀다. 송이가 커서 한 송이면 두 사람이 먹어도 충분하다. 달고 맛있다. 저만치에서 맹자의 글 읽는 소리가 낭랑하게 들려오기 시작한다.

어린 맹가의 성장이 시작된 것이다. 얼마나 초롱초롱한 눈과 입을 놀리며 열심히 공부했을까? 맹자는 이미 30대에 들어서 이 일대에서 알아주는 스승이 된다. 지금 우리는 시대를 넘나드는 위대한 사상가의 잉태를 목격하고 돌아오는 길이다.

---

11 사오쩌수이邵澤水 외 편저, 위의 책, 24쪽.

중국에서 음식으로 고생한다면 과일을 사 먹으면 좋다. 맛도 좋을 뿐 아니라 배탈날 걱정도 없다.

03 맹모가 영웅이 된 수상한 내력

《맹자》에는 맹모가 없다

　　　　　　맹모삼천은 맹자와 관련된 유명한 이야기이지만
정작《맹자》에는 보이지 않는다. 맹자의 어머니 장仗씨도《맹자》에 전혀
언급되지 않는다. 맹모삼천의 이야기는 한나라 유향劉向의《열녀전烈女
傳》〈모의母儀〉에 처음으로 보인다. 과거에 '열녀'를 다룬 책이 없었으니
'맹모삼천'이 사실이라도 수록될 만한 텍스트가 없었다고 볼 수도 있다.
또 모의는 '어머니들의 모범 또는 모범 어머니'라는 뜻이니, '맹모삼천'
은 당연히《열녀전》〈모의〉에 수록될 만하다. 하지만 이《열녀전》의 편찬
에는 역사적 사건과 관련된 정치적 의도가 숨겨져 있다.

　　한나라를 개국한 유방이 죽은 뒤 그의 아내 여비呂妃는 아들이 황제

(혜제惠帝, 소제少帝)가 되었음에도 국정을 제 맘대로 농락하며 사실상 황제 역할을 했다. 사마천이 유방을 다룬 〈고조본기〉 뒤에 〈여후본기呂后本紀〉를 두어 여후를 황제로 취급할 정도였다. 후세의 평가가 엇갈리지만 중국의 3대 악녀惡女 중 한 명으로 불릴 만큼 여후의 전횡은 심각했다. 여후가 죽자 여성의 사회적 위상에 대한 새로운 고민이 대두되었다. 남성들은 여권女權의 신장이 아니라 여권의 억압을 제도화하고 내면화하는 교육을 실시하고자 했다. 이때부터 여성의 활발한 대외 활동과 사회 참여 등을 금기시하는《열녀전》과 같은 '여성계몽서적'을 유행처럼 찍어 내기 시작했던 것이다.

훗날 아동용 교재로 널리 쓰인 남송의《삼자경三字經》에도 맹모 이야기가 나온다. "옛날 맹자 어머니는 함께 살 이웃을 잘 골랐다"(昔孟母, 擇鄰處) 역시 같은 맥락으로 볼 수 있다. 이 글을 읽은 아이는 어머니에게 "우리 이사 언제 가?"라는 질문을 던졌을지도 모르겠다.

그렇다고《열녀전》과 '맹모'가 함께 폄하될 일은 아니다. 위대한 철학자 맹자를 키운 어머니라는 사실은 변함없는 진실이기 때문이다.

맹자의 '대장부大丈夫'

맹모삼천은 교육에서 환경의 중요성을 강조하고 있다. 이러한 내용은 공자도 말했고 묵자도 말했다. 공자는《논어》〈이인〉에서 주거지 선택의 중요성을 말했다.

里仁爲美, 擇不處仁, 焉得知?

이인위미, 택불처인, 언득지?

살 곳을 이웃끼리 정을 나누는 곳이 아니라 술 먹고 싸움을 벌이는 곳으로 고른다면, 스스로 아는 것이 많다고 하더라도 사정을 제대로 안다고 말할 수 있겠는가? _《논어》〈이인〉 1

《묵자》〈소염所染〉[12]에서도 환경의 중요성을 언급하고 있다. "옷감을 어떤 염색에 물들이느냐에 따라 옷감의 색깔이 달라진다." 다시 말해 "사람이 어떤 부류와 어울리느냐에 따라 품성이 달라질 수 있다"고 한 것이다. 이렇게 교육과 환경의 연관성은 이미 '상식'이었다. 그런데 왜 맹모만 유독 유명해진 것일까?

그 이유는 공자와 묵자가 환경의 중요성을 보편적인 개념으로 말했다면, 맹모는 이 같은 내용을 자식 교육에서 구체적으로 실천했기 때문이다. 추상적인 말보다는 현실에서 성공을 일구어 낸 맹모의 이야기가 사람들을 더 솔깃하게 만든 것이리라. 맹모의 이러한 교육관을 맹자는 어떻게 생각했을까?

富歲, 子弟多賴. 凶歲, 子弟多暴.

부세, 자제다뢰. 흉세, 자제다폭.

---

12 《묵자》〈소염〉, 子墨子言, 見染絲者而歎曰: 染于蒼則蒼, 染于黃則黃. 所入者變, 其色亦變. … 故染不可不慎也. 非獨染絲然也, 國亦有染.

> 풍년에는 사람들이 서로 도우며 믿고 의지하지만 흉년에는 서로 뺏으려고 난폭하게 된다. _〈고자〉 상7

사람의 인심이 풍년과 흉년에 따라 다르다. 맹자도 환경과 조건에 따라 사람은 달라지게 마련이라고 말하고 있다. 이는 맹자의 사상을 이루는 중요한 토대가 된다.

또 인생과 교육에서 환경의 중요성을 말하는 명구를 든다면, 진晉나라 부현(傅玄)(217~278)의 말을 빼놓을 수가 없다.

> 近朱者赤, 近墨者黑. 聲和則響淸, 形正則影直.
> 근주자적 근묵자흑. 성화즉향청, 형정즉영직.
>
> 붉은색을 가까이하면 빨갛게 되고 검은 묵을 가까이하면 까맣게 된다. 소리가 고르면 음향이 맑고 자세가 바르면 그림자도 곧다.
> _〈태자소부잠太子少傅箴〉

지금까지 제기되었던 환경론을 아주 간명하게 정리하는 표현이라고 할 수 있다.

맹모와 그 자식은 무엇 때문에 환경을 강조하는 것일까? 과연 맹모와 맹자를 출세와 성공의 아이콘으로 볼 수 있을까? 맹모는 분명 자식 맹자가 잘되기를 바랐고 그렇게 되도록 최선을 다했다. 하지만 그이의 욕망과 노력은 맹자가 좋은 대학에 들어가 돈과 권력을 거머쥐는 현실적인 성공을 겨냥한 게 아니었다. 오히려 어린 맹자가 세파에 흔들리지 않고 주견을 갖춘 사람으로 자라기를 바랐다.

맹자는 〈등문공〉 하2에서 어머니의 가르침을 '대장부大丈夫'로 풀이하고 있다.

> 居天下之廣居, 立天下之正位, 行天下之大道. 得志, 與民由之. 不得志, 獨行其道. 富貴不能淫, 貧賤不能移, 威武不能屈, 此之謂大丈夫.
> 거천하지광거, 입천하지정위, 행천하지대도. 득지, 여민유지. 부득지, 독행기도, 부귀불능음, 빈천불능이, 위무불능굴, 차지위대장부.
>
> 천하의 넓은 곳에 살고, 천하의 올바른 자리에 서고, 천하의 큰 도리를 행하라. 뜻대로 되면 백성들과 함께 나아가고, 뜻대로 되지 않으면 혼자서라도 그 길을 간다. 부귀도 빈천도 권력도 그러한 뜻을 꺾을 수 없다. 이를 대장부라고 한다. _〈등문공〉 하2

맹자의 '대장부론'은 많은 사상가들에게 깊은 영향을 준 명문장이다. 마치 푸시킨[13]의 시를 연상하게 한다.

> 삶이 그대를 속일지라도 슬퍼하거나 노여워하지 말라. / 슬픔의 날을 참고 견디면 기쁨의 날이 오리니 / 마음은 미래에 살고 현재는 늘 슬픈 것 / 모든 것은 순간에 지나가고 지나간 것은 다시 그리워지나니.

---

13 푸시킨Aleksandr Pushkin(1799~1837)은 모스크바 출생으로 러시아의 시인이며 소설가, 극작가이다. 그는 러시아에서 가장 위대한 시인으로 꼽히며 근대 러시아 문학의 창시자로 여겨진다.

두 사람 모두 2천 년의 시간과 동서양의 벽을 뛰어넘어 세파에 흔들리지 않는 '꿋꿋한 초인'의 모습을 선명하게 그려 내고 있다.

또 조선시대의 허균은 백성을, 순종하는 항민恒民, 불평하는 원민怨民, 저항하는 호민豪民으로 나누고 그중에 호민이 새 역사를 이끌어 가리라고 보았다. 나는 맹자의 대장부가 있었기에 허균의 호민이 나올 수 있었다고 생각한다. 그렇다면 맹모삼천과 대장부를 함께 이야기해 보자.

맹모가 묘지에서 이사한 것은 맹자가 빈천에 흔들리지 않겠다는 것으로 이어지고, 시장에서 이사한 것은 맹자가 부귀에 흔들리지 않겠다는 것으로 이어지고, 마지막으로 서당에 정착한 것은 뜻대로 되지 않더라도 홀로 무소의 뿔처럼 나아가겠다는 대장부의 삶으로 이어진다.

이렇게 맹모의 가르침은 맹자가 일구어 낸 사상 구석구석에 중요한 영향을 끼치고 있다.

알묘조장 揠苗助長

맹모삼천은 분명 환경 결정론으로 읽힐 가능성을 가지고 있다. 자식에게 좋은 환경을 제공하려는 욕망에만 주목하면 지나친 집착이라고 볼 수도 있다. 이사에만 주목하면 묘지와 시장에 사는 모든 부모가 자식을 위해 학교 근처로 이사를 가야 한다.

이 오해 때문에 '맹모'는 자식 교육에 열성인 엄마들의 롤 모델이 되기도 한다. 학군을 찾아 위장전입도 불사하는 이 맹렬 엄마들이 어김없이 들먹이는 말이 '맹모삼천'이다. 최근에는 중국에도 학군 열풍이 불고 있다. 베이징의 명문 초등학교 인근까지 부동산 가격이 폭등했다고 한다. 여기서도 '맹모'가 빠지지 않는다. 이제 강남 8학군은 옛말이다. 한국의 맹모들은 외국으로 이사하는 것도, 가족을 두고 떠나는 것도 두려워하지 않는다. 고등학교, 중학교 심지어는 유치원까지 학군 열풍이 분다. 이를 두고 '新맹모삼천지교'라고 한다.

중국의 부모들까지 포함해서, 그들이 착각하는 것이 있다. 과연 '맹모'가 아들을 끌어다 책상 앞에 앉혀 공부를 시킨 걸까.

《맹자》에는 '알묘조장揠苗助長' 또는 '조장助長'의 고사가 등장한다. 벼를 뽑아서 자라는 것을 도와주었다는 우화이다.

> 宋人有閔其苗之不長而揠之者, 芒芒然歸, 謂其人曰: 今日病矣, 予助苗長矣, 其子趨而往視之, 苗則槁矣.
> 송인유민기묘지불장이알지자, 망망연귀, 위기인왈: 금일병의, 여조묘장의, 기자알이왕시지, 묘즉고의.

> 송나라의 한 농부가 모내기를 해 놓은 벼가 자라지 않자 모두 잡아당겨 놓았다. 그리고 돌아와 "오늘 근심이 있었는데 벼가 자라는 것을 도와주었다"고 자랑했다. 그 이야기를 들은 아들이 그곳에 가 보니 모들은 모두 죽어 있었다. _〈공손추〉 상2

모든 생명은 각자 자신의 고유한 속도로 자란다. 사람이 자신의 욕망을 개입시키면 오히려 시들어 죽어 버릴 수 있다. 생명마다 필요한 환경이 있는 것이다.

맹자의 어머니는 아들이 공부할 수 있는 환경을 만들어 주었을 뿐이다. 맹자는 뛰어난 감수성과 호기심을 가지고 있었다. 눈에 보이는 것은 스스로 해봐야 직성이 풀렸다. 그래서 나쁜 길로 들어설 가능성도 많았다. 맹모는 좋은 환경을 찾아 나선 것이 아니라 유해 환경에서 벗어나려고 한 것이다. 선한 영향력은 부모가 바란다고 되는 것이 아니다. 맹자는 장례와 흥정만이 아니라 글공부도 자연스럽게 받아들였기 때문에 선한 영향력의 세례를 받을 수 있었던 것이다.

현재 우리 사회의 '新맹모삼천지교'는 부모의 경제력과 교육열로 아이의 미래를 만들겠다는 저의가 다분해 보인다. 이 부모들은 자식이 좋은 학교에 들어간 이후에 대해 말하지 않는다. '좋은 대학을 나오면 좋은 직장을 잡고 좋은 사람을 만나서 행복한 인생을 살아가리라!'라는 전제의 연쇄가 있을 뿐이다. 그러나 오늘날 학교를 보라. 과연 좋은 학교가 부귀, 빈천, 권력에 흔들리지 않는 '대장부'를 길러 내고 있는가? 오직 자기만 부귀와 권력을 누리려 하거나 부귀와 권력을 가진 사람에게 빌붙으려는 '졸장부拙丈夫'를 길러 내고 있지는 않은가?

이 땅의 숱한 맹모 혹은 맹부들은 자신의 욕망을 '맹모' 또는 '맹모삼천'을 빌려서 정당화시키고 있을 뿐이다.

자식 교육의 초점은 어디에?

맹모는 맹자를 키우면서 바람직한 삶에 대한 태도를 자신의 행동으로 보여 주었다. 즉 말로 하는 언교言敎에 머무르지 않고 몸으로 직접 보여 주는 신교身教를 행한 것이다. 아이에게 해로운 환경을 차단해야겠다고 생각하면 어떤 어려움도 마다하지 않고 곧바로 실행한다. 자식에게 "거짓말하지 말라"는 말을 되풀이하는 것이 아니라 스스로 거짓말을 하지 않았다. 행동보다 말이 앞서는 부모라면 맹모의 자식 교육법을 반드시 눈여겨봐야 한다.

신교身教는 맹모 이전에도 있었고 이후에도 있었다. 공자도 《논어》에서 일찍이 신교의 중요성을 역설했다. "예컨대 부모가 스스로 모범적으로 말하고 행동하면, 하라 마라 하지 않아도 올바르게 자란다."[14] 송나라 사마광은 공자의 말을 거들어 한마디 보충한다. "신교를 하면 사람들이 묵묵히 따르지만 언교를 하면 사람들이 서로 자신이 옳다고 다툰다."[15] 중국에서는 이처럼 말로 하는 교육만큼이나 몸으로 하는 교육을 강조해 왔다.

오늘날 우리의 교육은 너무 빠른 효과만을 추구한다. 겉으로는 전인 교육을 강조하면서 실제로는 말로 하는 교육도 제대로 못하고 문제만 푸는 교육을 하고 있는 것은 아닌지 돌이켜 볼 일이다. 신교를 실천하려면 자녀에게 시행착오를 경험할 수 있는 많은 기회를 주어야 한다.

맹모는 신교를 통해 스스로 떳떳하게 살려고 했고, 그것이 맹자에게 선한 영향력을 미쳤다. 그럼에도 불구하고 맹모를 치맛바람이나 일으키는 맹렬 엄마로만 생각한다면, 자식을 혹독하게 몰아세우는 사나운 '맹

---

14 《논어》〈자로〉 6. 子曰: 其身正, 不令而行, 其身不正, 雖令不從.
15 《자치통감資治通鑑》, 故曰: 其身不正, 雖令不行, 以身教者從, 以言教者訟.

모猛母'이거나 아니면 환경만을 좇는 눈먼 '맹모盲母'로 만들게 된다.

우리가 맹모 장씨의 신교身教를 잘 이해한다면, 자식이 문제를 스스로 해결하고 삶의 주체로 살아갈 수 있는 싹을 길러 주는 '맹모萌母'가 될 수 있을 것이다.

04 맹모의 자식 교육

맹모의 태교

　　　　　　어머니의 자식 사랑과 자식 교육은 출생 이전부터 시작된다. 바로 태교胎敎이다. 문헌에 보이는 중국의 가장 이른 태교는 주나라의 왕가에서 나타난다. 태임太任이 계력季歷과 결혼하고서 아이를 가졌다. 조선시대 신사임당申師任堂의 사임師任은 '태임을 스승으로 삼는다'는 뜻으로, 태임이 바로 신사임당의 역할 모델인 것이다.

　태임은 임신을 하고부터 남다른 아이 사랑의 솜씨를 발휘했다. "눈으로 나쁜 색깔을 보지 않고, 귀로 건전하지 않은 소리를 듣지 않고, 입으로 건방진 말을 하지 않았다."[16] 이러한 지극한 보살핌 끝에 소중한 아이가 태어났다. 그 아이의 이름이 희창姬昌이다. 훗날 그는 폭정을 일삼는 은나라에 대항해서 주나라의 국력을 키운 문왕文王이 된다. 문왕은 역사에서 성왕으로 추앙받는다. 이러한 아들의 성장에 어머니의 몫을 빼놓을 수 없다.

> 내가 이 아이를 뱃속에 가졌을 때 자리가 비뚤게 있으면 그 자리에 앉지 않고, 음식을 비뚤게 썰면 그 음식을 먹지 않았다. 이처럼 아이를 뱄을 때부터 몸가짐을 조심했다.[17]

태임의 이야기가 아니다. 한영韓嬰의 《한시외전韓詩外傳》에서 맹모가 스스로 자신의 태교를 밝힌 내용이다.

고대에는 '엄마가 이렇게 하면 자식이 어떻게 된다'는 주술적 사고가 오늘날과 비교가 되지 않을 정도로 많았을 것이다. 하지만 태임과 맹모의 태교를 모두 주술적 사고의 소산으로 돌릴 수는 없다. 유아 사망률이 높았던 시절이라 아이를 밴 어머니는 사소한 행동 하나에도 조심하지 않을 수 없었다. 이렇게 조심하더라도 임신의 고통으로 자세가 흐트러질 수 있다. 임신 7~8개월이 되면 몸을 가누기도 어렵지만, 맹모는 자신의 언행 하나하나에 신경을 쓰며 한 치의 빈틈도 보이지 않으려 했던 것이다.

---

16 《소학小學》〈계고稽古〉, 目不視惡色, 耳不聽淫聲, 口不出敖言.
17 《한시외전》, 吾懷妊是子, 席不正不坐, 割不正不食, 胎敎之也.

매육담자 買[肉]啖子

맹모의 자식 교육에 관한 일화는 맹모삼천만이 아니다. 여기서 두 가지 일화를 더 살펴보기로 하자. 먼저《한시외전》에 나오는 매육담자買[肉]啖子이다. 매육담자는 '맹모이천', 즉 맹모와 맹자가 시장 근처에 살았을 때의 일화로 보인다.

어느 날 맹자가 집으로 돌아오는데 오른쪽 집에서 돼지 잡는 소리가 들렸다. 맹자가 물었다. "엄마, 오른쪽 집에서 뭣 하러 돼지를 잡아요?"(東家殺豚何爲?) 맹모는 장난삼아 "너 먹이려고 잡지!"(欲啖汝)라고 말했다. 맹모는 말이 끝나자마자 후회한다. 자신이 임신했을 때 자리가 비딱하게 놓여 있어도 앉지 않을 만큼 언행에 신경을 썼는데, 지금 빤히 알면서 거짓말을 했기 때문이다. 결국 맹모는 없는 형편이었지만 돼지고기를 사서 맹자에게 먹였다.

맹모는 자신의 말실수를 깨달았을 때 별 생각을 다했을 것이다. 농담이라거나 가정 형편을 들먹이며 상황을 무마할까라고 생각했을지도 모른다. 하지만 그렇게 되면 이전에 자신이 아들에게 "말을 함부로 하지 말라!"고 가르쳤던 교육과 어긋나게 된다. 나아가 아들의 어머니에 대한 신뢰가 약해진다. 이 때문에 맹모는 뱉은 말을 뒤집을 수 있는 어머니의 권위보다 자신이 한 말에 행동을 일치시키는 것을 선택한다. 이로써 맹모는 가르치기만 하는 어머니가 아니라 함께 배우는 사람의 자리에 서게 된다. 당시 맹자는 어머니의 언행에 깃든 의미를 다 이해하지는 못했겠지만 귀한 고기를 먹는 행복감과 함께 어머니에 대한 변함없는 신뢰를 느꼈을 것이다.

부모와 자식은 혈연의 관계 외에도 교육자와 피교육자, 기성세대와 미래 세대라는 대칭적 특성을 갖고 있다. 특히 아동기의 경우 부모는 압도적 지성의 힘으로 자식에게 기준과 방법을 제시하게 된다. 자식은 처음에는 학습자로서 수동적인 위치에 있지만 교육이 반복적으로 지속되면 지식을 습득, 비교, 변별, 판단하는 종합 능력을 갖게 된다. 자식은 부모의 말에서 일관성을 찾아내기도 하지만 모순을 찾아내기도 하며, 양자 관계에서 일방적인 수용자 역할을 하기도 하지만 쌍방향의 대화자 역할을 하기도 한다. 이때는 부모로부터 지적을 받기만 하는 것이 아니라 부모에게 지적을 하기도 한다.

매육담자의 일화를 보면 맹모처럼 어머니 노릇하기는 참으로 어려워 보인다. 언행이 반듯하여 사소한 실수도 하지 않아야 하기 때문이다. '그깟 말실수를 가지고 뭘 그리 예민할까?' 싶기도 하고 '맹모는 왜 그렇게 극성스럽게 굴었을까?' 하는 의문이 생길 수도 있다. 아마 맹자에게 아버지가 없었기 때문에 더더욱 자신의 언행에 엄격하게 굴었는지도 모른다.

단기교자 斷機敎子

이번에는 《열녀전》에 나오는 단기교자斷機敎子의 고사를 살펴보자. 맹자가 자사서원 근처로 이사한 후 본격적으로 글공부를 시작했을 무렵으로 보인다.

맹모가 평소보다 일찍 집으로 돌아온 맹자를 보고, 반가워하며 먹을 것을 챙겨 주기 전에 먼저 "배움이 어느 경지에 이르렀느냐?"(學何所至矣?)

라고 물었다. 맹자가 "이전과 비슷합니다"(自若也)라고 대답했다.

그 순간 맹모는 마음을 단단히 먹는다. 맹모는 자신이 보고 싶어 집에 일찍 온 자식을 와락 안아서 반기지 않고, 두서너 걸음 떨어져 자식을 바라보고 있다. 참으로 어색한 순간이다. 맹자는 엄마 품에 안기고 싶지만 표정을 살피며 머뭇거리고 엄마는 맹자를 안아 주고 싶지만 버릇이 될까 염려하는 마음으로 참고 있다. 이 짧은 거리는 쉽게 침범을 허락하지 않는다. 이를 두고 '공부가 도대체 뭐길래?'라며 '왜 아이를 안아 주지 않느냐?'고 반문할 수도 있다. 맹모도 순간 오만 가지 생각이 교차했겠지만 '이번에는 아냐!'라는 힘든 결정을 내린다.

이윽고 맹모는 침묵의 시간을 끝내는 행동을 보여 준다. 맹모는 칼을 잡고 맹자가 오기 전에 짜고 있던 베틀의 베를 자르기 시작했다. 가위가 더 어울릴 것 같지만, 청나라 강도康濤의 〈맹모단기교자도孟母斷機敎子圖〉를 보면 칼이 나온다. 이 순간 맹모와 맹자 사이에 있던 침묵은 얼음보다도 더 차가운 동토의 나라로 변했을 것이다. 맹모는 놀란 아들에게 자신의 생각을 천천히 말하기 시작한다.

"네가 공부를 게을리 하는 것은 엄마가 베틀로 베를 짜지 않는 것과 같다. 사람은 순간순간 하고 싶은 것도 있지만 길게 생각하여 해야 하는 것을 묵묵히 해야 한단다."

어린 맹자가 엄마의 말을 얼마나 이해했는지는 모르겠다. 하지만 맹자는 그 길로 학교로 돌아가 이후로는 게으른 모습을 보이지 않았다. 아마 맹자는 공부하면서 피곤하거나 딴생각이 날 때마다 어머니가 베틀의 베를 자르던 '북북' 소리를 들었을 것이다.

평소 효행으로 유명했던 청나라 강도康濤의 〈맹모단기교자도孟母斷機敎子圖〉
(비단, 88.4×31cm, 베이징고궁박물관).
맹모가 베틀 앞에 서서 손에 칼을 든 채 맹자를 바라보고 있다.
허리를 조금 굽힌 맹자가 불안한 눈으로 정면을 주시하고 있다.

바둑의 대가, 혁추

어린 시절에 부모로부터 엄한 교육을 받으면, 자라면서 반대로 하려는 경향이 있다. 하지만 《맹자》를 읽다 보면 맹자의 말 속에 어머니의 목소리가 고스란히 들어 있다는 것을 눈치 챌 수 있다. 〈고자〉 상9에서 맹자는 바둑의 대가 혁추奕秋가 두 명의 제자를 가르치는 예를 들고 있다.

今夫奕之爲數小數也. 不專心致志, 則不得也. 奕秋, 通國之善奕者也. 使奕秋誨二人奕. 其一人, 專心致志, 惟奕秋之爲聽. 一人雖聽之, 一心以爲有鴻鵠將至, 思援弓繳而射之. 雖與之俱學, 弗若之矣. 爲是其智弗若與? 曰非然也.

금부혁지위수소수야. 부전심치지, 즉부득야. 혁추, 통국지선혁자야. 사혁추회이인혁. 기일인, 전심치지, 유혁추지위청. 일인수청지, 일심이위유홍곡장지, 사원궁격이사지. 수여지구학, 불약지의. 위시기지불약여? 왈비연야.

바둑은 일종의 잡기이다. 하지만 마음을 오로지 하고 뜻을 하나로 모으지 않으면 배울 수 없다. 혁추는 (우리나라의 이창호처럼) 전국에 걸쳐 바둑을 가장 잘 두는 사람이다. 혁추에게 두 사람의 제자를 맞이하여 바둑을 가르치게 했다. 그중 한 사람은 마음을 오롯이 하고 뜻을 하나로 모아서 혁추가 하는 말을 하나도 놓치지 않았다. 다른 사람은 혁추의 말을 듣기는 했지만 다른 마음을 품었다. 기러기가 지나가면

활과 주살을 쏘아 기러기를 잡으려고 했다. 비록 두 사람이 함께 바둑을 배운다고 하더라도 실력이 같을 수는 없다. 지혜의 차이로 인해 실력이 같지 않을까? 결코 그렇지 않다. _〈고자〉 상9

옛날에도 지금처럼 공부가 제일이고 바둑과 같은 잡기를 좋지 않게 보았던 모양이다. 한 명은 '전심치지專心致知'의 자세로 바둑을 배웠지만 다른 한 명은 혁추의 말을 들으면서도 한편으로 화살을 쏘아 날아가는 새를 잡아 구워 먹을 생각을 했다. 맹자는 바둑이 아무리 '소수小數', 즉 잡기라고 하지만 전심치지하지 않으면 배울 수 없다고 말한다.

혁추의 바둑 이야기를 잘 새겨 보면 결국 단기교자와 같은 이야기임을 알 수 있다. 단기교자의 어린 맹자도 글공부에 오롯이 전념하지 못하고 어머니가 보고 싶다는 딴생각을 했다. 그리고는 어머니를 보려고 집으로 돌아온다. 즉 해야 할 일을 끝까지 마치지 못하고 도중에 딴짓을 한 것이다. 혁추의 학생과 맹자 모두 전심치지하지 못한 것이다. 두 이야기가 이렇게 닮아 있다.

혁추의 이야기가 '단기교자'로부터 50여 년이 지난 시점이라고 보면, 맹자에게 어린 시절 단기교자의 경험은 강렬한 트라우마trauma이자 자기 성장의 자양분으로 작용한 셈이다.

인용문의 마지막 구절 "曰非然也왈비연야"를 보면 섬뜩하다는 느낌이 들 정도이다. 오늘날 부모가 집에서 자녀에게 흔히 하는 말이 떠오른다. "머리가 나빠서 공부를 못하는 게 아니야. 안 해서 못하는 거지. 공부할 때 집중을 해! 집중을! 딴생각하지 말고." 이런 좋은 소리가 잔소리로 들리지 않으려면 맹자의 이야기 하나쯤 차분히 들려줄 일이다.

맹자가 이혼할 뻔한 이야기

옛날에도 소문이 있고 풍문이 있었을 것이다. 지금이라면 '맹자 이혼, 실상 알고 보니 경악!' 정도의 제목이 달린 낚시 기사가 온통 인터넷을 장식할 만한 사건이 있었다. 《열녀전》에 등장하는 맹자가 이혼할 뻔한 이야기이다.

어느 날 맹자가 방으로 들어갔는데 아내가 웃옷을 벗고 있었다. 아마 대낮에 일어난 일이리라. 발끈한 맹자는 아내가 예에 어긋나는 행동을 했다며 다시 방으로 들어가지 않았다. 그리고 이것이 출처出妻의 사유가 된다고 판단했다. 맹자는 아내를 다시 안 볼 생각을 한 것이다. 아내로서는 마른하늘에 날벼락같이 느닷없이 당한 일이었다. '내가 외간 남자와 바람을 피운 것도 아니고 내 방에서 옷을 벗고 있는데 그것이 무슨 허물이란 말인가?' 이런 심정이었을 것이다. 맹자의 아내는 시어머니에게 억울함을 토로하며 이런 명언을 남겼다.

"예부터 부부 사이에 지켜야 할 도리는 둘만 있는 방 안에서 따지지 않는다."[18]

이어서 남편이 '바깥의 예'를 가지고 자신을 나무라면 친정으로 돌아가겠다고 말한다. 맹자가 아내를 내쫓으려다가 거꾸로 아내로부터 버림받을 처지가 된 것이다. 가히 그 남편에 그 부인이라 할 만하다. 부부간에도 엄격한 예의 잣대를 적용하는 맹자와 이에 굴하지 않고 맞서는 아내, 두 사람은 이제 이혼의 위기에 처한 것이다. 이 위기의 부부를 구한

이가 맹모였다.

맹모가 아들을 불러 말했다.

"사람이 마루에 오를 때 인기척을 내는 것은 방 안의 사람에게 준비 시키기 위함이요, 방 안에 들어가서도 눈을 방바닥에 두는 것은 다른 사람의 잘못을 볼까 염려하기 위함이다. 지금 네가 예를 살피지 않고 오히려 상대에게 예를 따지니, 한참 잘못한 일이 아니냐?"[19]

즉, 잘못은 며느리가 한 것이 아니라 남편이 한 것이라는 판정을 내린 것이다. 맹자는 어머니의 말을 받아들이고 아내에게 사과했다. 이렇게 해서 맹모는 아들 부부의 이혼 위기를 수습했다. 이 흥미진진한 사건을 보면 몇 가지 사실을 추론해 볼 수 있다.

우선 맹자의 아내는 현명했다. 자존심 강한 남편과 바로 부딪쳐 논쟁하지 않고 시어머니를 택한 것만 보아도 알 수 있다. 둘째, 맹자는 당시의 윤리관에 비추어도 자신과 가족에게 엄격한 원칙을 적용한 고집불통이었다. 셋째, 모두 짐작하시겠지만, 맹자는 어머니의 판단을 존중했다. 흔히 말하는 마마보이가 아니라 효孝의 근본인 어머니와의 신뢰관계가 잘 형성되어 있었다고 볼 수 있다.

여기서도 맹모는 무조건 사랑하는 아들의 편을 드는 것이 아니라 사안을 공정하게 바라보며 합리적인 결론을 내리고 있다. 그이의 자식 사랑은 아들의 명백한 잘못마저 눈을 감는 맹목적인 사랑이 결코 아니었다.

---

18 《열녀전》, 夫婦之道, 私室不與焉.
19 《열녀전》, 將上堂, 聲必揚, 所以戒人也. 將入戶, 必視下, 恐見人過也. 今子不察於禮, 而責禮於人. 不亦遠乎?

맹모가 아들에게 한 마지막 이야기

　　　　　　　　　맹자가 등나라를 떠나 제나라에 머무를 때였다. 맹자는 제나라의 대접이 괜찮다고 생각하여 어머니를 모셔 왔다.

어느 날 맹모는 아들의 얼굴에 근심이 가득하고 심지어 기둥을 부여잡고 탄식하는 장면을 보게 되었다. 실제로《맹자》를 보면, 맹자는 제나라를 떠나기 전에 고민을 많이 했고 도성을 떠난 뒤에도 다시 불러 줄까 싶어 주읍晝邑에서 3일간 머물렀다.[20]

맹자의 심경이 이렇게 복잡했으니 예민한 맹모가 그 사실을 눈치 채지 못할 리가 없다. 맹모는 무슨 고민이 있느냐고 물었지만 맹자는 아무 일도 없다고만 했다. 맹모가 그냥 넘어갈 리 없었다. 추궁을 계속하자 맹자는 속내를 털어 놓았다.

제나라의 대접이 나쁘지 않지만 군주가 자신의 말을 들어줄 가능성이 없다는 것이다. 이로 인해 맹자는 제나라를 떠날 생각을 했지만 이곳 생활을 좋아하는 어머니가 마음에 걸려 쉽게 결단을 내리지 못했던 것이다. 맹모는 자신이 아들에게 고민거리가 되고 있다는 사실을 알고 맹자에게 자신의 생각을 담담하게 말했다.

---

20 이런 사정은 〈공손추〉 하에 집중적으로 보인다. 〈공손추〉 하12에서 윤사尹士는 맹자가 제나라에서 보인 언행을 비판했다. 제나라 선왕이 성군의 자질이 없다는 것을 몰랐다면 맹자가 지혜롭지 못한 것이고, 제나라를 떠나기로 해놓고 주읍晝邑에서 3일간 미적거린 것은 봉록에 대한 미련 때문이라고 한 것이다.

夫子成人也, 而我老矣. 子行乎子義, 吾行乎吾禮.
부자성인야, 이아노의. 자행호자의, 오행호오례.

너는 이미 성인이고 나는 늙었다. 너는 너의 뜻대로 살고 나는 나의 예대로 살겠다. 《열녀전》

이로써 맹모는 맹자를 완전히 놓아 주었다. 참으로 고단하고 기나긴 세월의 끈을 놓고 아들에게 자유를 준 것이다. 이 말을 듣고 맹자는 가슴이 철렁하지 않았을까? 그날 맹자는 자립의 기쁨을 누리기보다 어머니의 노화와 죽음을 예감하며 술 한잔 했으리라.

나도 나이 들어 부모님을 오랜만에 한 번씩 찾아뵙는다. 함께 목욕탕에 가서 등을 밀어 드리거나 불편하다는 다리를 주무르다 보면 손에 잡히는 촉감이 슬프게 다가온다. 젊었을 때는 단단한 몸으로 자식들을 키웠건만 나이가 드니 몸에 힘이 자연히 빠져나간다. 그 힘이 다 어디로 갔을까? 세월과 함께 저 우주 공간으로 갔을까, 아니면 자식의 팔다리로 갔을까? 지금은 함께 목욕탕에 갈 아버님마저 저세상으로 떠나신 뒤라 부자가 나란히 가는 모습만 봐도 슬프기 그지없다.

일화에 등장하는 맹모는 역사의 위인이 아니라 자식을 키우는 여느 어머니와 다를 바가 없다. 자식을 배고서 태교를 하고 자식을 낳고서는 잘 키우려 노심초사하고, 자식이 결혼하여 아내와 불화하면 화목하도록 도와주고, 자식이 출세해도 부득이 일을 그만두려 하면 그 결정을 지지해 준다. 맹모는 자식이 따라갈 수밖에 없는 그런 어머니이다.

05 위대한 어머니의 안식처

직하학궁, 제자백가의 사상을 녹이는 용광로

맹자는 추나라나 노나라에서 벼슬을 얻지 못했지만 제나라에서 빈사賓師로서 경卿의 대접을 받았다. 당시 제나라는 당대의 내로라하는 학자들의 지혜를 빌리기 위해 직하학궁稷下學宮을 세워서 운영했다. 직하학궁이 있던 제나라의 수도 린쯔臨淄임치(오늘날 쯔보淄博치박시 소재)[21]는 태산에서 동북쪽으로 150km 정도 떨어진 곳에 있다.

《전국책戰國策》의 기록에 따르면, 린쯔는 인구가 70만이 넘는 풍요로운 대도시로 묘사되고 있다. 그 번화함이 한나라의 수도인 장안長安에 비해 뒤처지지 않았다고 한다. 7km에 이르는 성벽이 오늘날 린쯔성의 유적으로 남아 있는데 원래 길이는 20km에 달했다. 린쯔성에는 모두 13

〈직하학궁유지비〉, 산둥성 쯔보에 있다. 사과를 놓아 둔 사람은 무엇을 그리워했을까?

개의 성문이 있었는데, 학궁이 궁성의 서남쪽 직문稷門 바깥과 직산稷山 아래 자락에 있었던 터라 '직하학궁'이라 불렸다. 그곳에 수많은 저택을 지어서 초빙한 학자들이 묵을 수 있도록 했다.

이곳에 머물던 학자들을 '직하학사稷下學士'라 불렀는데, 직무를 맡기지 않고 오직 그 지혜를 빌려 국정 현안을 자문하고 상대부로 대접하였다. 오늘날로 치자면 정부가 출연한 전문 연구 기관에 학자를 초빙하여 연구를 맡기고 고급 관료에 준하는 대우를 한 것이다. 이 직하학궁은 위

---

21 산둥성 쯔보 시에 들르면 꼭 제국역사박물관齊國歷史博物館에 가 볼 것을 권한다. 쯔보 시의 역사에서 빼놓을 수 없는 제나라 환공과 관중의 활약상을 확인할 수 있다. 또 공자가 제나라에 들러 순임금의 음악 소韶를 들었다는 '공자문소처孔子聞韶處'와 '직하학궁'의 옛터도 찾아보면 좋겠다.

왕威王 때 시작되어 선왕宣王 때에 학사의 수가 천여 명을 넘어섰고 민왕湣王 때에는 만여 명에 이르렀다고 하니 그 규모를 짐작케 한다.

직하학궁은 전국시대의 제자백가들이 한 곳에 모여 연구하고 토론하는 사상의 용광로였다. 공자가 취푸에서 강의했던 '행단杏壇'이나 플라톤이 아테네의 교외에 세웠던 '아카데미아'에 비할 바가 아니었다. 직하학궁이 있었기에 제자백가들은 혼자 있을 때보다 더 깊이 더 넓게 사유의 나래를 펼칠 수 있었다. 이 들끓는 사상의 용광로에는 당연히 젊은 맹자도 있었다.

추나라를 떠나 열국의 여정을 시작한 맹자는, 양梁나라에서 1년여를 머문다.[22] 그리고 1년 후 양혜왕이 세상을 떠나고 그의 아들 양왕襄王이 즉위하자 그의 됨됨이에 실망한 맹자는 다시 양나라를 떠나서 제나라로 향한다. 직하학궁의 제나라는 맹자가 7년을 머물던 곳으로 맹모가 행복한 노년을 보내고 생을 마감한 곳이기도 하다.

《맹자》〈양혜왕〉을 보면 맹자가 제나라 선왕宣王을 만나 이야기를 나누고 있다. 이때가 바로 맹자가 직하학궁에 머물던 시절이다.

> 齊宣王問, 曰: 齊桓晉文之事, 可得聞乎? 孟子對, 曰: 仲尼之道, 無道桓文之事者. 是以後世無傳焉, 臣未之聞也, 無以則王乎? 曰: 德何如, 則可以王矣? 曰: 保民而王, 莫之能禦也.

---

[22] 춘추시대에 북쪽 강국 진晉과 남쪽 강국 초楚는 여러 차례 충돌한다. 진나라가 내분으로 한韓, 위魏, 조趙 세 나라로 분열하면서 전국시대가 시작되었다. 전국시대의 위나라는 진秦나라와 가까운 안읍安邑에 도읍이 있었는데 진나라가 자주 괴롭히자 대량大梁으로 천도를 한다. 이후에 위나라를 양梁나라로 부르기도 했다.

제선왕문, 왈: 제환진문지사, 가득문호? 맹자대, 왈: 중니지도, 무도환문지사자. 시이후세무전언, 신미지문야, 무이칙왕호? 왈: 덕하여, 즉가이왕의? 왈: 보민이왕, 막지능어야.

제선왕이 물었다. 춘추시대 제나라 환공과 진나라 문공[23]의 이야기를 들을 수 있습니까?

맹자가 대답했다. 공자의 학문에서는 환공과 문공의 이야기를 하지 않습니다. 이 때문에 그들의 이야기가 후세에 전해지지 않아 제가 들어 본 적이 없습니다. 힘으로 정치를 하는 패도가 아니라 덕으로 정치를 하는 왕도를 말해 볼까요?

선왕이 물었다. 덕이 어떠하면 왕도를 펼칠 수 있습니까?

맹자가 대답했다. 백성을 잘 지켜서 왕도를 펼친다면, 누가 그의 앞길을 막겠습니까? _〈양혜왕〉 상7

제나라 선왕은 맹자를 만나서 춘추시대의 슈퍼스타 환공과 문공의 이야기를 듣고 싶어 했다. 하지만 맹자는 그들의 이야기를 알고 있으면서도 모른 척한다. 힘 대신에 덕으로 사람을 불러 모으는 왕도를 이야기하고 싶었던 것이다. 맹자는 이렇게 왕도정치를 펼칠 수 있는 기회를 엿보며 직하학궁에 머물고 있었다.

---

[23] 주나라가 외세에 밀려 수도를 시안에서 낙양으로 옮기면서 춘추시대가 시작된다. 이때 주나라 천자를 대신하여 국제 정세를 주도하던 패자를 일컬어 춘추5패라 한다. 첫 번째가 제齊환공이며 두 번째가 진晉문공, 그 뒤를 초楚장왕과 오왕吳王 합려, 월왕越王 구천이 잇는다(5패의 대상은 이설이 있다). 전국시대의 제선왕은 춘추시대를 주름잡았던 패자들을 따라 하고 싶었던 것이다.

맹모림을 품고 있는 마안산. 말안장을 닮아서 붙여진 이름이다.

맹모의 행복한 만년

아마도 제나라의 수도 린쯔에서 보낸 맹모의 노년은 행복했으리라 생각한다. 자식이 출세하여 대국에서 어엿한 학자로 대접 받았으니 말이다. 하지만 이 행복이 오래 지속되지는 못했다.

《삼천지三遷志》〈대사연표大事年表〉에 따르면, 맹모는 BC 318~317년의 1년 남짓 제나라 린쯔에서 생활하다가 세상을 하직했다. 맹모가 BC 392년에 태어났으니 76세의 수를 누린 셈이다. 이때 맹자는 56세였다. 맹자는 어머니를 고향에 모시기 위해 상여와 함께 쩌우청으로 돌아온다.

《맹자성적도》에는 이 내용을 '반노장모返魯葬母'(어머니의 장례를 위해 노나라로 돌아오다 — 320쪽 참조)로 담아내고 있다. 맹자는 어머니를 마안산馬鞍山 자락에 모셨다. 마안산은 산세가 말의 안장처럼 가운데 부분이 꺼진 꼴이기에 붙은 이름이다.[24] 달리 천마산天馬山이라고 한다. 아버지가 옛날부터 이곳에 안치되어서 합장한 것인지, 어머니의 죽음을 계기로 다른 곳의 아버지 묘를 이장하여 합장한 것인지는 분명하지 않다.

거대한 무덤, 맹모림

이제 위대한 어머니의 안식처로 향한다. 맹모림의 위치는 앞서 언급했던 맹자고택의 길 건너편, 동쪽이라고 생각하면 쉽다. 차창 너머로 드넓은 옥수수밭과 그 위로 말안장 모양으로 솟아 있는 마안산을 바라보며 초입에 들어선다. 반듯하게 닦인 길 가운데 맹모림을 알리는 패방이 서 있다. 맹모의 명성에 비해 맹모림의 초입과 패방은 참 소박했다. 중국 3대 어머니의 '수석'이라는 거창한 수식어에 어울리는 별다른 장식도 없다.

매표소에는 몇 사람이 책상 앞에 앉아서 한담을 나누고 있다. 지금 막 참배를 마치고 나온 듯한 젊은 부부가 눈길을 끈다. 엄마는 울음을 터트린 아이를 어르며 연신 부채질을 했다. 다가가 "맹씨냐?"고 물으니 아니

---

24 종로에서 서대문 쪽을 바라보면 비슷한 모양의 산이 있는데, 이름이 안산鞍山이다. 마안산과 안산은 같은 모양에서 착안한 이름이다

1. 맹모림 입구. 시골 역사의 분위기가 느껴진다.
2. 맹모림의 패방은 소박하다. 패방 뒤로 맹모림 입구가 보인다.

라고 한다. 아이의 울음소리가 워낙 힘차서 더 묻지 못했지만, 갓 태어난 자식의 앞날을 축원했을 것이다.

이윽고 맹모림에 들어서면 두 번 놀란다. 첫째는 그 규모 때문이고 둘째는 그 무덤의 수 때문이다. 이곳을 방문하는 사람들의 대부분이 맹자 어머니의 단출한 무덤이나 부부가 합장된 무덤 정도를 보리라 짐작한다. 그렇다면 정문을 지나며 시작되는 묘역으로 시선이 향하는 순간, 벌린 입을 다물지 못할 것이다. 우거진 나무 숲 사이로 수없이 솟아 있는 무덤들이 시선을 꽉 채운다.

맹모림은 이름처럼 맹자 어머니만을 모신 곳이 아니라 맹부와 맹자 후손들이 묻혀 있는 집단 묘역이다. 또 '림林'이라는 말 자체가 복수이므로 맹모림孟母林은 일종의 무덤의 숲이라는 뜻이다.

맹모림은 담장 둘레만 2700m가 넘는다. 그리고 무덤의 수는 정확히 알 수 없지만 통로를 벗어나면 발길을 조심하는 것이 좋다. 나도 높은 곳에서 사진을 찍으려고 올라선 곳이 무덤이라는 사실을 알고 화들짝 놀라 내려섰다. 풀섶이 길고 무성해 잘 보이지 않고 봉분이 없는 묘들이 있기 때문이다. 여름에는 특히 그렇다. 가는 길 여기저기에 부서진 비석들이 보였다.

신도神道를 따라 400여 m를 걸어가다 보면 왼쪽으로 붉은색 담장의 향전享殿이 눈에 들어온다. 향전은 이곳에 묻힌 맹자의 어머니와 아버지를 제사 지내는 곳이다. 안으로 들어서자 인적이 끊긴 고적함과 숲 특유의 축축한 냄새가 배어난다.

향전 안쪽에는 '계성주국공 단범선헌부인묘啓聖邾國公端範宣獻夫人墓'라는 맹모의 묘비가 서 있다. 그렇다고 이곳이 맹모의 무덤이라고 생각하

무성한 풀숲 탓에 봉분이 보이지 않으니 조심해야 한다.

제사를 지내는 향전.

면 안 된다. 주위를 아무리 둘러봐도 무덤은 보이지 않는다. 묘비와 무덤이 떨어져 있는 것이다. 보통은 묘비가 앞에 있고 무덤이 뒤에 있다. 즉 남북 방향이다. 그런데 맹모의 무덤은 향전의 묘비에서 왼쪽으로 조금 떨어진 자리에 있다. 즉 동서 방향이다. 다른 곳에서 이러한 배치를 찾아볼 수 없으니 맹모묘만의 특징이라고 할 수 있다.

향전 바로 앞에는 연리목의 일종으로 보이는 '삼형제백三兄弟柏'과 '저매송姐妹松'이 있다. 삼형제백은 측백나무 세 그루가 사이좋게 줄지어 자라는 모습을 뜻하고, 저매송은 나뭇가지가 한 나무처럼 뻗어 있는 두 그루의 소나무를 가리킨다. 마치 후손들이 맹씨의 큰어머니, 즉 맹모 앞에서 화목하게 사는 모습을 나무가 대신 보여 주는 듯하다.

향전에서 서쪽으로 50여 m를 가면 맹자의 부모를 합장한 무덤을 만날 수 있다. 무덤 앞에 왼쪽부터 오른쪽으로 추국공분묘비鄒國公墳廟碑, 단범선헌부인端範宣獻夫人(좌행), 계성주국공啓聖邾國公(우행) 묘墓, 맹모묘비孟母墓碑가 나란히 서 있다. 이곳이 전국시대의 대사상가 맹자를 낳고 기른 아버지와 어머니가 영원한 안식을 얻은 곳이다. 일행들도 유난히 말이 없다. 향이라도 피우면 좋을 텐데 미처 준비하지 못했으니 합장으로 대신한다.

무덤의 왼쪽에는 맹모림을 새롭게 조성하면서 기금을 낸 사람들의 공덕비가 서 있다. 이름들은 맹孟 자로 가득하고 간혹 공孔 자도 보인다. 그런데 상단 왼편에 'Suleiman Sabri'라는 알파벳 이름이 있어 이채롭다. 무슨 사연이 있을지도 모르겠다.

이제 다 보았다는 생각으로 바로 정문으로 돌아갈 수도 있다. 하지만 맹모림은 맹자의 부모만이 아니라 맹씨 후손들이 함께 묻힌 곳이다. 맹모묘에서 서북 방향으로 가면 맹자의 종제從弟인 '신태백맹중자묘新泰伯孟仲子墓'를 볼 수 있다. 또 앞으로 살펴볼 맹씨의 중흥조로 여겨지는 맹녕孟寧의 무덤도 여기에 있다. 원래 원제국 지순至順 4년(1333)에 세운 비도 있었지만 지금은 남아 있지 않다. 대신 '아성사십오세손맹녕지묘亞聖四十五世孫孟寧之墓'라고 쓴 새로 세운 비에는 〈세계지도世系之圖〉가 새겨져 있다. 맹자의 가계에 관심이 있다면 한 번쯤 찾아볼 일이다.

어머니의 3년상을 치르지 못하다

정문으로 발걸음을 옮기다가 장례를 치르는 한 가족을 보았다. 단출하지만 엄숙하게 고인을 애도하며 이별의 마음을 전하고 있었다. 무덤에 흙은 쌓았지만 아직 단단하게 다지지는 않았다. 담배에 불을 붙여 무덤 앞에 놓아 두었는데, 아마 향불을 대신하는 것이리라.

험난한 세월 오롯이 홀로 자신을 키운 어머니의 장례를 치른 맹자의 심정은 어떠했을까? 그는 제나라에서 어머니의 죽음을 맞고 급하게 쩌우청으로 돌아와 장례를 치렀다. 일화에 따르면, 맹자는 어머니의 3년상을 치를 형편이 되지 못했다. 당시 그는 제나라의 빈사賓師로 녹봉을 받고 있었고, 사직을 하지 않았기 때문에 쩌우청에 머물 수가 없었던 것이다.

자식 된 도리로 시묘살이를 하지 못하는 맹자의 마음은 무거웠을 것이다. 고민을 거듭하다 맹자는 돌을 깎아 자신의 모습을 만든다. 그리고 어머니의 무덤 근처에 묻어 자신 대신 죽은 어머니를 모시게 했다. 이 반신석각상은 1300여 년간 땅속에 있다가 이곳을 찾은 공자 45대손 공도

맹모와 맹부의 묘.

보孔道輔에 의해 발견되었다. 지금도 맹묘에 가면 어머니의 신위를 모시고 있는 이 석각상을 만날 수 있다.(344쪽 참조)

사람이 한평생을 살면서 하고 싶은 것과 해야 하는 것, 할 수밖에 없는 것과 하고 싶은 것 사이의 갈등은 피할 수 없다. 어찌 자식이 어머니의 3년상을 치르지 않느냐고 맹자를 비난할 수도 있다. 하지만 석각상이라도 깎아야 했던 맹자의 심정을 헤아려 보면 좋겠다. 나무가 아니라 돌을 깎은 것도 어머니를 향한 변함없는 애정을 담으려는 뜻이었을 것이다. 여기 공자의 말이 있다.

禮, 與其奢也寧儉喪, 與其易也寧戚.
예, 여기사야영검상, 여기이사영척.

예는 호화롭기보다 절제된 것이고 상(장례)은 형식을 잘 갖추기보다 슬퍼하는 마음이다. 《논어》〈팔일〉 3

방문객이 많았는지 맹모림 입구에 사람들이 많다. 대부분 맹씨 후손들이었는데 멍셴관孟憲管 할아버지도 계셨다. 아마도 건강하실 때까지는 이곳에 오면 할아버지를 만날 수 있을 것 같다. 공자의 유적지를 공씨 가문에서 관리하듯 맹모림과 맹자고택은 맹씨 후손들이 관리하기 때문이다. 입장권 수익도 나눈다고 하니 특별한 일이 없는 어르신들은 소일 삼아 나와 계실 것이다. 이렇게 보면 맹자의 후손들은 잘난 조상 덕을 톡톡히 보는 셈이다.

06 맹모를 기리는 노래들

남성이 만든 맹모의 이미지

맹모는 여성이다. 그런데 역사적으로 그녀의 인품이며 자식 교육을 평가한 사람은 대부분 남성이다. 예컨대 《열녀전》의 편집자 유향도 남성이고 이 글을 쓰는 나도 남성이다. 남성이기 때문에 맹모의 삶을 살피면서 놓치고 있는 것은 없을까?

유향은 맹자의 어머니를 〈모의전母儀傳〉에 수록하면서 제목을 '추맹가모鄒孟軻母'라고 달고 있다. 그는 맹자의 어머니 장씨를 '어떤 사람'이 아니라 '모범적인 어머니'로 분류하고 있다. 유향뿐 아니라 다른 이들도 맹모를 보편의 인간이 아닌 '어머니'라는 틀 안에서 평가하고 있다. 이것은 유학이 사람을 '이성적 동물'이라는 추상적 존재 일반의 층위보다 삼강오륜처럼 혈연적 사회적 역할의 측면에서 바라보는 것과 관련이 있다. 이때 삼강오륜이 여성이 아니라 남성 중심의 시각을 반영하고 있으므로, 유향도 그에 따르고 있다고 할 수 있다. 이러한 관점은 '추맹가모'라는 제목만 봐도 그대로 드러난다. 맹모는 주체로 호명되지 않고 맹가의 어머니로 불리고 있다. 이는 우리가 결혼한 여성을 자식의 이름을 붙여 '누구 엄마'라고 부르는 것과 같다.

말미에 나오는 군자의 총평도 마찬가지이다. "맹모는 부도婦道를 깨쳤다.《시경》에서 '부드러운 얼굴로 늘 웃고 화내지 않고 가르치네'[25]라고 하는데, 이를 두고 한 말이다." 여기서도 맹모는 인간관계 일반에서 바르게 행동한 사람이 아니라 화내지 않고 아이를 잘 키운 엄마일 뿐이다.

이러한 규정을 극단적으로 밀고 나가면, 맹모는 '어머니로서' 웃으면서 아이를 달랠 수는 있지만 학교폭력과 같은 교육 일반의 문제에 대해서는 무관심한 사람이 되고 만다. 왜냐하면 교육 일반의 문제는 남성이 처리할 사안이기 때문이다.

반소의 〈맹모송〉

그렇다면 여성들은 맹모를 남성과 다른 시각으로 바라봤을까? 후한의 반소班昭가 〈맹모송孟母頌〉을 지었다. '송頌'은 사람

---

[25] 《열녀전》, 君子謂: 孟母知婦道. 詩云: 載色載笑, 匪怒匪教. 此之謂也.

의 덕성을 기리는 글의 형식이다. 반소는 반표班彪의 딸이고 반고班固와 반초班超의 누이동생이다. 오빠 반고는 전한의 역사서《한서漢書》를 저술한 인물이다. 하지만 미처 완성하지 못하고 죽고 만다. 이에 반소가 그 작업을 이어서 끝냈다. 문헌에 등장하는 남성과 여성을 통틀어서도 몇 안 되는 역사학자 중 한 사람이며 여성으로서는 최초의 역사학자라고 할 수 있다.

그녀는 조세숙曹世叔과 결혼했는데 그가 일찍 세상을 떠났다. 그러자 화제和帝가 반소를 궁으로 불러들여 황후와 귀인들에게 역사와 교훈을 가르치는 스승의 역할을 맡기기도 했다. 이런 반소라면 남성 중심의 사회에서도 결코 남성에 뒤지지 않는 경력과 학식을 가지고 있었다고 할 수 있다. 그녀가 읊은 맹자 어머니를 기리는 〈맹모송〉을 들어 보자.

> 맹자의 어머니, 사는 곳을 바꿔 가며 가르치네. 자식에게 육예를 따르게 하여, 인륜을 지키게 하네. 아들의 배움이 늘지 않자, 베틀의 베를 자르네. 자식이 결국 덕을 이루어, 세상의 으뜸이 되었네.[26] _《중찬삼천지》

반소는 그리 길지 않은 노래에 맹모가 맹자에게 행한 가르침과 맹자가 성취한 결실을 모두 담아내고 있다. "맹모가 세 차례 이사를 하고 베

---

[26] 광서본光緒本《중찬삼천지重纂三遷志》卷九. 孟子之母, 敎化列分. 處子擇藝, 使從大倫. 子學不進, 斷機示焉. 子遂成德, 爲當世冠. '列' 자가 '別' 자로 된 경우도 있다. 편집을 맡았던 맹광균은 "이 시는 유향의 《열녀전》 '송'에 나오므로 유흠의 작품으로 보기도 한다. 반소의 작품으로 보지만 어느 쪽이 맞는지 단정할 수 없다"고 주를 달고 있다.

틀의 베를 잘라서 맹자가 공부에 전념하도록 만들었다." 사실 맹모의 뛰어난 점은 환경의 개선보다 맹자가 공부에 전념할 수 있도록 한 데에 있다. 소를 물가에 끌고 갈 수는 있지만 물을 마시게 할 수는 없듯이, 부모가 자식에게 어떤 일을 하게 할 수는 있어도 그 일에 푹 빠지게 하기는 어렵다. 반소는 핵심을 잘 파악하고 있다. 하지만 그녀의 묘사가 남성과 구별되는 여성만의 감수성이 돋보인다고 말하기는 어렵다. 한 가지만 더 살펴보자.

좌분의 〈맹모찬〉

서진西晉의 여성 좌분左芬도 〈맹모찬孟母贊〉을 지었다.[27] 좌분은 자가 난지蘭芝이고, 〈삼도부三都賦〉를 지은 시인 좌사左思의 누이동생이다. 산둥성 린쯔 사람이므로 그도 자라면서 맹자와 맹모 이야기를 들었을 것이다. 좌분은 어릴 때부터 글을 잘 지어 좌사와 함께 이름을 날렸다. 그녀는 진무제晉武帝의 귀빈貴嬪이 되어 뤄양洛陽낙양에서 생활했다. 외모는 뛰어나지 않았지만 재덕才德으로 예우를 받았다. 무제는 방물方物 가운데 기이한 물건이 있으면, 그녀에게 그 물건의 특성을 읊는 영물시詠物詩를 짓도록 했다고 한다. 이런 좌분이 '맹모'라는 소재를 그냥 지나칠 리가 없다.

---

27 송頌과 찬贊은 유협의 《문심조룡》에 나타난 문체의 종류이다. 송은 선조나 위인의 공적을 기리는 글이고, 찬은 역사가들이 사건을 논평하거나 인물의 행적을 소개한 글이다.

추성의 어머니 아들을 잘 이끌어 세 차례 이사로 가르침을 이루네.
학교에 이웃하니 예기禮器 놀이를 본받네.
베틀의 베를 잘라 아들을 분발시켜 옛 문헌으로 학식을 넓히네.
총명하여 예를 깨치니 성인의 도를 풀어내네.[28] _《중찬삼천지》

좌분의 시도 반소의 노래와 많이 닮았다. 아마 다르게 쓰려고 해도 생각과 손이 저절로 비슷한 방향으로 흘러갔으리라. 소재가 상투적이고 도식적이면 새로운 말의 조합이 쉽지 않기 때문이다. 결국 남성과 여성의 시각에 별반 차이가 없는 셈이다. 대개의 역사 속 인물이 그렇듯이 '맹모'의 이미지는 이미 중성화되고 양식화되어 있었던 것이다.

흥미롭게도 최근 중국에서는 반소의 노래와 같은 이름의 〈맹모송〉(2009년)이라는 대중가요가 발표되었다. 가오성하이高勝海고승해는 중국모친문화절中華母親文化節 기념행사에서 이 노래를 불러 참석자들로부터 좋은 반응을 얻었다. 또 같은 해에 〈쩌우청, 성인의 요람(鄒城, 聖人的搖籃)〉도 만들어졌다. 이 노래는 '어머니 교육의 은혜가 산과 같고 공맹의 도가 중국에서 영원히 이어지리라'는 내용으로 끝난다.

선입관 때문인지 내 귀에는 찬송가나 건전가요처럼 들리지만, 맹모와 맹자를 기리는 쩌우청 사람들과 그들의 인생역정을 떠올리며 한 번쯤 들어 봐도 좋겠다.

---

28 광서본 《중찬삼천지》 卷九, 鄒母善導, 三徒成敎. 鄰止庠序, 俎豆是效. 斷機敎子, 廣以墳奧. 聰達知禮, 敷述聖道.

맹자는 사람들이 비참하게 죽어 가는 전쟁의 시대에
평화의 세상을 일구고자 했다.
그의 제안은 강력하고 근본적인 대안을 담고 있었지만
결국 시대의 공감을 얻지 못했다.
그렇게 맹자와 《맹자》는 조금씩 잊히기 시작했다.
조기가 최초의 주석서 《맹자장구》를 써 《맹자》를 초학자들도 읽을 수 있는
사상서로 살려 냈고 공도보는 맹자의 무덤을 찾아 국가의 제사 대상으로 삼았다.
하지만 맹자의 후손들조차 그의 위대성을 몰랐고
《맹자》는 여전히 여러 제자백가서 중의 한 권일 뿐이었다.
다시 긴 망각의 늪 속으로 빠져 가던 《맹자》를 세계적인 사상서로 되살린 것은
유학의 부흥을 도모하던 도학 또는 성리학의 출현이었다.
이 유학 부흥 운동의 종결자가 바로 주희이다.

4 인간 맹가에서 역사의 맹자로

— 맹림孟林

맹림의 향전 입구.

01 공자 후손, 맹자의 자취를 찾다

맹자의 오랜 무명 시절

요즘 "당신이 아는 동양 철학자를 말해 보시오" 하면 대부분의 사람들이 공자와 함께 맹자를 꼽을 것이다. 유학사를 봐도 맹자는 중요한 인물임에 틀림이 없다. 북송北宋의 범중엄范仲淹(989~1052)과 뜻을 같이했던 한기韓琦가 〈맹자찬孟子贊〉을 지었다.

> 옛날 주공周公의 힘이 약해지자 공자뿐이었다. 당시 전쟁을 도모하며 오로지 이익을 좋아했다. … 공자 이후에는 오직 한 사람뿐이었다.[1]

마지막의 '오직 한 사람'은 두말할 필요도 없이 맹자를 가리킨다. 하지만 한기의 이런 평가는 북송北宋의 분위기에서나 나올 수 있는 말이었다. 그 전에 한유도 맹자가 치수 사업을 한 우禹임금에 뒤지지 않는다고 말했지만 그의 평가를 공유하는 사람은 많지 않았다.

한나라 때만 해도《역경》,《시경》,《춘추》,《논어》,《효경》 등이 각광을 받았고, 위진 시대에는《노자》,《장자》,《역경》 등이 많은 관심을 받았다. 따라서 당송 이전까지만 해도 맹자는 일반인들에게 그다지 존재감이 없는 인물이었고《맹자》는 일부 경학자와 사상가들이 찾는 책일 뿐이었다. 즉 맹자가 존중 받아야 할 인물이라거나《맹자》는 반드시 읽어야 할 책이라는 권위는 아직 생겨나지 않았다.

연예인들이 인기를 얻고 난 뒤에 방송에 출연하면, 오랜 무명 시절을 거치면서 "이 일을 그만둘까?" 몇 번이나 갈등했다고 말하곤 한다. 처음이야 좋아서 연예계에 뛰어들어 무명의 설움을 견디지만 시간이 길어지면 생계도 어려워지고 열정도 식기 때문이다. 이런 위기를 극복하고 꾸준히 노력한 결과 마침내 대중의 사랑을 받는 스타가 된 것이다.

맹자도 실로 기나긴 역사의 무명 시절을 보낸 끝에 세상에 알려졌다. 그렇다면 맹자와《맹자》는 어떻게 오늘날과 같은 특별한 권위를 갖게 되었을까? 여기서는 책이 아니라 사람에 주목해서 이야기를 풀어 보자.

---

1 광서본《중찬삼천지》卷九, 昔周公之衰, 仲尼已矣, 戰果相圖, 唯利是喜. … 孔之以後, 一人而已.

공도보孔道輔, 맹자를 세상에 드러내다

'맹자'라는 사람이 세상에 알려지게 되기까지 빼놓을 수 없는 한 사람이 있다. 그가 바로 북송北宋의 공도보孔道輔(985~1039)이다. 이미 '공'씨 성을 보고 짐작했겠지만, 공도보는 공자의 45대 후손으로 초명이 연로延魯, 자가 원로原魯이고 산둥성 취푸 출신이다. 그는 1021년에 진사에 합격하여 주로 내직을 맡다가 1033년에 간의대부諫議大夫, 어사중승御史中丞이 되었다. 당시 인종은 예쁜 상씨尙氏, 양씨楊氏를 총애하여 곽후郭后를 폐위시키려고 했다. 공도보는 범중엄 등과 함께 인종의 생각에 극력 반대하여 당시 곽후의 폐위를 찬성하던 여이간呂夷簡과 정치적으로 대립하게 되었다. 이 사건만 봐도 그가 매우 강직한 인물임을 알 수 있다.

결국 이 일로 공도보는 외직으로 좌천되는데, 처음에는 서주徐州의 지사가 되었다가 경우景祐 3년(1036)에 연주兗州로 임지를 옮겼다. 그리고 1038년에 다시 어사중승을 맡았다. 여기서 우리는 1036~1038년 사이의 2~3년을 주목해야 한다. 당시에 맹자의 고향인 추현鄒縣은 연주의 속현이었다. 따라서 연주지사인 공도보는 추현을 관할하는 상급 행정기관의 기관장이 된 셈이다.

공도보는 이 시기에 '맹자'와 관련해서 두 가지 획기적인 일을 추진했다. 그리고 모두 성공을 거두었다. 첫째, 맹자의 무덤을 찾는 일이었다. 둘째, 종적이 묘연하던 맹씨의 후손을 찾는 일이었다.

먼저 두 번째부터 살펴보자. 송나라 때면 맹자 사후 이미 1300여 년이 지난 시기다. 그때까지 맹자가 집안의 제사를 받았는지는 알 수 없으나 지역이나 왕조의 공인된 제사를 받지는 못했다. 후손들도 뿔뿔이 흩어져서 누가 어디에 사는지도 분명하지 않았다. 공도보는 맹씨의 행방을 수소문하여, 추현 현성 북쪽으로 25리 떨어진 푸춘에서 맹자의 45대 후손 맹녕孟寧을 찾는다. 그는 맹녕을 조정에 천거하였고, 맹녕은 추현의 문서 관리를 맡는 주부主簿가 되었다. 비로소 맹자의 후손이 세상에 이름을 알리기 시작한 것이다. 그래서 맹녕이 맹씨의 중흥조中興祖(중시조)로 여겨지는 것이다.

이렇게 추현의 주부가 된 맹녕은 원풍元豊 6년(1083) 고택을 수리하다가 벽장에서 족보 등의 가서家書를 발견한다. 이는 북송 경덕景德 초년(1004)에 거란의 침략을 받을 무렵, 맹자 44대손 맹제孟濟가 피난을 떠나면서 몰래 숨겨 둔 것이었다. 맹녕은 다시 찾은 족보와 관련 서적을 두루 참조하고 체계를 잡아《맹자세가보孟子世家譜》를 편찬하게 된다. 이때부터 맹자와 그 후손의 족보가 분명해졌다.

이제 공도보의 첫 번째 작업을 살펴보자. 그는 관리를 파견하여 맹자의 유적을 사방으로 찾았다. 오랜 탐문과 조사 끝에, 드디어 추현 현성 동북 13리에 있는 쓰지산四基山사기산 자락에서 맹자의 무덤을 발견했다.

《예기》〈제법祭法〉에는 "커다란 재난을 막거나 사회적 위기를 벗어나게 하면 국가적으로 제사를 지낸다"[2]고 했다. 특정한 인물의 공으로 많은 사람이 혜택을 받으면 국가가 그의 업적을 공인하여 제사로써 기념한다는 말이다. 오늘날 기념관을 짓거나 추모시설을 세우는 것과 비슷

---

2 〈제법〉, 能御大災則祀之, 能捍大患則祀之.

한 의미이다.

공도보는 맹자가 국가의 제사 대상이 될 자격이 충분한데도 그때까지 합당한 대우를 받지 못했다고 생각했다. 그래서 자신이 연주지사였던 경우 4년(1037)에 쓰지산 기슭에 맹자를 기리는 사당을 세웠다. 당시 사당에는 맹자의 제자 공손추公孫丑와 만장萬章 등을 함께 배향했다.

그가 세운 맹자묘孟子廟는 오늘날 맹묘孟廟의 기원이면서, 맹자가 처음으로 국가가 공인하는 제사를 받게 된 곳이다. 명나라 홍무洪武 연간 (1367~1398)에 공도보가 맹묘에 종사從祀[3]되었는데, 별도로 서무西廡를 지어 '사공 공도보司空 孔道輔'라 이름 지었다. 맹묘에서 공도보의 흔적을 발견하면 '공씨가 여기에 왜 있지?'라고 의아해 할 일이 아니다. 사실 그는 객이 아니라 맹묘를 있게 한 주인공이기 때문이다.

공도보孔道輔, 손복의 글을 받다

공도보의 노력은 여기서 그치지 않았다. 그는 맹자묘를 세운 뒤에 그 사실을 글로 남기기 위해 당시 범중엄, 호원胡瑗과 함께 송초宋初 3선생이라 불리던 손복孫復(992~1057)을 찾아 태산泰山까지 간다. 그는 자신보다 연하인 손복을 깍듯이 예우하여 글을 받게 되었으니, 그것이 바로 〈신건맹자묘기新建孟子廟記〉이다. 이 비석은 지금 맹림 향

---

[3] 학덕 있는 사람의 신주를 문묘나 서원 등에 모시는 대상으로 삼는 것을 말한다.

전의 서실에 보관되어 있다.

그렇게 하지 않아도 누가 뭐라고 할 사람도 없는데, 공도보는 왜 그렇게 열성적으로 '맹자'를 찾으려고 했을까? 그는 평소 이런 말을 자주 했다고 한다.

> 유가의 학파 중에 성인 공자의 문하에 큰 공을 세운 사람으로 맹자를 뛰어넘을 자가 없다. 지금까지 그런 맹자를 제사 지내지 않으니 이것은 참으로 커다란 잘못이다. 나는 마땅히 맹자의 무덤을 찾아 뚜렷한 표시를 하고 사당을 세워 제사 지냄으로써 그의 큰 공과 뛰어난 업적을 밝히겠다.[4]

일종의 부채 의식이라고 해야 할까. 큰 공을 세웠음에도 불구하고 그에 상응한 대접을 받지 못한 맹자의 명예를 살려야 한다고 생각한 것이다. 이런 책임감으로 많은 어려움을 물리치고 맹자의 후손을 찾아서 관직을 얻게 하고, 맹자의 무덤을 찾아서 사당을 세웠던 것이다.

1038년, 중앙으로 돌아온 공도보는 공묘孔廟 서쪽에 오현사五賢祠를 지어 맹자와 순자, 한나라의 양웅, 수나라의 왕통王通, 당나라의 한유의 상을 만들고 제사를 지냈다. 그리고 〈오현당기五賢堂記〉를 쓰기도 했다. 하지만 그 해 다시 옥사에 연루되어 운주鄆州지사로 발령이 나 임지로 가던 중 지병이 재발하여 죽고 말았다. 결국 그가 연주지사 시절 벌였던 '맹

---

[4] 사오쩌수이邵澤水 외 편저, 《맹묘 맹부 맹림 맹모림孟廟 孟府 孟林 孟母林》, 亞洲出版社, 57~58쪽.

자' 현창 사업이, 자신이 알았든 몰랐든지 간에, 인생의 마지막 불꽃을 태운 일이 된 셈이다.

지금 공도보는 그의 '큰'할아버지 공자의 묘에서 서남쪽으로 100걸음 떨어진 곳에 묻혀 있다. 왕안석이 그의 묘지명을 썼다. 다시 생각해 봐도 공도보와 맹자는 참으로 가연이 아닐 수 없다.

쓰지산은 가까이 가기 전에는 보이지 않는다. 맹림에 이르기까지 끝없는 옥수수밭이 펼쳐진다.

02 맹림, 맹자의 안식처

패방도 없고 매표소도 없다

　　　　　　맹자는 전쟁의 시대에 태어나 평화의 소망을 실현하고자 했지만 그 결실을 보지 못하고 눈을 감았다. 그리고 쓰지산 자락에 묻혔다. 이곳을 맹림孟林, 맹자림孟子林 혹은 아성림亞聖林이라 부른다.

　해가 뉘엿뉘엿 지는 오후였다. 맹림은 맹모림의 정동쪽에 있다. 취푸에서는 더 가깝다. 쩌우청 기차역에서 201번 버스를 타면 종점이다. 쩌우청 시내를 벗어나자 어김없이 펼쳐지는 너른 옥수수밭을 바라보며 쓰지산을 향한다. '이걸 누가 다 먹을까?' 괜한 걱정을 해본다. 사실 산둥성은 우리나라에서 농산물을 가장 많이 수입하는 곳이다. 지난 9월(2015) 성균관대학 유학대학원생들과 이곳을 다시 찾아 주민에게 물어보니 이

끝없이 이어지는 길.

옛 패방의 모습(2012년 당시). 지금은 없다.

옥수수들은 동물 사료용으로 쓰인다고 한다. 그러고 보니 사람이 먹는 찰옥수수보다 빛깔이 샛노랗다.

맹림에 거의 다 왔다. 하지만 방심은 금물이다. 쓰지산은 이산보다도 높지 않아 가까이 가기 전에는 보이지 않는다. 웬만한 옥수수밭에도 가린다. 쓰지산 자락에서부터 비포장이지만 잘 정비되어 곧게 뻗은 시골길이 계속된다. 이 비현실적인 직선의 길은 도무지 끝이 보이지 않는다. 도대체 어디까지 계속 되는 걸까 하는 생각이 들 때쯤, 콘크리트 블록이 주단처럼 펼쳐진 길을 만난다. 그곳이 맹림의 들머리이다. 그런데 뭔가 허전하다.

오랜만에 맹림을 다시 찾은 사람이라면 그 이유가 뭔지 금방 알았을 것이다. 원래 맹림의 들머리에는 '아성림亞聖林'의 패방이 있었다. 뒷면에는 '성역현관聖域賢關'이라 쓰여 있었다.[5] 왜 힘들게 세운 패방이 사라졌을까? 괜한 상상을 할 필요는 없다. 이유는 참 간단하고 기가 막혔다. 맹림을 찾는 사람들이 타고 오는 버스 때문이었다. 패방이 그 자리를 지키고 있으면 버스가 더 이상 들어가지 못하고 그곳에서부터 내려서 걸어가야 한다. 그렇게 걷기를 끔찍하게 싫어하는 족속들의 '민원'이 끊이지 않자 패방을 허물게 된 것이다. 지난겨울 택시기사에게 전해들은 사연이다.

차에서 내려 마을 어귀의 소학교를 지나면 오른편에 마을이 보인다. 늦은 오후에 찾은 탓인지 맹림의 진입로 근처에는 마을 노인들이 삼삼오오 한가한 시간을 보내고 있다. 마을을 지나 개울의 다리를 건너면 바로

---

[5] 정젠팡鄭建芳, 《맹묘 맹부 맹림孟廟 孟府 孟林》, 亞洲出版社, 2012, 86쪽.

1. 아이를 안고 선 두 여인, 맹림을 지키는 사천왕의 포스가 느껴진다.
2. 아성림. 서예가 어우양중스歐陽中石의 작품이다. 닭들이 한가롭다.
3. 옛 패방에서부터 1.5km 이어지는 신도.

맹림의 묘역이 시작된다. 일행들과 매표소가 따로 있지 않나 두리번거리는데 어디서 한 잔 하신 듯한 목소리의 어르신이 다가왔다. 자기에게 입장료를 내면 묘역을 안내해 준단다. 맹림을 관리하는 마을의 맹씨 후손이었다. 피차의 신분 확인을 하고 대화를 나누는 사이 마을 사람들이 모여든다. 앞으로는 두 여성이 각자 아이를 안고 다리 앞을 떡 지키고 섰다. 마치 대문 없는 맹림을 지키는 사천왕의 포스이다. 뒤를 돌아보니 자전거와 오토바이크를 탄 청소년 둘이 우리를 지켜보고 있다. 먼저 고개를 끄덕이며 인사하자 그제야 웃으며 반겨 준다.

대리석을 깔아 놓은 길, 즉 '신도神道'를 따라 어교御橋를 건너면 오른쪽에 행서로 '아성림亞聖林'이라고 쓴 큰 비가 눈에 들어온다. 돌에 검은색을 칠하고 글씨를 음각으로 새겼다. 서예가 어우양중스歐陽中石의 글씨이다. 왼쪽에는 "신도神道는 제사를 위해 맹자묘를 배알하러 가는 길이다. 곧바로 향전으로 통한다. 거리는 약 1500m이다"라고 적힌 안내판이 있다. 신도가 옛 패방이 있던 곳부터 시작되니 거리가 다소 멀기는 하다. 하지만 몸이 불편한 사람이 아니라면 걷기에 좋은 길이다. 결국 이 '신도'가 패방을 허문 이유가 되었다니, 공도보가 들으면 지하에서도 벌떡 일어날 일이다.

눈길을 아성림 비석의 앞쪽으로 두면 신도가 쭉 이어져 있고, 주변으로 돌리면 맹모림과 마찬가지로 곳곳에 무덤이 있다. 나무를 둥그렇게 둘러싼 벽돌이 보이면 무덤 하나라고 생각하면 된다. 그렇게 신도를 따라 약 500m를 걸으면 건물 하나가 눈을 막아선다. 향전享殿이다. 향전은 맹자 후손들이 맹자에게 제사를 지내는 건물이다.

맹림의 향전 입구.

맹림의 향전.

손복의 〈신건맹자묘기 新建孟子廟記〉를 읽다

입구에 도착해서 잠시 숨을 고르고 마음을 가지런히 하여 향전의 뜰을 밟는다. 주변이 고요해지고 멀리서 새소리가 들렸다 사라진다. 향전은 아담하게 잘 관리되어 있다. 향전 내부에 들어서면 맹자의 영정을 만나게 된다. 왠지 구부정하게 표현되는 공자와는 달리 훤칠하고 당당한 풍모이다. 잘생겼다.

향을 피우고 인사를 한 후 잠시 그 앞에 앉아 묵상을 했다. 일행들과 관리인도 그 모습이 흥미로웠는지 내가 일어설 때까지 자리를 떠나지 않는다. 늘 그렇듯이 책에서 본 맹자와 유적지에서 만난 맹자는 다르다. 책은 그의 사상에 집중하게 만들지만, 현장은 사람 자체에 집중하게 만드는 묘한 매력이 있다. 맹자가 갔던 곳을 거닐면 '그가 무엇을 생각했을까?'를 곰곰이 따져 보게 된다. 맹자가 묻힌 곳을 오니 '그는 죽음을 앞두고 무슨 생각을 했을까?'라는 생각이 떠나지 않는다.

맹자의 영정을 뒤로하고 향전의 왼쪽에 마련된 공간에 들어서면 네 기의 비석이 나란히 서 있다. 이중 하나가 바로 공도보가 맹자묘를 세우게 된 전말을 생생히 기록한 북송시대의 〈신건맹자묘기비〉이다. 하지만 실내가 너무 어두워서 어떤 것인지 구별하기가 어렵다. 불을 켤 수도 없어 비석을 손으로 더듬어 읽었다. 한 자 한 자 감동이 밀려온다. 이 비문은 꼭 한 번 읽어 보았으면 좋겠다.

공자가 세상을 떠난 뒤 오랜 시간 동안 불온한 사상이 판치고 위험한 움직임이 넘쳐 나서 우리 성인의 도를 허물어뜨리는 사람이 참으로

맹자와 마주하고 묵상하다.

〈신건맹자묘기비〉를 만나다. 손으로 한 자 한 자 더듬어 읽는다.

많다. 양주와 묵적이 그런 현상의 우두머리이므로 그들의 죄가 심각하다. 공자가 세상을 떠난 뒤 오랜 시간 동안 불온한 사상을 물리치고 위험한 움직임을 바로잡아서 우리 성인의 도를 도운 사람이 참으로 많다. 맹자가 그런 일의 머리이므로 그의 공이 크다. 과거의 두 마귀는 공자의 시대와 채 100년도 차이가 나지 않았지만 제 부모와 제 임금을 부정하는 이야기를 온 세상에 퍼뜨리니, 온 세상 사람들이 그 이야기에 홀려서 넘어갔다.

아! 공자의 말처럼 임금은 임금답게, 신하는 신하답게, 아비는 아비답게, 자식은 자식답게 사는 것이 나라를 이끌어 가는 큰 원칙이고 인륜의 큰 뿌리이니 잠깐이라도 없을 수가 없다. 하지만 저들은 이를 없애려고 하니, 이는 온 세상 사람을 내몰아서 문명 세계를 버리고 야만 세계로 들어서는 것이다. 어떤 재앙이 이보다 심할 수 있겠는가? 맹자가 아니었다면, 누가 이 세상을 구했을까? 그래서 맹자가 떨치고 일어나 요, 순, 우, 탕, 문, 무, 주공, 공자의 말씀을 크게 펼쳐서 저들을 몰아내고 그 후환을 끊어 버렸다. 온 세상 사람을 야만 세계에서 건져 내어 다시 문명 세계로 돌려놓았다. 비로소 우리 성인의 도가 찬란히 빛이 나서 땅에 떨어지지 않게 되었다.

그러므로 한나라 양웅揚雄이 말한 적이 있다. "옛날에 양주와 묵적이 사람의 길을 막자 맹자가 그들을 물리쳐서 길을 내니 참으로 탁 트였다." 당나라 한유韓愈가 말했다. "나는 맹자의 공이 우임금의 아래에 있다고 생각하지 않는다." 양웅이 맹자의 공을 표현한 말은 한유의 말만큼 깊지도 지극하지도 않다. 왜 그럴까? 큰물이 이곳저곳으로 흘러넘쳤을 때 위대한 우임금이 아니었더라면 온 세상 사람들은 물고기와 자라 신세가 되었을 것이다. 양주와 묵적이 극단적인 언행을 일삼을 때 맹자가 아니었더라면 온 세상 사람들이 날짐승과 들짐승의 신세가 되었을 것이다.

경우景祐 연간 정축년(1037) 섣달에 용도각龍圖閣 학사 공도보가 노나라 동쪽 지역, 즉 연주지사에 임명된 지 2년이 되었다. 공도보는 성인 공자의 후손으로 큰 가르침을 넓히고 이 문화를 다시 일으키는 것을 자신의 임무로 삼았다. 그는 일찍이 말한 적이 있다. "여러 유학자 중 성인의 문하에 공을 세운 사람이라면 맹자보다 앞서는 사람이 없다. 맹자는 두 마귀의 재앙을 힘껏 바로잡아서 후손들에게 제사를 받지 못하게 했다. 이처럼 물리침이 심했다."《예기》〈제법〉에 따르면 "커다란 재난을 막거나 사회적 위기를 벗어나게 하면 국가적으로 제사를 지낸다"고 했다. 맹자는 커다란 재난을 막고 사회의 위기를 벗어나게 했다. 추읍은 옛날 맹자의 고향이고 지금은 공도보가 관할하는 지역의 속읍이다. 마땅히 맹자의 무덤을 찾아 표창하고 그의 사당을 새롭게 세워 제사 지내서 열렬한 마음을 밝혀야 한다. 관리로 하여금 유적을 찾게 하니, 추읍 읍성의 동북 30리에 쓰지산이 있는데, 과연 쓰지산 자락에서 맹자의 무덤을 찾았다. 마침내 풀과 잡목을 베어 내어 사당을 짓게 했다. 제자 공손추와 만장 등을 배향했다. 다음 해 봄 맹자묘가 완성되었다. 태산에 사는 손복으로 하여금 문장을 지어 이 사실을 기록하여 다시금 공자를 배우고 맹자를 그리워하게 했다. 세상에 불온하고 위험한 사상을 따르던 자들도 늘 이어서 닦으려고 한다. 하물며 공도보의 명을 받고서 맹자묘 건립의 사정을 기록하는데, 어찌 감히 사양할 수 있으랴? 아! 양웅이 맹자의 공을 드러낼 수 있었지만 제대로 다 드러내지 못했다. 한유가 제대로 다 드러낼 수 있었지만 제사를 드릴 수 없었다. 오직 공도보만이 맹자의 공을 제대로 다 드러내고 제사 지낼 수 있었으니 어찌 아름답지 않은가! 그러므로 사실대로 적는다.

대송 경우 5년(1038) 6월 6일에 쓰다.[6]

손복의 글이다. 그는 맹자가 수행했던 과업과 의의 그리고 공도보가 잊힌 맹자를 찾기 위해 바친 수고를 간명하게 잘 표현하고 있다. 이렇게 맹자의 재림이 시작된 것이다.

---

6 孔子旣歿, 千古之下, 駕邪怪之說, 肆奇險之行, 侵軼我聖人之道者衆矣, 而楊墨爲之魁, 故其罪爲. 孔子旣歿, 千古之下, 攘邪怪之說, 夷奇險之行, 夾輔我聖人之道者多矣, 而孟子爲之首, 故其功鉅. 昔者二堅去孔子之世未百年也, 以無父無君之敎行于天下, 天下惑而歸之. 嗟乎! 君君臣臣父父子子, 邦國之大經也, 人倫之大本也, 不可斯須而去矣. 而彼皆無之, 是驅天下之民, 舍中國而之夷狄也, 禍孰甚焉? 非孟子, 孰能救之? 故孟子慨然憤起, 大陳堯·舜·禹·湯·文·武·周公·孔子之法, 驅除之, 以絶其後. 援天下之民于夷狄之中, 而復置之中國. 俾我聖人之道炳焉而不墮. 故揚子雲有言曰: "古者楊墨塞路, 孟子辭而辟之, 廓如也." 韓退之有曰: "孟子之功, 余以爲不在禹下." 然子雲述孟子之功, 不若退之之言, 深且至也. 何哉? 洚水橫流, 大禹不作, 則天下之民魚鼈矣. 楊墨暴行, 孟子不作, 則天下之民禽獸矣, 謂諸此也.

景祐丁丑歲夕, 拜龍圖學士孔公爲東魯之二年也. 公聖人之後, 以恢張大敎興復斯文爲己任. 嘗謂諸儒之有大功于聖門者, 無先于孟子. 孟子力平二堅之禍, 而不得血食于後, 玆其闕也甚矣. 祭法曰: "能御大灾則祀之, 能捍大患則祀之." 孟子可謂能御大灾捍大患者也. 且鄒昔爲孟子之里, 今爲所治之屬邑. 吾當訪其墓而表之, 新其祠而祀之, 以旌其烈. 俾其官吏博求之, 果于邑之東北三十里有山曰四基, 四基之陽得其墓焉. 遂命去其榛莽, 肇其堂宇. 以公孫丑·萬章之徒配, 越明年春, 廟成. 俾泰山孫復文而志之, 復學孔而睎孟者也, 世有蹈邪怪奇險之迹者, 常思嗣而攻之, 況承公命而志其廟, 又何敢讓? 嘻! 子雲能述孟子之功, 而不能盡之, 退之能盡之, 而不能祀之. 惟公也, 旣能盡之, 又能祀之, 不其美哉! 故直筆以書. 時大宋景祐五年, 歲次戊寅六月六日記.

거대한 봉분 위에 나무가 자라다

안이 얼마나 어두웠는지 밝은 눈이 부실 지경이었다. 향전의 뒤쪽으로 들어서니 돌담으로 둘러싸인 작은 동산이 보인다. 그 앞에는 측백나무 한 그루가 보초를 서고 제단과 비석이 있다. 맹자의 묘墓이다. 그런데 봉분은 어디 있을까? 궁금해 할 필요가 없다. 바로 눈앞에 있는 돌담으로 둘러싸인 작은 동산 전체가 거대한 봉분이다. 그러나 묘와 제단의 거리가 좁고 바로 앞에 향전의 벽이 있어서 사진 찍기가 고역스럽다. 청광서 13년《중찬삼천지》를 보면 맹자 무덤은 지금과 달리 문신석도 있고 꽤 넓었음을 알 수 있다.

무덤 앞으로 다가가 보자. 무덤의 비석에는 해서楷書로 '아성맹자묘亞聖孟子墓' 다섯 글자가 쓰여 있다. 이것은 청제국 도광 14년(1834) 맹자 70대손 맹광균孟廣均이 중건할 때 쓴 것이다. 원래 무덤 앞에는 원세조 지원至元 14년(1277)에 산둥성 제형提刑 곽천상霍天祥이 전각한 '선사추국공묘先師鄒國公墓'라 쓰인 석비가 있었지만 지금은 없다.

한 사람이 묻히는 공간이야 대동소이하지만 무덤의 크기로 망자의 위대함을 표현하는 것은 오래된 관습이다. 일행들도 뜻밖의 모습에 이리저리 둘러보느라 경건함은 뒷전이다. 담장을 따라 맹자의 무덤을 한 바퀴 둘러보는 것도 간단치 않다. 규모도 크지만 온갖 초목이 우거져서 발길을 방해한다. 한국 사람이 이런 맹자의 무덤을 보면 누구나 의구심이 들 것이다. '왜 맹자와 같은 인물의 봉분 위에 나무와 풀이 자라도록 방치했을까?'

우리는 성묘를 가면 무덤에 자라는 풀과 나무를 정리한다. 즉 무덤

1. 아성 맹자묘.
2. 돌담으로 둘러싸인 거대한 봉분의 뒷모습. 작은 동산이다.
3. 《중찬삼천지》의 맹자묘 배치도. 지금과 달리 규모가 웅장하여 당시 맹자의 위상을 알 수 있다.

에 나무와 풀이 자라면 무덤을 제대로 관리하지 않았다고 생각한다. 하지만 중국은 우리와 문화가 다르다. 봉분에 나무가 자라는 것은 공자묘도 마찬가지이다. 즉 맹자묘만 그런 것이 아니다.

관우의 무덤인 관총.

삼국시대의 영웅 관우의 무덤인 뤄양洛陽낙양의 관총關塚도 그렇다. 앞서 다녀온 맹모림도 그랬다. 그러므로 우리의 의구심은 문화적 차이에서 생긴 오해일 뿐이다. 한국 사람에게는 봉분 위의 나무와 풀이 이상하게 보이지만, 중국 사람에게는 조금도 이상하지 않다. 오히려 초목이 없는 봉분이 이상하게 보인다. 그렇다면 제대로 된 질문을 던져 보자. '중국에서는 왜 봉분에 나무와 풀이 자라게 그냥 두는 것일까?'

나는 이와 관련해서 일찍부터 궁금증을 가지고 있다가 최근에야 비로소 그 의문을 풀게 되었다. 《사기》〈진세가晉世家〉에 나오는 공자 중이重耳, 즉 진晉나라 문공의 이야기에서 실마리를 찾은 것이다.

중이는 정변에 휘말려서 죽음의 위기에 처하자 적狄으로 망명을 떠난다. 그 후 적나라에서 부인을 얻어 자식까지 낳은 중이는 제후가 되겠다는 본래의 야망과 현실에 안주하려는 욕망 사이에서 갈등한다. 마침내 그는 19년의 망명 생활을 청산하고 진나라로 돌아가기로 결심한다. 이때 중이가 적에서 만난 아내와 헤어지면서 다음과 같은 대화를 나눈다.

待我二十五年不來, 乃嫁.
대아이십오년불래 내가.

내가 25년을 기다려도 오지 않으면 그땐 미련 없이 재혼하시오.

犁二十五年, 吾冢上柏大矣. 雖然, 妾待子.
리이십오년, 오총상백대의. 수연, 첩대자.

25년을 기다리면 제 무덤의 측백나무가 크게 자랄 것입니다. 그렇더라도 나는 변치 않고 당신을 기다릴 겁니다. _〈진세가〉

중이는 진나라로 돌아가 결국 제후(문공)가 되고 춘추시대의 패자가 되었다. 그리고 적에서 만난 아내를 진나라로 불러들여서 상봉한다. 두 사람의 사랑 이야기도 감동적이지만 여기서는 무덤에 측백나무가 자란다고 한 말에 주목하자. 중이 아내의 무덤에 측백나무가 자란다면, 맹자의 무덤에 측백나무나 다른 초목이 자라는 것을 보고 '이상하다'고 생각할 일이 아닌 것이다.

그렇다면 왜 측백나무일까? 아니다. 다른 나무도 있으므로 '왜 측백나무가 많을까?'로 질문을 바꾸자. 답은 측백나무의 특성에 있다. 측백나무는 늘 푸른 상록수이고 천천히 자란다. 이 때문에 측백나무는 고인이 죽어도 죽지 않은, 영원히 살아 있는 상징이 되었다. 특히 사당과 무덤을 찾으면 측백나무가 많다.

옛 주나라 왕족의 묘에도 자손의 번성을 기원하며 측백나무를 심었다. 도가에서는 측백나무의 열매와 잎이 불로장생을 가져온다고 여겨서 음식으로 상용하기도 했다. 이러한 관심과 문화가 무덤의 주변뿐 아니라 봉분에도 측백나무를 심게 만들었을 것이다.

이렇게 보면 돌(비석), 묘廟(사당, 제사), 측백나무는 공통점을 지니고 있다. 비록 몸은 죽지만 기억에서는 죽지 않으려는 불사 또는 불멸의 욕망을 나타내고 있는 것이다.

삼가총三家塚

'맹림'에는 맹자와 맹씨 후손만 묻혀 있는 것이 아니다. 다른 성씨의 사람도 묻혀 있다. 맹씨의 권위를 생각한다면 범상치 않은 인물들임에 분명하다. 과연 그들은 누구일까? 무덤의 주인공을 알면 의문은 곧 풀린다. 무덤의 이름은 '삼가총三家塚'과 '한노왕묘漢魯王墓'이다. 이들은 맹자보다 먼저 이미 쓰지산 자락에 들어와 있었.

먼저 삼가총은 맹자의 무덤에서 서쪽으로 200여 m 떨어진 곳에 세 무덤이 나란히 있는 것을 일컫는다. 그렇다면 '삼가'는 누구를 가리키는가? 바로 춘추시대 노나라 환공桓公의 네 아들, 즉 경보慶父, 동同, 아牙(숙아叔牙), 우友(계우季友) 중에 환공을 이어 장공莊公이 된 동을 제외한 세 사람의 집안을 가리키는 말이다. 즉 맹손씨 경보, 숙손씨 숙아, 계손씨 계우를 말한다. 이들을 합쳐서 환공의 세 자식 '삼환三桓'이라 부르고 대부의 가문이라 해서 '삼가三家'라고 불렀던 것이다. 삼가총은 이 삼환의 무덤이다.

앞서 밝힌 대로 오늘날 맹씨는 맹자를 시조로 여기지만 맹씨의 오랜 기원을 따지면 맹손씨 경보가 시조가 된다. 그리고 삼환은 한 형제였기 때문에 숙손씨와 계손씨도 함께 이곳에 터를 잡았던 것이다. 시간의 순서를 생각하면 맹림은 이 삼가총에서 비롯된 것인지도 모른다. 그래서 맹림은 맹손씨 경보와 맹자, 즉 맹씨의 먼 시조와 실질적 시조를 모시고 있는 성지라고 할 수 있다.

이때 성지는 두 가지 의미를 가진다. 하나는 맹씨 가문의 입장에서 성스러운 곳이다. 그리고 다른 하나는 맹자의 사상을 배우고 맹자를 닮으려는 사람들에게 성스러운 곳이다.

한노왕묘漢魯王墓

한편, 한노왕묘漢魯王墓는 서한시대 노 지역에 분봉된 왕들의 무덤을 가리킨다. 경제景帝의 아들 유여劉餘(?~128 BC)가 처음으로 노 지역의 왕이 되었다. 한노왕묘는 맹림이 있는 쓰지산을 포함한 인근의 산에 두루 분포되어 있다. 구체적으로 말하면 주룽산九龍山구룡산의 남쪽 산허리에 5기가 있고, 팅산亭山정산의 북쪽 산허리에 2기가 있으며, 쓰지산과 윈산雲山운산에 6기가 있는데, 모두 13기이다. 이들은 전체적으로 동서 방향으로 줄지어 있는데 특이하게도 산의 바위를 통째로 깎아서 무덤을 만들었다. 1970년에 주룽산의 4기를 발굴했는데 무덤의 형식은 모두 비슷했다고 한다.

이산도 그렇지만 쓰지산을 포함한 이 일대의 산들은 바위산이 많다.

주룽산 한노왕묘. 산의 정면을 깎아 만든 입구가 보인다.

그렇다면 어떻게 바위를 깎아서 무덤을 만들었을까? 이미 발굴된 주룽산의 한노왕묘를 찾으면 그 정체를 확인할 수 있다.[7] 그리고 무엇을 상상하든 그 이상을 보게 된다. 호기심과 궁금증이 나를 움직이는 못 말리는 열정으로 이어질 때, 비로소 인문기행은 충실해진다.

해가 지고 있다. 남은 햇살에 길게 뻗은 신도가 황금빛으로 물들어 간다. 인간 맹자는 2300년 전에 죽었다. 지금 그의 죽음을 슬퍼할 리 없다. 우리는 맹림에서 맹자의 재림을 확인하며 발길을 돌린다.

---

[7] 주룽산에는 명노왕묘明魯王墓가 있다. 한노왕묘와 혼동하지 않도록 주의해야 한다.

03 사마천, 맹자를 푸대접하다

　　　　　　음식점에 가서 기껏 주문을 했는데 다른 음식이 나오는 수가 있다. 그때 우리는 주인을 불러서 주문과 다르다고 항의를 한다. 책을 사기 전에는 제목과 목차를 훑어보고 구매를 결정한다. 그런데 책을 읽다 보면 제목과 다른 내용이 나오는 수가 있다. 우리는 저자를 호출할 수 없어서 '제목으로 사람을 낚았다!'라는 불만을 터뜨린다. 왜 이런 이야기를 하는 것일까? 《사기》를 지은 사마천이 제목과 다른 글을 썼기 때문이다. 중국의 역사에서 한 사람의 위상을 가늠하려면 사마천의 《사기》를 살피지 않을 수 없다.

　《사기》는 기紀, 세가世家, 열전列傳, 표表, 서書라는 독특한 체계로 구성되어 있다. 기는 제왕을 주인공으로 삼아 국가 대사를 다룬다. 세가는 제왕의 임명을 받아 일정 영역을 다스리는 제후의 이야기이다. 그리고 열전은 주로 말로 지시하는 제왕이나 제후와 달리, 발로 현장을 뛰어다니며 문제를 해결하는 전문가 사士의 이야기를 다루고 있다. 표는 다루는 시대와 인물의 선후 관계를 알기 쉽도록 표로 그린 것이다. 사마천의 천재다운 면모를 확인할 수 있는 부분이다. 서는 문화, 음악, 법률, 천문, 하천, 경제(물가) 등의 실태를 기록하고 있다.

〈맹자순경열전〉에는 주인공이 따로 있다

사마천이 맹자를 기록한다면 어디에서 다룰까? 결코 대답하기 어려운 문제가 아니다. 맹자는 제왕이나 제후가 된 적이 없으므로 당연히 〈열전〉에서 다룰 것이다. 아니나 다를까, 사마천은 《사기》 전체로 보면 권74, 〈열전〉만으로 보면 제14편에서 맹자를 다룬다. 그 제목은 〈맹자순경열전孟子荀卿列傳〉이다. 해당 페이지를 펼치기 전에, 우리는 〈맹자순경열전〉이니 당연히 맹자와 순자의 이야기가 중심이리라 예상하게 된다. 그러나 책장을 넘기면 이런 기대는 완전히 무너진다. 〈맹자순경열전〉에는 맹자와 순자만이 아니라 같은 시대의 사상가 16명이 함께 등장하기 때문이다. 맹자는 그저 18인 중 한 명일 뿐이다.

사마천은 맨 앞에 맹자를 두고 이어서 삼추자三騶子 중 추기騶忌(1), 추연騶衍(2)을 다룬다. 그리고 추연이 제나라의 직하학궁에서 만났던 직하 선생들, 즉 순우곤淳于髡(3), 신도愼到(4), 환연環淵(5), 접자接子(6), 전병田駢(7), 추석騶奭(8) 등을 소개한다. 다음으로 순자를 다루는데, 그가 장주莊周(9)를 탐탁하지 않게 여긴 점을 언급한다. 순자 뒤에 다시 조나라의 공손룡公孫龍(10), 극자劇子(11), 위魏나라의 이회李悝(12), 초나라의 시자尸子(13), 장로長盧(14), 제나라의 우자吁子(15)를 간단하게 소개한다. 그리고 마지막으로 묵적墨翟(16)을 소개하고 열전을 끝낸다.

물론 글의 구성을 보면 맹자와 순자를 중심에 둔다고 할 수 있다. 맹자를 가장 먼저 다루고 맹자와 비슷한 시기에 활약했던 (1)~(8)을 소개한 다음, 다시 순자를 먼저 다루고 순자와 비슷한 시기에 활약했던 (9)~(16)을 소개하고 있다. 맹자와 순자를 중심에 놓고서 각각 8명의 사상가를 병기하는 형식인 것이다. 하지만 글자 수를 살펴보면 이야기가 달라진다. 〈맹자순경열전〉은 모두 1,441자로 되어 있다. 사마천은 이 1,441자 중에 중심 인물인 맹자를 소개할 때 214자를 쓰고, 순자를 소개할 때 193자를 쓰고 있다. 백분율로 따지면 맹자가 약 15%, 순자는 약 13%를 차지하고 있다. 두 사람을 합치면 약 28%이다. 그뿐인가. 사마천은 맹자와 순자를 다루면서도 샛길로 빠진다.

여기서 의문이 든다. 제목을 〈맹자순경열전〉으로 달아 놓고서 주인공을 약 28%의 비중으로 처리한다면, 도대체 누구를 더 많이 다루는 것일까? 사마천은 519자를 들여서 삼추자 중의 한 사람인 추연을 소개하고, 244자를 들여서 순우곤을 소개하고 있다. 이들의 비중이 각각 36%, 17%에 달한다. 거기다 추기와 추석을 함께 고려하면 삼추자의 비중은 더 늘어난다. 이런 비중을 감안한다면 〈맹자순경열전〉은 〈삼추자순우곤열전〉 또는 〈추연순우곤열전〉으로 제목이 바뀔 만하다. 그래야 명실이 상부하게 되기 때문이다.

사마천의 현실주의 역사관

사마천은 도대체 왜 제목은 〈맹자순경열전〉으로 달아 놓고 맹자와 순자를 찬밥 취급하고 있는 것일까? 사실 그 이유를 알고 나면 우리는 위대한 역사가 사마천에 대해 실망감마저 느낄 수 있다. 사마천은 《사기》에서 철저한 현실주의 원칙을 고수하고 있기 때문이다. 훗날 반고는 역사 서술에서 이념과 가치의 중요성을 역설하며 사마천의 현실주의를 강력하게 비판한 적이 있다. 사마천의 현실주의란 행위자의 신분이나 지위, 행위의 가치와 정당성을 따지지 않고 현실에 영향력을 행사하여 특정 영역의 사회 질서를 창출한 것을 긍정하는 것이다.

이러한 현실주의로 인해 과거 또는 미래의 역사에서 다루어지지 않을 인물들이 《사기》의 세계로 들어오기도 한다. 예컨대 열녀전을 다룰 때 언급한 여태후呂太后는 한나라 고조 유방의 부인이므로 〈고조본기〉에 간단하게 서술되거나 〈외척열전〉에 다룰 만한 인물이다. 하지만 여태후는 고조가 죽은 뒤에 병약한 황제를 무력하게 만들고 스스로 천자 노릇을 수행했다. 사마천은 이러한 현실을 고려해서 '과감하게' 여태후를 〈고조본기〉에 이어 〈여태후본기〉로 다루었다. 즉 여태후를 사실상 천자로 간주한 것이다.

공자도 왕족의 후예라고 하지만 생전에 제후도 아니었고 권문세가 출신도 아니었다. 그를 다룬다면 기껏해야 〈공자열전〉이나 〈유림열전〉의 한 페이지를 장식하면 충분하다. 하지만 사마천은 공자를 〈공자세가〉라는 제목으로 세가에서 다룬다. 공자를 제후의 반열로 취급한 것이다. 공자가 실제 제후는 아니었지만 생전과 사후의 영향력이 제후의 그것에 버금

간다는 점을 인정한 것이다.

이외에도 〈자객열전〉과 〈화식열전〉 등이 있다. 〈자객열전〉에서는 일의 성사를 위해 살인도 마다하지 않는 자객이 주인공이다. 그리고 〈화식열전〉은 사람들이 도덕적 가치를 돌아보지 않고 오직 이익만을 위해 동분서주하는 모습을 담담하게 담아내고 있다.

사마천의 현실주의는 이념으로 역사를 재단하지 않는다. 오늘날의 공리주의나 자유주의로 통할 수 있는 특성을 가지고 있다. 그렇다고 그가 역사를 승자의 전유물로 간주한 것은 결코 아니다.

사마천은 여태후를 최초의 여성 천자로 다루면서도, 천자의 체면을 살리기 위해 역사를 미화하지 않는다. 한고조 유방은 말년에 여태후보다 척부인戚夫人을 더 사랑했다. 그녀의 아들을 후계자로 삼으려고 했을 정도이다. 여태후는 유방이 죽자 천자의 권력으로 척부인의 몸과 영혼을 철저하게 파괴한다. 그녀의 팔다리를 자르고 귀와 눈을 멀게 하고 목을 부러뜨려 돼지우리에 집어넣은 것이다. 그리고 인체人彘, 즉 사람 돼지라고 불렀다. 사마천은 오늘날 좀비 영화나 하드코어 영화에나 나올 법한 감독 겸 주연 여태후의 광기를 가감 없이 그대로 역사에 담아내고 있다.

이렇게 사마천은 강자에게 굽히지 않고 약자를 모른 체하지 않는, 균형 잡힌 현실주의에 기초한 역사를 구현하고자 했다.

〈맹자순경열전〉, 현실의 승패를 서술하다

이제 사마천의 현실주의 원칙에 따라 〈맹자순경열전〉을 살펴보자. 맹자와 순자는 모두 제나라 직하학궁에 있었고 자신과 뜻을 함께할 제후를 찾아 유세의 길을 다녔다. 특히 순자는 직하학궁의 대표 역할을 수행하기도 했다. 하지만 맹자는 만나는 제후마다 번번이 퇴짜를 맞았다. 순자는 초나라의 정치적 후원자인 춘신군春申君의 도움으로 정치에 입문하지만 춘신군의 사후에 면직되었다. 이렇게 두 사람은 후대의 기준으로 보면 위대한 사상가이지만 당시의 기준으로 보면 사회적 영향력이 대단한 인물은 아니었다.

추연과 순우곤은 어떨까? 추연은 음양陰陽이 서로 늘어나고 줄어드는 힘의 변화를 통해 자연과 사회의 미래가 어떻게 될지를 예언했다. 오늘날로 보면 미래학자라고 할 수 있다. 추연의 말 한마디면 망해 가는 나라가 미래의 주인공이 될 수도 있고, 현재 잘나가는 나라가 곧 멸망의 길을 걷게 될 수도 있었다. 당시 제후들은 추연에게 자신이 미래의 주인공이 될 수 있다는 소리를 듣고 싶어 했다. 추연이 방문하면, 제후들이 직접 비를 들고 청소를 하고, 궁을 새로 지어서 머물 곳을 마련할 정도였다.

또 순우곤은 어떤가? 맹자는 양나라 혜왕을 만나서 서로 입장 차이만 확인하고 금세 결별한다. 하지만 순우곤은 혜왕을 만나서 3일 밤낮 동안 이야기꽃을 피웠다. 혜왕은 순우곤을 공경과 재상의 지위로 대우하려고 했지만 순우곤은 표표히 양나라를 떠났다. 혜왕은 어찌나 아쉬웠던지 떠나는 순우곤에게 수레, 비단, 황금을 예물로 주었다.

이렇게 〈맹자순경열전〉은 당시에 환영을 받았던 추연, 순우곤과 냉대를 받았던 맹자와 순자를 극명하게 대비시키고 있다. 사마천은 조연이 각광을 받고 주연이 어둠 속에 서 있는, 시대의 명암을 고스란히 묘사하고 있는 것이다.

　사마천 이후를 보면 사정이 또 다르다. 맹자는 철학사의 슈퍼스타가 되었고 순자는 뛰어난 이론가의 대접을 받는다. 하지만 추연과 순우곤은 그들의 책도 전해지지 않고 그들을 아는 사람도 드물다. 인생역전이라고 해야 할까? 우리는 〈맹자순경열전〉을 통해 현실의 승패와 역사의 승패가 변주되는 한 편의 드라마를 본 셈이다.

04 # 조기趙岐, 맹가를 살린 사람

《맹자》에 처음으로 주석을 달다

'조기'라고 하면 먹는 생선이 아니라 한나라의 경학자를 떠올릴 사람이 얼마나 될까? 조기趙岐(108~201)는 《맹자》를 읽고 맹자를 닮으려는 사람이라면 반드시 기억해야 할 이름이다.

북송의 공도보가 맹자를 찾아 국가의 제사 대상으로 삼았다면 조기는 《맹자》가 사람들에게 쉽게 읽힐 수 있도록 문단을 나누고 글자를 풀이하는 등 최초로 주석서를 썼다. 이것이 조기의 《맹자장구孟子章句》이다.

조기의 주석을 보지 않고 《맹자》를 읽으면 지금보다 몇 배로 고통스러웠을 것이다. 모르는 단어를 찾고, 나오는 사람을 조사하고, 앞뒤 맥락을 연결시키려면 한 구절만 해석하는 데도 많은 시간이 걸릴 수밖에 없

조기의 초상화.

다. 그러니 조기는 《맹자》를 읽으려는 사람들의 수고를 덜어 준 큰 공을 세운 사람이다.[8]

이렇게 이야기가 끝이 나면 '조기는 《맹자》의 주석을 단 최초의 사람이다'라는 사실만 기억될 뿐이다. 그러나 조기는 맹자와 같이 파란만장한 인생역정의 주인공이다. 한 편의 영화로도 손색없는 조기와 《맹자》의 인연을 따라가 보자.[9]

'대장부大丈夫' 조기의 영화 같은 인생

조기는 대대로 학문을 익혀서 벼슬을 살던 집안에서 태어났다. 그는 젊어서부터 고전 문헌에도 밝았고 나름대로 재주도 많았다. 그리고 당시 최고의 고전학자로 알려진 마융馬融의 조카와 결혼했다. 보통은 조기와 마융 두 사람이 모두 학계에 종사하고 인척이 되었

---

8 조기 주석의 특징과 관련해서 이연승, 〈조기의 맹자장구에 대한 소고〉, 《퇴계학논집》 제121집, 2007, 147~148쪽 참조.
9 조기의 행적은 《후한서》 권64 〈오연사노조열전吳延史盧趙列傳〉 제54에 나온다. 이 열전은 조기의 단독 열전이 아니라 오우吳祐, 연독延篤, 사필史弼, 노식盧植 등과 함께 공동으로 다루어진다.

으므로 서로 잘 지냈으리라 생각할 수 있다. 하지만 조기는 처가가 힘깨나 쓰는 집안이라고 탐탁지 않게 여겼고 또 청렴한 성격이라 남들의 오해를 살까 봐 늘 거리를 두고 지냈다. 그러던 중에 《주례周禮》를 읽다가 풀리지 않는 부분이 나오자 비로소 마융을 찾아 도움을 청했다고 한다. 마융의 학문은 인정하지만 다른 것은 인정하지 않겠다는 의미였다.

이런 조기의 외골수 인생은 30세에 큰 위기를 맞는다. 그는 그때부터 시름시름 큰 병을 앓은 것이다. 처음에는 며칠 앓다가 금방 자리를 털고 일어날 줄 알았지만 그것이 아니었다. 무려 7년이나 병상에 누워서 지냈다. 성격이 모나고 뜻이 큰 사람이었으니 더더욱 자신을 힘들게 만들었으리라. 조기는 투병 생활이 길어지자 형의 아들을 불러 자신의 심경을 밝혔다.

> 大丈夫生世, 遯無箕山之操, 仕無伊呂之勳, 天不我與, 復何言哉!
> 대장부생세, 둔무기산지조, 사무이여지훈, 천불아여, 부하언재!

> 대장부가 세상에 태어나서 숨어 살며 허유許由와 같은 지조를 지키지 못하고 벼슬 살며 이윤伊尹과 여상呂尙(강태공)과 같은 공훈을 세우지 못했다. 하늘이 나에게 기회를 주지 않으니 달리 무슨 말을 하겠느냐? _《후한서》〈조기열전〉

조기의 말에 나오는 '대장부'는 맹자가 〈등문공〉 하2에서 강조한 말이다. '대장부는 세상의 중심에 서서 뜻을 얻으면 백성과 함께하고 뜻을 얻지 못하면 혼자서 진리의 길을 걸어간다. 그리고 대장부는 부귀, 빈천,

권력에 의해 기죽지도 흔들리지도 않는 기상을 지니고 있다.'

아마 조기가 《맹자》에 주석을 단 것은 이 '대장부'에 매료되었기 때문일 것이다. 그는 평생을 맹자의 '대장부'처럼 살려고 노력한 인물이었다. 이어서 조기는 조카에게 자신의 무덤 앞에 새길 16글자의 묘비명을 일러 준다.

漢有逸人, 姓趙名嘉. 有志無時, 命也奈何!
한유일인, 성조명가. 유지무시, 명야내하!

한나라에 은사가 있었는데, 성이 조이고 이름이 가이다. 뜻이 있었지만 때를 만나지 못했다. 이 또한 운명이니 어찌할 수 없구나! _《후한서》〈조기열전〉

조기는 본명이 '조가'였지만 다음에 살펴볼 '50세에 겪게 될 사건' 때문에 이름을 '조기'로 바꾸었다. 아직 그 사건을 겪기 이전이라 자신의 이름을 조가로 밝히고 있다. 한창 힘을 떨쳐야 할 젊은 나이에 병상에만 누워 있었으니 얼마나 참담했을까? 그는 그간 끓인 속을 담담하게 내려놓는다. "有志無時." 하늘이 자신에게 기회를 주지 않으니, 그것을 운명으로 돌리고 있다. 하긴 '운명'에 돌리지 않으면 이 상황을 어떻게 받아들일 수 있겠는가?

그런데 이게 웬일인가? 그렇게 모든 걸 내려놓고 세상을 떠날 준비를 하니, 7년을 끌던 병이 하루아침에 기적처럼 나았다. 뜻이 있어도 그 뜻을 펼치지 못한 마음의 병이 더 컸던 것일까? 자신을 옭아매던 마음을 내려놓으니 거짓말처럼 병이 나은 것이다.

조기, 도망자 신세가 되다

건강을 회복한 조기는 영흥永興 2년(154)에 관직에 나아갔다. 처가를 가까이하지 않을 만큼 타협을 모르는 성격을 고려하면 벼슬길이 순탄하지 않았으리라 짐작할 수 있다. 당시의 권력자 환관 당형唐衡의 형 당현唐玹은 평판이 좋지 않았다. 그런 당현이 경조京兆(수도)를 지키는 호아도위虎牙都尉 직책을 맡게 되었을 때, 조기와 그의 종형 조습趙襲은 당현을 여러 차례 비판한다. 당현은 이런 조기를 눈엣가시와 같은 존재로 여겼는데, 마침 경조윤京兆尹으로 승진까지 하게 되었다. 조기는 당현이 자신의 권력을 믿고 반드시 무슨 일을 꾸미리라 예상하고 당질 조전趙戩과 함께 도망친다. 예상한 대로 당현은 조기 집안의 사람들을 중죄에 연루시켜서 마구잡이로 죽였다.

도망자가 된 조기는 자신의 신분을 숨겨야 했다. 그래서 본명인 '조가'를 쓰지 않고 '조기'로 개명했던 것이다. 조기는 추격을 피하느라 한 곳에 머무르지 못하고 사방을 떠돌아다녔다. 북해北海에 머무를 때는 병餠(한국의 떡)을 팔며 목숨을 부지했다. 하지만 사람이 죽으라는 법은 없는 모양이다. 이미 50세에 접어든 조기가 20여 세의 은인 손숭孫嵩을 만난 것이다.

손숭은 시장에서 조기를 처음 보자마자 그가 보통 사람이 아님을 직감하고는 자신의 수레에 태운다. 그는 깜짝 놀라는 조기를 안심시킨 뒤에 이야기를 나누었다. 조기도 평소 손숭을 알고 있던 터라 자신의 처지를 사실대로 털어놓는다. 손숭은 그 길로 조기를 데리고 자신의 집으로 돌아온다. 그리고 집 안에 복벽複壁을 만들어 조기를 숨겨 주었다. 조기는 바로 그 복벽 안에서 〈액둔가厄屯歌〉 23장과 《맹자장구》를 지었다.

만약 조기가 당현의 손에 붙잡혔더라면, 손숭을 만나지 못했더라면, 손숭을 만났어도 복벽이 발각되었더라면 《맹자장구》는 존재하지 못했을 것이다. 어쩌면 조기가 정치적 탄압을 받아 도망자가 된 덕분에 《맹자장구》가 세상에 태어났는지도 모른다.

조기는 당현 일가가 죽은 뒤에야 세상에 나와 정치적으로 복권이 되었다. 그 뒤에도 조기는 환관들의 '당고黨錮'[10]로 인해 고초를 겪었다. 하지만 90세를 넘길 정도로 장수했다. 아마도 30대에 앓았던 7년의 질병 덕분이 아니었을까.

《맹자》에서 삶의 길을 찾다

조기는 《맹자》의 주석을 달면서 서문 또는 해제에 해당하는 '제사題辭'를 썼다. 다른 사람들이 흔히 쓰는 '서序'를 피하고 '제사'라는 새로운 제목을 만들어 낸 것이다. 이것 하나만으로도 조기의 인

---

10 당고지화黨錮之禍의 줄임말. 중국 후한 말 환관들이 황제의 총애를 무기 삼아 자신들을 탄핵한 관료들을 처벌하여 보복한 사건을 일컫는다.

간됨을 엿볼 수 있다. 상투적인 걸 달가워하지 않고 남에게 지기 싫어하는 외골수가 그대로 드러난다.

조기는 〈맹자제사孟子題辭〉의 마지막 부분에서 왜 《맹자》의 주석을 달게 되었는지 그 연유를 밝히고 있다.

> 육경의 학문은 선배들이 풀이하여 밝혀 놓은 것이 이미 상세하다. 유가 중 오직 《맹자》는 다루는 내용이 크고 미묘하며 뜻이 깊어서 이해하기가 어려우니 마땅히 조리 있게 풀이할 작업이 필요하다. 이에 내가 들은 바를 적고 경전에 근거해서 증명하여 장과 구를 나누고 모두 본문에 실었다. 장마다 다루는 뜻을 구분하고, 한 장을 상하로 나누니 모두 14권이다. 깊이 따지자면 《맹자장구》는 통달한 사람에게는 해당되지 않고 초학자에게 쓰면 의심과 의혹을 풀 수 있을 것이다. 나는 이 책의 옳고 그름을 살필 수 없으니 후배 중 뛰어난 사람이 틀리고 빠진 부분을 보면 고쳐서 바로잡아 준다면, 이 또한 좋지 않겠는가?[11] _〈맹자제사〉

당시 고전학자들은 《역경》, 《춘추》, 《효경》, 《논어》 등을 파고들었다. 이것은 박사관博士館 제도와 관련이 있을 뿐만 아니라 '오경五經'이 절대

---

11 〈맹자제사〉, 惟六籍之學, 先覺之士, 釋而辯之者, 既已詳矣. 儒家, 惟有孟子, 闊遠微妙, 縕奧難見, 宜在條理之科. 於是, 乃述己所聞, 證以經傳, 爲之章句, 具載本文. 章別其旨, 分爲上下, 凡十四卷. 究而言之, 不敢以當達者, 施於新學, 可以寤疑辯惑. 愚亦未能審於是非, 後之明者, 見其違闕, 儻改而正諸, 不亦宜乎?

적 권위를 가지고 있었기 때문이다. 이런 환경에서《맹자》에 관심을 두는 것조차 특이한 일이었다. 이러한 조기의 관심은《맹자》의 어떤 내용이 준 커다란 울림에서 비롯되었을 것이다.《맹자》의 '대장부'론은 병석에서 죽음을 앞둔 조기의 삶을 지탱하는 생명줄이었을 것이다. 또 양주와 묵적에 대한 맹자의 강한 적대의식은 조기에 와서 외척과 환관 세력에 대한 분노와 타협하지 않는 태도로 이어졌을 것이다.

이렇게 보면 조기는 후한시대 맹자의 부활인 셈이다. 맹자가 양주와 묵적의 사상을 비판하고 공자의 사상을 지키려고 했다면, 조기는 외척과 환관의 권력 남용을 비판하고 유학자의 이상을 실현하고자 했던 것이다.

《맹자》는 조기의《맹자장구孟子章句》에 의해 읽을 수 있는 사상서로 다시 태어났다. 조기가 맹자를 살려 낸 셈이다. 그리고 조기는《맹자》를 읽으면서 병마의 고통과 불의한 세상을 버텨 낼 힘과 용기를 얻었다. 맹자가 조기를 살려 낸 셈이다. 조기가《맹자》를 읽으며 환희와 행복의 울림을 겪었던 것처럼 '나'는 무엇을 읽으며 그와 같은 울림을 겪게 될까?

05 주희朱熹, 《맹자》를 살린 사람

《맹자》, 다시 사람들의 관심에서 멀어지다

맹자는 춘추전국시대에 활약하던 제자백가 중의 한 명이다. 그는 끊임없는 전쟁으로 사람들이 비참하게 죽어 가는 시대를 살았지만 전쟁에서 이기는 기술을 찾기보다는 평화의 세상을 일구는 길을 찾고자 했다. 맹자는 당시 인간의 심리 현상을 가장 깊이 들여다본 사상가 중의 한 사람이었다. 그는 사람의 행동에는 그것의 원인이 되는 심리가 있다고 보았다. 전쟁의 승리를 위해 공포심을 자극해야 한다는 것을 알고 있었고, 평화의 세상을 일구어 낼 방법을 알고 있었다. 그는 공포심을 자극하는 전쟁 기술자를 최악의 범죄자로 비판하고 사랑과 공분公憤의 정서를 키우자고 제안했다.

당장 전쟁을 도모하고 쳐들어오는 적을 막아야 하는 상황에서 맹자의 제안은 시대착오적인 또는 시대와 동떨어진 사상으로 간주되었다. 그의 제안은 강력하고 근본적인 대안을 담고 있었지만 결국 동시대 사람들의 공감을 얻지는 못했다. 그렇게 맹자와《맹자》는 사람들에게서 점점 멀어지다가 조금씩 잊히기 시작했다. 무관심만큼이나 난해함도《맹자》로 향하는 접근을 막았다. 이렇게 깊어지는 망각의 늪에서 맹자를 구하려는 사람이 나오기 시작했다.

조기와 공도보 등이 그들이다. 조기가《맹자장구》를 쓰자 초학자들도《맹자》를 읽을 수 있게 되었다. 그리고 공도보는 맹자의 무덤을 찾아 사당을 세우고 국가의 제사 대상으로 삼았다. 하지만 그때까지도 맹씨 후손들조차 맹자의 위대성을 몰랐다. 여전히 맹자는 여러 사상가들 중의 한 명이었고《맹자》는 제자백가서 중 한 권의 책일 뿐이었다.

《맹자》의 화려한 부활

북송시대에 전조가 보이기 시작하더니 남송에 이르러《맹자》는 드디어 산둥성 지역을 넘어 나라 전체에서 읽어야 할 책으로 부상하기 시작했다. 그것은 유학의 부흥을 목표로 삼는 도학道學 또는 성리학性理學의 출현과 맞물린다. 주자朱子(주희朱熹, 1130~1200)는 이러한 유학 부흥 운동의 종결자라고 할 수 있다.

주희는《역경》,《시경》,《서경》,《춘추》,《예기》등 오경五經의 가치와 권위를 인정하면서도《대학》,《논어》,《맹자》,《중용》등 사서四書의 가치를 한층 더 강조했다. 오경은 성왕聖王이 주인공으로 등장한다. 그들은 지식과 의지의 측면에서 인간적 약점이 거의 없는 완성된 인격자들이다. 그들은 오경에서 세상을 살아가고 국정을 운영하는 모범 답안을 내놓는다. 독자는 그 답안과 현실 사이의 괴리를 메우기 위해 고군분투한다. '성왕 따라 하기'의 열풍에 동승하게 되는 것이다.

반면 사서는 군자와 소인이 주인공으로 등장한다. 소인은 세속적이고 물질적인 가치를 중시하는 인물로 우리 주위의 보통 사람과 별반 다를 바가 없다. 사서는 군자가 다수의 소인을 계몽하여 모두 군자가 되는 사회를 일구고자 한다. 오경과 사서의 목표가 같지 않느냐고 물을지도 모르겠다. 물론 목표는 같다. 하지만 출발점과 과정이 완전히 다르다. 사서에서는 소인이 무시할 수 없는 일군의 계층이자 세력으로 간주되고 있기 때문이다.

그래서 주희는 오경보다 사서가 사람들이 참조하기 더 적절한 텍스트라고 보았다.

예컨대 '내'가 야구선수이고 류현진이나 강정호와 같은 좋은 선수가 되기를 바란다고 하자. 그들은 장기적인 목표로서 유용한 방향 설정일지는 모르지만 지금 당장 나를 채찍질하고 담금질하는 좋은 모델이 될 수는 없다. 차라리 동료들 중에 뛰어난 친구를 목표로 삼는 게 더 나을 수 있다. 옆에서 그를 보고 배울 수 있기 때문이다. 이때 오경이 류현진이나 강정호와 같은 선수라면 사서는 옆에 있는 친구와 같은 것이다.

그래서 주희는 《맹자》를 비롯한 네 가지 책을 '사서'로 묶고 그것에 대해 주석을 달았다. 이것이 《사서집주四書集注》이다. 집주集注는 주희 이전에 있었던 북송시대 도학자들의 주를 필요에 따라 모아 두었다는 뜻이다. 그 후 거대한 영토를 정복한 원제국에서《사서집주》가 과거 시험의 표준 교재로 채택되면서《맹자》는 공감하는 사람만 읽는 책이 아니라 과거에 응시하려는 아이와 어른이 모두 읽어야 하는 책이 되었다. 이렇게 사서와《맹자집주》가 중국을 넘어 아시아로 확산되면서《맹자》의 가치와 권위는 한층 더 높아졌다. 이제《맹자》는 선택이 아니라 필수가 된 것이다. 주희가《맹자》의 위상 변화에 끼친 영향력은 거의 절대적이라고 할 수 있다.

주희, 맹자의 심리학에 주목하다

그렇다면 주희는 도대체 무엇 때문에《맹자》에 주목하게 되었을까? 주희도 조기처럼 '대장부'론과 '이단' 비판에 감동을 받았을까? 물론 주희도 이러한 점에 공감하는 바가 있었지만, 그의 관심은 조기와는 달랐다. 주희는 맹자의 성선性善, 구방심求放心, 조심操心, 존심양성存心養性과 같은 심리학 주제에 파고들었다.

주희는 조기와 달리 동시대의 불교(선불교)와 도교의 도전에 직면해 있었다. 도교와 불교는 도道와 공空 등 형이상학적 전제에서 출발하여 사상의 체계를 구성하고 있다. 유교는 이에 비해 상대적으로 취약한 형편에 놓여 있었다.

그래서 주희는《대학》의 삼강령과 팔조목,《논어》의 인仁,《맹자》의 사단四端과 성선,《중용》의 중용中庸과 성誠, 이발已發과 미발未發 등에 입각한 유교의 체계를 세우고자 했다. 이렇게 구축된 거대한 사상 체계가 '도학道學' 또는 '성리학性理學'이라 불렸다.

맹자의 사상은 유교의 형이상학을 구축하는 토대가 되었다. 사단四端은 사람이 도덕적으로 살아갈 수 있는 마음의 씨앗이다. 구방심求放心은 사단에 주목하지 못하고 이런저런 세속적 욕망에 흔들리는 마음을 바로잡는 것이다. 존심양성存心養性은 이런 사단의 마음이 사라지지 않도록 늘 지키고 본성을 거대한 흐름으로 키워 내는 것이다. 그리고 호연지기浩然之氣는 사단에 따라 살려는 열망이 최고조에 도달한 상태를 나타낸다. 이외에도《맹자》의 숱한 개념은 도학 또는 성리학의 집을 짓는 데 기둥으로 쓰이기도 하고 처마로 쓰이기도 하고 지붕으로 쓰이기도 했다.

주희를 비롯한 도학자道學者(성리학자)들은 그때까지 먼지에 뒤덮여 있던 옥玉을 찾아낸 것이다. 결국 '《맹자》 없는 성리학'이란 있을 수 없으며, 성리학이 퍼진 곳에는 반드시《맹자》도 함께 있을 수밖에 없었다. 이것이《맹자》가 제자백가서 중의 하나임에도 불구하고 다른 책에 비해 특별한 권위를 가지게 된 연유라고 할 수 있다.

맹자와《맹자》는 결국 언젠가 세상에 알려질 인물이자 책이긴 했다. 하지만 그 가치를 알아보고 오랜 방치를 끝내려는 사람들의 노력이 있었기에 더 일찍 세상에 빛을 발할 수 있게 되었다. 우리가 맹자와《맹자》를 소중하게 생각한다면 '맹자'를 살려 낸 사람들 또한 반드시 기억해야 할 것이다.

맹묘는 아성 맹자의 영혼이 깃들어 있는 곳이다.
영성문을 지나 안으로 들어서면 계왕성과 개대학의 패방을 만날 수 있다.
과거의 성인을 잇고 미래의 학문을 열었다는 뜻이다.
그리고 그 중심에 맹자가 있다.
맹자가 철학사에서 차지하는 위치를 이보다 더 잘 설명한 글은 없을 것이다.
맹묘에서는 역사를 장식한 인물들이 새긴 수많은 비석과 글들을 통해
나날이 높아지는 맹자의 위상을 확인할 수 있었다.
그리고 측백나무를 비롯한 오래된 나무들이 하늘을 찌를 듯이 장관을 이루고 있다.
철따라 피고 지는 꽃으로 옷을 갈아입는 나무는
이곳이 죽음의 땅이 아니라 생명의 터전이라는 것을 말해 준다.
맹자는 죽었지만 맹묘는 그의 불멸을 알리고 있다.

5 슈퍼스타 맹자를 만나는 곳
— 맹묘 孟廟

맹묘의 초입. 맹모의 자식 교육 탓인지 다른 유적지와 달리 어린이 손님이 많다.

01 맹자의
　　철학적 위상

천미국수로 허기를 달래다

　　　　　　쩌우청에서 가장 유명한 맹자 유적지는 어디일까? 맹묘孟廟와 맹부孟府 또는 아성부亞聖府이다. 두 곳이 길 하나를 사이에 두고 나란히 자리하고 있다. 맹묘는 기차역에서 남쪽으로 그리 멀지 않다. 버스를 타면 10분가량 걸린다. 근처에 있는 탕왕후공원唐王湖公園과 쩌우청박물관鄒城博物館도 찾아보면 좋다. 공원은 풍광 명소이고 박물관에서는 쩌우청의 역사를 한눈에 볼 수 있다. 걸어서도 충분한 거리에 있다.
　　맹묘에 도착하면 우선 넓은 주차장이 눈에 들어온다. 이곳을 찾을 때마다 주차장에는 차가 많았다. 맹자를 찾는 사람이 많다는 뜻이다. 특히 가족 단위의 일행이 많은 것을 보면 오늘날 맹자가 '교육'에서 얼마나 인기를 누리고 있는지를 알 수 있다. 맹묘는 넓고 볼 것도 많다. 할 이야기도 무진장이다. 게다가 맹부와 함께 찾게 된다. 그러니 배낭여행으로 이곳을 찾았다면 맹묘에 들어서기 전에 배를 채워 두는 것이 좋다. 식사를 했더라도 간식거리와 마실 물이나 음료를 근처 가게에 들러 준비하자. 배가 고프면 '복자腹子'의 호소, 즉 민생고를 들어주어야 한다는 생각에 '맹자'는 안중에도 없게 된다.

우리도 좀 이르지만 미리 점심을 먹기로 했다. 맹묘 주변에는 고만고만한 식당들이 꽤 있다. 어제 자사서원의 옛터를 찾으며 이 일대를 헤맨 기억이 선명했는지, 누가 먼저랄 것도 없이 "간단히 면을 먹자"고 동의한다. 우리가 선택한 곳은 맹묘 앞을 흐르는 다사허大沙河대사하 천변에 있는 식당이었다. 간판에는 '정종천미면正宗川味麵'이라고 쓰여 있다. 중국말로 정쭝촨웨이미엔이다. 사실 도심을 벗어난 중국의 식당들은 지저분한 외관 때문에 꺼려지는 곳이 많다. 하지만 우리의 1990년대 혹은 현재의 동네 식당만 떠올려 봐도 별반 다르지 않다는 걸 알 수 있다. 실제로 깨끗한 식당도 많다.

물론 중국인의 위생 관념은 대도시와 지방의 차이도 크고, 현재의 우리와는 문화의 차이가 있다. 이곳에서는 각자에게 비닐 랩으로 싼 식기 세트를 내준다. 처음에는 당황스러웠지만, 그들도 관광객들의 우려를 이미 알기에 그렇게 하는 것이다. 그래도 뜨거운 차로 식기를 한 번 행군 후에 먹으라고 한다. 독한 술을 권하는 것도 그러한 연유가 있다.

우리는 주인이 추천하는 면 요리와 볶음밥을 함께 먹었다. 면 요리의 이름은 촨웨이미엔티아오川味麵條천미면조이다. 나중에야 알았지만 중국 관광객들에게 인기 있는 쩌우청의 특색 음식이라고 한다. 미엔티아오麵

점심을 먹었던 식당. '천미면'을 파는 곳이다.

條면조가 국수라는 뜻이니 천미국수이다. 한국의 바지락 칼국수와 비슷하지만 매콤하고 시큼한 맛이 좀 더 강하다. 중국 음식 특유의 향과 조미료로 인한 거부감 없이 잘 먹었다. 길들여진 입맛을 고집하지 않고 새로운 맛을 느껴 보는 것도 여행의 묘미이다.

계왕성과 개래학의 패방

맹묘孟廟는 맹자의 영혼이 깃들어 있는 곳이다. 맹묘에 들어가려면 제일 먼저 대문격인 영성문欞星門을 지나야 한다. 영성欞星은 문성文星을 나타낸다. 따라서 영성문이 있다면 그곳에 모셔진 인물이 인문과 관련되어 있다고 보면 된다.

영성문을 지나면 제일 먼저 매표소가 보인다. 입장권을 사면 먼저 맹묘 지도를 보며 전체 구조와 이동 경로를 머릿속에 그려 보는 것이 좋다. 그래야 헤매지 않는다. 옆으로 게시판이 연이어 있는데, 한쪽에 안내원의 사진과 이름이 눈길을 끈다. No.001 안내원이 맹성이다. 역시 맹孟씨이다. 이곳을 방문한 한국 학생들의 사진도 있다.

한국인은 여행을 할 때 직진 본능 또는 유턴 금지 본능을 가지고 있다. 어디를 가도 곧장 앞으로만 나아간다. 여기서도 이렇게 직진 본능을 발휘하면 땅을 치고 후회할 일이 생길지 모른다. 곧바로 앞으로 가지 말고 잠시 멈춰서 좌우로 고개를 돌려 보시라. 그러면 양쪽 담장에 있는 문을 발견할 수 있다. 멀리서 보면 금색의 문 이름이 보이지 않으니 먼저 오른쪽 담장으로 천천히 걸어가 보시라. '계왕성繼往聖'의 패방을 만날 것

맹묘의 관문인 영성문. 이곳의 주인이 인문과 관련되어 있다는 것을 뜻한다.

맹묘를 찾는 사람이 꽤 많다. 맹묘와 맹부 통합 입장권(40위안).

안내판을 보면 유적지의 분위기를 파악할 수 있다.

안내원들의 사진과 소개가 있다. 이왕이면 맹씨에게 안내를 부탁해 보자.

이다. 다시 몸을 돌려서 왼쪽 담장으로 천천히 나아가 보시라. '개래학開
來學'의 패방을 만날 것이다. 이러한 건물의 배치, 즉 입구의 양쪽 담장에
패방을 두는 양식은 해당 공간의 주인공을 기리는 일종의 의식이다. 취
푸의 주공묘周公廟에 가도 똑같은 양식을 확인할 수 있다.

오른쪽 패방의 계왕성繼往聖은 '과거의 성인을 잇는다'는 뜻이다. 그
리고 왼쪽 패방의 개래학開來學은 '미래의 학문을 열어젖힌다'는 뜻이다.
이를 맹자와 연관시키면 꽤 흥미로운 이야기가 나온다. 계왕성이 과거
를 말하고, 개래학은 미래를 말하므로 현재가 없는 것이다. 그렇다면 누
가 현재를 상징하는 것일까? 바로 맹자이다. 이렇게 맹자를 중심에 놓
고 두 패방의 이름을 생각하면 어떤 생각의 실마리가 떠오를 만하다. 이
기념 공간의 주인공 맹자는 과거의 고귀한 성인의 정신을 이어받아 그
것을 재해석하여 후학들을 위해 학문의 길을 여는 존재인 것이다. 이보
다 더 기막힌 찬사가 어디에 있겠는가? 맹자가 철학사에서 차지하는 위
치를 잘 모른다면 분명 맹묘는 맹자에 대한 아부로 시작된다고 오해할
만하다. 맹자는 마음 심心을 최초로 철학의 맥락으로 사용하여 훗날 철
학사를 달군 인물이다. 이것만으로도 맹자는 철학사의 한쪽을 차지하기
에 충분하다.

맹자와 도통

이 패방의 작명을 맹자가 직접 했을 리 없지만 맹자가 작명한 것으로 봐도 무방하다. 이 이름이 《맹자》의 제일 마지막 장인 〈진심〉 하38의 내용을 압축하고 있기 때문이다. 맹자는 여기서 훗날 500년 주기설과 도통道統[1]으로 알려진 유교의 계보를 작성하고 있다. 맹자는 중원 지역의 문화사를 일별하면서 성왕들이 500년 주기로 나타나서 치국의 도道를 전수했다고 보았다.

> 由堯舜至於湯, 五百有餘歲. 若禹皐陶, 則見而知之, 若湯則聞而知之. 由湯至於文王, 五百有餘歲. 若伊尹萊朱, 則見而知之, 若文王則聞而知之. 由文王至於孔子, 五百有餘歲. 若太公望散宜生, 則見而知之, 若孔子則聞而知之. 由孔子而來, 至於今, 百有餘歲. 去聖人之世, 若此其未遠也. 近聖人之居, 若此其甚也. 然而無有乎爾, 則亦無有乎爾!
> 유요순지어탕, 오백유여세. 약우고요, 즉견이지지, 약탕즉문이지지. 유탕지어문왕, 오백유여세. 약이윤내주, 즉견이지지, 약문왕즉문이지지. 유문왕지어공자, 오백유여세. 약태공망산의생, 즉견이지지, 약공자즉문이지지. 유공자이래, 지어금, 백유여세. 거성인지세, 약차기미원야. 근성인지거, 약차기심야. 연이무유호이, 즉역무유호이!

---

[1] 도통은 요, 순, 우, 탕, 문, 무, 주공, 공자 등 유학의 종지를 밝힌 성인의 계보를 말한다. 그러나 시대에 따라 해석의 차이가 생긴다. 도통은 유학이 지배적인 학문이 되었을 때는 유가의 승리를 자축하는 '그들만의 이야기'가 되고, 유학의 운명이 불투명했을 때는 유가의 문화 정신을 지키는 생명줄이 된다.

요임금과 순임금에서 탕임금까지 500여 년간 도가 지속되었다. 그 사이에 우임금과 고요가 현명한 신하로서 요와 순의 도를 직접 눈으로 보았다. 탕임금에서 문임금까지 500여 년간 도가 지속되었다. 그 사이에 이윤과 내주가 현명한 신하로서 탕의 도를 직접 눈으로 보았다. 문임금에서 공자까지 500여 년간 도가 지속되었다. 태공망과 산의생은 직접 눈으로 보았고 공자는 이야기로 전해 들었다. 공자로부터 지금까지 100여 년이 지났다. 성인 공자로부터 떨어진 세상도 그다지 멀지 않고, 성인 공자가 살던 곳도 참으로 가깝구나! 아직 공자를 이은 사람이 없지만, 정말 이을 사람이 없겠는가? _〈진심〉하38

맹자는 자신의 책 마지막에서 황하 유역을 이끌어 온 문화 영웅의 계보를 읊조렸다. 이어서 자신이 요, 순, 탕, 문 그리고 공자로 이어지는 성인의 도를 잇겠다(往聖)는 포부를 밝히고 있다. 스스로 계보 속으로 들어가겠다는 의사를 강하게 피력하고 있는 것이다. 후대 철학사를 보면 맹자의 꿈은 이루어졌다.

맹자는 진심으로 역사의 영웅들을 닮고자 했다. 그 덕분에 그는 삶의 목표를 정했고 그 길을 대장부와 같이 걸어간 결과 역사를 만드는 일에 동참할 수 있었다. 이쯤에서 우리도 '지금 나는 무엇을 꿈꾸는가?' 혹은 '나는 무엇을 진심으로 바라는가?'라는 질문을 던져 보면 좋겠다. 이것이 바로 유적지의 주인과 만나는 방법이기 때문이다. 이때 비로소 맹자가 우리에게 대화의 손짓을 보낼 것이다.

맹자가 죽을 때 남긴 유언은 전해지지 않는다. 맹자의 후학들이 〈진심〉하38의 내용을 숙지하고 있다가 패방의 이름을 지을 때 참조했던 것

'계왕성', 옛 성인을 잇는다.

'개래학', 미래의 학문을 연다.

이다. 결국 '계왕성'과 '개래학'은 맹자가 평생에 걸쳐서 이루고자 했던 학업과 사업을 압축하는 여섯 글자라고 할 수 있다.

영역과 영향력의 차이는 있지만, 사람이 살아간다는 것은 결국 이전의 업적을 이어받아서 자신만의 새로운 업적을 일구는 일이다. 그렇지 않다면 로봇의 삶과 다를 바가 없다. 이런 점에서 '계왕성'과 '개래학'은 맹자만이 아니라 모든 사람에게 해당되는 말이다. 돌아보면 우리도 하나쯤 나만의 계왕성과 개래학을 찾을 수 있으리라.

버나드 쇼의 묘비명

조지 버나드 쇼는 영국을 대표하는 극작가이자 소설가이다. 그는 생전에 자신의 묘비명을 미리 준비했다. "우물쭈물하다가 내 이럴 줄 알았다"(I knew if I stayed around long enough, something like this would happen). 이 묘비명을 처음 들었을 때 먼저 웃음부터 툭 튀어나왔다. 하지만 몇 번 읊조리다 보니 웃음은 사라지고 폐부를 찌르는 아픔이 느껴졌다. 뭔가 특별한 업적을 이루려는 것은 아니더라도 지금의 나는 결국 '우물쭈물'하고 있지 않나라는 생각이 들었기 때문이다.

나는 계왕성방과 개래학방을 둘러보면서 '죽음 이후의 나'를 생각해 본다. 죽고 나면 나는 더 이상 무엇을 이룰 수가 없다. 내가 살아온 것으로 평가받을 뿐이다. 좋은 평가를 받아야 한다는 강박관념이 아니라 과연 '나 스스로 만족할 수 있는 삶을 살 수 있을까?' 하는 생각에 두려움이 앞선다.

02 세월이 빚은 판타지

맹묘의 측백나무들

맹묘의 내부로 들어서면 사람이 지은 돌과 나무 그리고 흙으로 된 다양한 조형물을 만나게 된다. 예를 들면 문門, 패방牌坊, 비碑, 정亭, 전殿 등이다. 이들의 재료는 자연에서 왔지만 그것을 만들고 세운 것은 사람이다. 맹묘에는 이렇게 사람이 만든 작품 이외에 자연이 만든 걸작이 있다. 그것은 송회松檜, 측백, 은행, 회화, 자색 등나무 등 430그루나 되는 나무들이다. 그중에서도 측백側柏이 눈에 많이 띈다.

우리나라에서 '나무학'을 일구어 낸 강판권에 따르면, 측側은 나무가 일반적으로 햇빛을 따라 동쪽으로 향하는 반면, 측백나무는 반대로 서쪽을 향하기 때문에 붙은 말이다. 한자를 분해하면 백柏은 하얀 나무를 나타내지 않을까 생각할 수 있다. 하지만 하얀 나무는 숲의 귀족으로 알려져 있고 불에 탈 때 '자작자작' 소리가 난다는 자작나무이다. 여기서 '백'柏의 흰 백白 자는 오행五行의 서쪽 방향과 관련이 있다. 즉 '백'은 나무 색깔보다는 서쪽의 방위를 나타낸다.[2]

오행	목	화	토	금	수
방위	동	남	중앙	서	북
계절	춘	하	늦여름	추	동
색깔	청	적	황	백	흑

이 측백이 유명해진 것은 《논어》에 나오는 공자의 말에서 비롯되었다. "날씨가 추워진 뒤에야 송백松柏이 아직 시들지 않음을 안다."[3] 송이 소나무이고 백이 바로 측백나무이다. 이전에는 백을 잣나무로 보았지만 지금은 측백나무로 밝혀졌다.

맹묘에는 오래된 나무들이 하늘을 찌를 듯한 장관을 연출하고 있다. 처음에는 "어, 많네!" 또는 "참, 크네!"라는 말이 절로 나온다. 그러다 나무마다 세세히 들여다보면 "어, 저거 뭐 닮은 거 아냐?"라는 탄성이 터진다. 이렇게 오랜 세월 동안 맹묘의 나무들은 찾아오는 사람들의 발길을 붙잡고 있다. 맹묘 기행에 앞서 먼저 오랜 시간과 나무가 빚어 낸 예술품들을 만나 보자.

---

[2] 강판권, 《세상을 바꾼 나무》, 다른, 2011; 2쇄 2012, 128쪽.
[3] 《논어》〈자한〉 28, 歲寒然後, 知松柏之後彫也.

맹묘에는 자연이 만든 걸작이 곳곳에 있어 발길을 붙잡는다.

• 고백포괴古柏抱槐, 측백이 회화나무를 껴안다

이 작품은 맹묘 안이 아니라 밖에 있다. 지언문知言門을 나가면 맹묘의 담장을 따라 45그루의 측백나무와 회화나무가 줄지어 있다. 그중에는 멀리서 보면 한 그루로 보이지만 가까이서 보면 두 그루인 나무가 있다. 회화나무는 곧게 쭉 뻗어 있고, 측백나무는 허리를 틀듯이 회화나무를 껴안고 있다. 그래서 '고백포괴古柏抱槐' 또는 '백포괴柏抱槐'라고 한다. 세 사람이 손을 잡고 뻥 둘러설 정도로 크다. 원나라 때 심은 것으로 수령이 700여 년이나 된다. 서로 다른 두 나무가 애정행각을 벌이고 있어서, 사람들이 '부부수夫婦樹'라고 부르기도 한다.

• 등계은행藤繫銀杏, 등나무가 은행나무를 휘감다

맹묘 재계문齋戒門 안쪽, 치엄당致嚴堂 앞에 두 그루의 은행나무가 하늘을 찌를 듯이 서 있다. 가을이면 은행 열매가 주렁주렁 열려서 장관을 이룬다. 그런데 직경이 약 40cm나 되는 자색 등나무가 오른쪽 은행나무를 둘둘 휘감고 있다. 봄이 되면 등나무의 자색 꽃이 피어서 옥이 주렁주렁 매달린 것과 같은 아름다운 장면을 연출한다. 이 나무도 원나라 때 심은 것으로 수령이 700여 년 된다.

• 회우구기檜寓枸杞, 구기자가 회화나무에 둥지를 틀다

맹자침전 앞의 노대와 용도에는 세 그루의 회화나무가 있다.《삼천지三遷志》에 따르면 이 나무는 북송 선화宣和 연간에 심었다고 하니 수령이 900여 년이 된다. 세 그루 중 하나는 지상에서 2m 되는 곳에 새둥지가 있고, 그 안에서 구기자가 자란다. 계절이 여름에서 가을로 바뀔 즈음에 구기자의 붉은

맹자침전 앞 '회우구기'. 멀리서 올려다보면 장수를 상징하는 학록동춘鶴鹿同春의 모양이 보인다.

동괴망월.

열매가 바람에 좌우로 움직이면 그 모습이 자못 예사롭지 않아 사람들의 발걸음을 멈추게 한다. 이를 두고 '회우구기'라 한다. 그리고 고개를 들어 나무 꼭대기를 바라보면 한 마리의 사슴이 고개를 뒤로 돌린 모습이 보인다. 임묵함林默涵은 이를 '녹회두鹿回頭'라고 불렀다. 이제 몇 걸음 뒤로 물러나서 나무를 전체적으로 보자. 그러면 나뭇 가지가 한 마리의 학처럼 보인다. 이것만을 '학서수상鶴棲樹上'이라 한다. 그 아래 '녹회두'와 이를 합쳐 보면 장수를 상징하는 '학록동춘鶴鹿同春'의 모양이 된다.

• **동괴망월洞槐望月, 회화나무의 구멍으로 달을 바라보다**

맹자침전의 서쪽 분향원焚香院에는 붉은색 담장에 무거운 몸을 기댄 회화나무 한 그루가 큰 구멍이 뚫린 채 제 몸을 드러내고 있다. 이래도 살 수 있나 싶을 정도로 안타까운 몰골이지만 봄여름에는 푸른 잎으로 단장해 꿋꿋하게 살아 있음을 증명한다. 고증에 따르면 이 나무는 당나라 시절에 심은 것으로 보인다. 그렇다면 이 나무는 이곳에 맹묘를 짓기 이전부터 있었던 셈이다. 맹묘보다 더 오래된 역사를 가진 나무인 것이다.

이 나무의 흥취를 보려면 낮보다 밤이 낫다. 한밤에도 커다란 달이 뜨는 즈음이 좋다. 왜냐고? 그 구멍에 달이 머물 때를 생각해 보라. 환한 달빛이 뻥 뚫린 몸통을 막아 준다면 나무도 고통을 잊고 덩실덩실 춤을 추지 않겠는가. 바람이 불고 보름달이 뜨는 날, 이곳을 거닐 수 있다면 절경을 볼 수 있으리라.

이상 고백포괴, 등계은행, 회우구기, 동괴망월을 오래된 나무가 만들어

낸 네 가지 장관이라 하여 '고수사기古樹四奇'라고 부른다. 맹묘는 여러 '주인'의 언어로 인해 이런 묘미를 느끼게 한다. 맹묘를 훑고 지나치는 방식이 아니라 시간을 내서 돌아다니면 또 다른 장관을 찾을 수 있다.

• 오구파수烏龜爬樹, 거북이 나무를 오르다

거북이 나무를 오른다고 하면 말도 안 되는 소리라고 할지도 모른다. 하지만 맹묘에서 그런 장면을 목격할 수 있다. 나무를 키울 때, 옆으로 잔가지가 자라면 잘라 주는데 맹묘의 측백도 마찬가지이다. 이렇게 가지를 자르다 보면 잘린 부분이, 사람의 몸에 상처가 나면 부어오르듯이, 두툼하게 튀어나오게 된다. 이 과정이 반복되면서 서너 갈래로 얽힌 혹처럼 부풀어 나무에 붙어 있게 된다. 이것을 멀리서 보면 거북이 엉금엉금 나무를 기어오르는 장면이 연출된다. 이를 일컬어 '오구파수'라 부른다. 창경궁의 성종태실 부근의 소나무에서도 조그만 거북이 막 나무를 기어오르는 듯한 오구파수의 모양을 만날 수 있다.

• 맹사출동烏龜爬樹, 뱀이 나무 굴에 깃들다

나무에 따라 속이 꽉 찬 나무도 있고 속이 텅 빈 나무도 있다. 또 오랜 세월을 지내다 보면 가지가 꺾이고 곳곳에 구멍이 난 나무도 있고 앞뒤가 뻥 뚫린 나무도 있고 한쪽으로 홈이 팬 나무도 있다. 어떤 경우 홈이 팬 나무가 구멍이 난 나무보다 더 깊은 굴을 가지고 있다. 그 굴 안쪽에서 지그재그로 구부러진 가지가 자라면 뱀의 모양이 나온다. 나무 안쪽 홈에 들어가서 새끼새나 알을 잡아먹고 나오는지 아니면 허탕을 치고 몸을 돌리는 중인지는 모르지만 분명 뱀의 형상이다. 나도 모르게 '흑' 하는 소리가 나온다. 이것이 '맹사출동'이다.

오구파수.

맹사출동.

명명命名, 삶의 주인으로 살아가기

지금까지 이미 널리 알려진 나무의 장관을 살펴보았다. 나무의 기묘한 모양도 아름답지만 그 모양을 말로 곱게 빚어내는 솜씨가 보통이 아니다. 명명命名은 주인으로 살아가는 가장 기본적인 자세이다. 누가 부른 것을 따라 하기 전에 먼저 '무엇으로 부르는 것'이 나를 주장하는 행위이기 때문이다. 이를 통해 나는 세상에 질서를 부여하는 주인의 자리에 서게 된다.

이제 우리도 손님이 아니라 주인이 될 때이다. 맹묘를 거닐며 기기묘묘한 나무의 모양을 본다면 예쁜 이름을 지어 보자. 우리가 지은 이름이 맹자와 함께 맹묘의 명물로 살아남을 것이다.

명나라 화가이자 서예가 동기창董其昌(1555~1636)도 일찍이 맹묘를 찾은 모양이다. 그는 우리보다 일찍 세월을 이겨 낸 나무가 자아내는 작품을 보았다. 그때 시심詩心은 그의 손을 빌리지 않을 수 없었으리라. 〈제맹묘고회일시題孟廟古檜一詩〉를 보자.

愛此孟祠樹애차맹사수, 森然見典刑삼연견전형.
沃根洙水潤옥근수수윤, 含氣嶧山靈함기역산령.
閱世磨秦籒열세마진주, 參天結魯靑참천결로청.
方知樗散壽방지저산수, 只入列仙經지입열선경.

맹자 사당의 나무를 아끼니 경건하게 전형을 바라보네.
뿌리는 사수의 윤기를 머금고 기상은 역산의 영기를 담았네.

> 긴 세월 진나라의 주문籒文을 갈고닦으며 하늘을 찌를 듯이 노나라의 청사靑史를 잇네.
> 바야흐로 쓸모없는 사람의 수명을 아니 신선의 이야기에 들어서기를 바랄 뿐.

맹자는 죽었지만 맹묘는 그가 죽지 않았다는 것을 증명하고 있다. 사람만이 아니라 나무도 맹자의 불멸을 알리고 있다. 철따라 피고 지는 꽃이며 옷을 갈아입는 나무는 이곳이 죽음의 땅이 아니라 생명의 터전이라는 것을 말하고 있다. 맹묘의 나무를 보면 왜 사당에 오래 사는 나무를 심는지 실감할 수 있다.

여행을 하다 보면 우연히 사람을 만나 이야기를 나누다가 알게 되는 것도 적지 않다. 그들에게서 내가 미처 느끼지 못한 많은 것들을 배우게 된다. 때로 나의 아둔함을 일깨우는 수많은 조력자들을 만나게 되는데, 이것이 여행이 주는 또 다른 즐거움이다. 이래저래 여행은 나를 행복하게 한다.

03 또 하나의 숲
비림 碑林

수직과 수평의 의미

　　　　　　　공묘나 맹묘와 같은 기념 공간을 찾으면 어떤 공통된 방향성을 느낄 수 있다. 모든 기념물들이 땅에서 하늘로 우뚝 솟아 있다. 크기와 높이의 차이가 있을지언정 모두 서 있는 모양을 취하고 있다. 어떤 사람은 이를 두고 남성성으로 풀이한다.

　　여기에다 차且의 꼴을 가진 조祖의 어원이 남성의 성기를 상형한 것이라는 주장이 덧보태지면 기념물의 남성성은 더더욱 강력한 힘을 얻게 된다. 아무나 그런 주장을 한 것이 아니라 중국 문학과 문자 그리고 역사에 족적을 남긴 궈모뤄郭沫若곽말약(1892~1978)의 주장이다.[4] 궈모뤄는 방문한 유적지 곳곳에 글씨를 남긴 것으로도 유명하다. 나는 이러한 풀이가

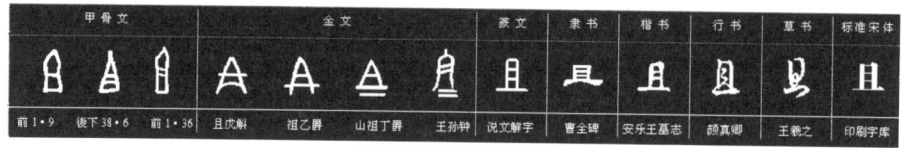

차且 자형 변화.

호기심을 자극할 뿐만 아니라 나름대로 그럴듯하다고 생각한다. 하지만 동의하지는 않는다. 여성 위인을 기리는 입상立像 기념물은 어떻게 설명할 수 있을까? 또 위인과 영웅의 조상이 집 안에 안치되어 있는 것은 어떻게 설명할 수 있을까? 문자를 만든 사람을 찾아가서 확인할 수도 없으니, 사실 이러한 연관성은 상상에 바탕을 두고 있을 뿐이다.

차且 자는 인간이 하늘을 향하는 염원과 관련이 있다. 아주 옛날에는 천계와 인계가 사다리로 연결되었다고 생각했다. 신은 이 사다리를 통해 천상과 지상을 자유롭게 왕래했다. 아울러 지상의 사람이 죽으면 천상으로 올라가 조상신이 되었다.[5] 따라서 조祖는 사다리 모양을 통해 사람과 하늘을 매개하고, 또 지상을 보호해 주는 염원과 힘을 나타낸다고 할 수 있다.

이러한 관점을 다시 장례와 연관 지어 생각해 보자. 사람이 죽고 난 뒤 시신이 안치되는 자세를 생각해 보자. 시신은 누워 있다. 땅과 접촉 면적을 늘리는 방식이다. 누운 자세는 '뭔가를 하는 것'이 아니라 '하기를

---

4 이 주장은 《갑골문자연구甲骨文字硏究》, 上海大東書店, 1931에 실린 《釋祖妣》에서 처음으로 제기되었다.

5 이와 관련해서 신정근, 《중용, 극단의 시대를 넘어 균형의 시대로》, 사계절, 2010 참조.

그만두고' 쉬는 자세이다. 죽음은 더 이상 무엇을 할 수 없는 상태를 누운 채로 받아들이는 사건이다. 이때 선다는 것은 노동과 고통을 나타내고 눕는다는 것은 휴식과 평안을 나타내는 것이다. 하지만 죽은 사람을 되살리는 기념물은 누울 수가 없다. 기념물의 주인은 죽어서 쉬는 것이 아니라 살아서 움직여야 한다. 끊임없이 움직여서 자신이 걸어왔던 길이 끊어지지 않도록 다른 사람을 초대해야 한다. 아울러 기념하는 사람들도 죽은 자와 함께 나아가기 위해 입상을 세우는 것이다.

비석이 숲이 되다

맹묘에 들어서면 곳곳에 나무와 같은 방향으로 서 있는 것이 눈에 들어온다. 차이라면 나무는 바람에 움직이지만 이 녀석은 부동이다. 다만 이 녀석도 세월의 흔적을 피할 수가 없는지라 곳곳에 흉터를 간직하고 있다. 바로 비석이다. 이 비석이 하도 많아서 '비림碑林'이라는 말이 생겼을 정도이다. 비림은 비석들로 이루어진 숲이라는 뜻이다. 공묘나 맹묘와 같은 곳을 보기 전에는 믿기지 않겠지만 와 보면 금방 수긍할 수 있다. 비석들도 세운 사람의 신분에 따라 각양각색의 모양을 하고 있다. 호선胡選은 맹묘의 이러한 정황을 〈아성명사亞聖名祠〉에서 다음처럼 담아냈다.

鄒城南去有名祠, 滿地豊碑滿壁詩. 爲辟異端夫正道, 至今千載仰爲師
추성남거유명사, 만지풍비만벽시. 위벽이단부정도, 지금천재앙위사.

맹묘에는 비석들이 숲을 이룬다.

> 추성의 남쪽 이름난 사당이 있는데, 땅 가득 비석이고 벽마다 시라네. 이단을 물리치고 정도를 지켜서 지금까지 천 년 동안 스승으로 받드네.[6]

맹묘에는 모두 280개의 비석이 있고, 한자와 파스파문자(몽골어)로 쓰여 있다. 모두 살펴볼 수는 없지만 상징적 의미가 있는 것은 찬찬히 들여다볼 만하다.

강희비정康熙碑亭을 짊어진 패하

영성문을 지나서 계왕성 개래학 패방을 보고 태산기상문泰山氣象門에 들어서면 맹묘는 서서히 자신의 내면을 보여 주기 시작한다. 주변을 죽 둘러보면 측백나무 숲 사이로 금방 눈에 들어오는 건물이 하나 있다. 크지는 않지만 2층으로 지어져 있다. 황제와 관련된 기념물은 비와 이슬을 맞도록 노상에 방치할 수 없다. 그래서 비석의 집, 즉 비정碑亭을 만든다. 이 건물이 '강희비정'이다. 건륭 원년(1736)에 만들어졌다. 가까이 다가가면 그 안에는 비석이 하나 있다.

비석에는 강희 26년(1687) 강희제가 내린 〈어제맹자묘비御製孟子廟碑〉라는 글이 새겨져 있다. 서두에는 성왕의 대도가 사라질 위기를 구한 공

---

[6] 이 출처는 명나라 가정본嘉靖本 《추현지리지鄒縣地理志》이다.

용의 아홉 자식(龍生九子) 중 '비희贔屭' 또는 '패하覇下'로 불리는 동물이 비석을 이고 있다.

자의 이야기를 하고 이어서 맹자가 얼마나 위대한가를 설명하고 있다.

> 공자가 죽은 지 100여 년이 지나서 점차로 전쟁을 벌이는 시대로 들어섰다. 양주와 묵적이 올바른 길을 막으니 그 화가 지난날보다 더 심했다. 맹자가 나타나 새 길을 개척하니 세상 사람들이 공자의 말을 본받고 인의仁義의 길을 따르게 되었다. 유학의 진리가 오늘에 전해지니 맹자에게 힘입은 바가 있다. 따라서 후세의 학자 중 한유와 소식 등은 맹자의 공을 치켜세워 위대한 우임금에 견주었다. 주희와 이정 등의 유학자들은 맹자를 더욱 존경하여 정학의 정통으로 여겼다. 아, 얼마나 성대한가! 엄청난 홍수의 피해는 사람의 몸에 지나지 않지만 양주와 묵적의 폐해는 곧바로 사람의 마음으로 이어진다. … 오직 맹자만이 삐뚤어지고 위험스러운 주장을 막아서 과거 성현을 잇고 사람의 마음을 바로잡았다. 아울러 걸핏하면 요임금을 들먹이고 순임금의 뜻을 풀이했고 공자를 사숙했다.[7]

맹자를 따라 여기까지 오니 비석의 내용을 확인하는 재미가 더 쏠쏠하다. 이제 맹자는 성인의 반열에 다가가고 있는 것이다. 그리고 비석을 자세히 들여다보면 비가 어떤 동물 위에 있다. 용처럼 보이는 이 동물은

---

7 孔子歿百有餘年, 浸假及于戰國. 楊墨塞路, 禍尤烈于曩時. 子輿氏起而辟之, 于是天下之人始知誦法孔子, 率由仁義. 斯道之有傳至于今賴之. 是以後世學者如韓愈蘇軾之徒, 咸推其功, 以配大禹. 而閩洛諸儒益尊爲正學之宗傳. 嗚呼! 盛矣! 大洪水之禍止于人身已爾, 楊墨之禍隱然直中于人心. … 惟子輿氏, 距詖放淫, 以承先聖, 以正人心. 述舜稱堯, 私淑孔子.

'용생구자龍生九子'[8] 중 하나이다. 명나라 잡기류의 서적에 따르면[9], 용생구자 중 맏이로 '비희贔屭' 또는 '패하霸下'로 불린다. 거북과 용의 모습을 닮았는데, 즐겨 무거운 물건을 지려고 했다. 이 때문에 비희는 무거운 물건 아래에 놓여 있다. 거북은 장수의 상징이고 만지면 복이 온다고 하니, 기념하는 인물이나 찾아오는 사람 모두 좋아할 만하다. 그래서 손을 많이 타는지 불룩 나온 코와 볼은 윤기가 번들거리고 비석 아래와 주둥이까지 지폐들이 수북이 쌓여 있다.

오통비五通碑를 읽다

발걸음을 옮기기 전에 우리가 꼭 확인할 곳이 있다. 강희비정康熙碑亭의 동쪽에 다섯 개의 비석이 나란히 줄지어 있는 곳이다. 맨 왼쪽에 〈맹모단기처비孟母斷機處碑〉, 두 번째에 〈맹모삼천사비孟母三遷祠

---

[8] 용생구자는 용이 낳은 아홉 자식을 가리키는데, 실제로 용이 되지 못했지만 각자 나름의 재주를 가지고 있었다. 그중 셋째 자식인 포뢰蒲牢는 고함 지르기를 좋아한다. 이 때문에 이 포뢰는 주로 종의 윗부분을 장식하는데, 종의 소리가 멀리까지 퍼진다고 생각했던 것이다.

[9] '용생구자'설은 《여씨춘추》에서 보이기 시작해서 명나라 때 잡기류雜記類의 서적에 집중적으로 거론되었다. 예컨대 육용陸容의 《숙원잡기菽園雜記》, 이동양李東陽의 《회록당집懷麓堂集》, 양신楊愼의 《승암집升庵集》, 이후李詡의 《계암노인만필戒庵老人漫筆》, 서응추徐應秋의 《옥지당예玉芝堂담예談藝》 등에 보인다. 우리나라에는 명나라 호승지胡承之의 《진주선眞珠船》이 '용생구자'설의 출처로 많이 알려져 있다. 여기에는 다소 착오가 있는 듯하다. 《진주선》은 명나라 호시胡侍(자: 봉지奉之, 호: 몽계蒙溪)가 편집한 시문, 사곡詞曲, 음운과 명물 제도를 다룬 8권의 저작이다(장스훙張世宏, 〈明代作家胡侍先生生平著述考辨〉, 《文學遺産》, 2007년 第3期). 흔히 같은 이름으로 잘못 알려진 《진주선》은 명나라 진계유陳繼儒가 소설가의 이야기를 모아 놓은 4권의 잡기류 책이다.

비석의 위치도 역사의 진실을 담고 있다. 왼쪽부터 〈맹모단기처비〉, 〈맹모삼천사비〉, 〈자사자작중용처비〉.

碑〉, 세 번째에 〈자사자작중용처비子思子作中庸處碑〉가 서 있다. 맹모삼천사와 자사서원에서 훼손을 피해 옮겨진 그 비석들이다.

안내문에는 "〈맹모삼천사비〉는 훼손을 피해 있다가 1983년에 이곳으로 옮겨졌다. 〈맹모단기처비〉, 〈자사자작중용처비〉 등 네 기의 비석은 맹묘에서 북쪽으로 300여 m 떨어진 단기당, 자사서원, 자사사에 있었다. 1946년 전화에 세 건물은 파괴되었지만 비석들은 운 좋게 살아남아 1972년에 이곳으로 옮겨졌다"고 쓰여 있다. 우리가 자료와 답사를 통해 알게 된 정보를 현장에서 확인했으니, 이로써 하나의 사실이 완성된 셈이다.

천천히 〈맹모삼천사비〉와 〈자사자작중용처비〉를 살펴보는데 일행이 알았다는 듯 고개를 끄덕이며 묻는다. "이렇게 나란히 비석을 세운 것은 맹자가 자사에게 배웠다는 사실을 인정한다는 뜻이죠?" 기념물을 보는 시각이 제법 깊어졌다. 실제로 구체적인 유물들만 역사적 의미를 갖는 것이 아니다. 기념물의 구조나 배치도 어떤 사실에 대한 상징이나 믿음을 보여 준다. 그래서 무엇 하나도 소홀히 볼 수 없는 것이다. "예에, 맞습니다." 나는 웃으며 대답했다. 이러한 비석 배치는 맹자와 자사의 사제 관계가 더욱 공고해졌음을 상징하고 있다. 역사는 사실만 쌓여서 이루어지는 것이 아니라 믿음으로 만들어지기도 한다.

〈공자이후일인공부재우하비孔子以後一人功不在禹下碑〉

강희비정을 보고 승성문承聖門에 들어서기 전에 왼쪽을 보면 치경문致敬門이 있다. 그 동쪽을 보면 상단의 좌우가 비슷하게 되어 있는 색다른 비석을 만날 수 있다. '공자 이후에 한 사람으로서 공적이 결코 우임금보다 아래에 있지 않다'라는 긴 이름을 가지고 있다. 청 건륭 19년(1754)에 세웠는데, 이름은 당나라 한유韓愈의 〈여맹상서서與孟尙書書〉에서 따왔다. 이 편지는 한유가 원화元和 15년(820)에 원주袁州지사로 임지를 옮길 때 맹간孟簡에게 보낸 글이다. 그 일부를 살펴보자.

"맹자가 비록 성현이었지만 자신의 생각을 펼칠 자리를 얻지 못하였다. 말만 하고 실천한 것이 없으니 비록 간절했지만 무엇을 보태었는가? 하지만 맹자의 말에 의지하여 지금 학자들은 공자를 으뜸으로 칠 줄 알고 인의를 높이며 철인 왕을 존중하고 무력의 강자를 깔보게 되었다. … 그래서 나 한유는 맹자를 존중한다. 생각하건대 그의 공이 우임금보다 아래에 있지 않은 것은 바로 이 때문이다."[10] _〈여맹상서서與孟尙書書〉

이 글에서 "우임금보다 아래에 있지 않다"라는 말을 따고 "공자 이후의 한 사람"과 연결시켜 이름을 지은 것이다. 당대의 문장가이자 유가의

---

[10] 〈여맹상서서〉, 孟子雖賢聖, 不得位. 空言無施, 雖切何補? 然賴其言, 而今學者尙知宗孔氏, 崇仁義, 貴王賤霸而已. … 故愈嘗推尊孟氏, 以爲功不在禹下者, 爲此也.

중흥을 이끈 한유의 말이라면 후대 사람들이 일단 인정해 주었던 모양이다. 그래서 그 권위를 빌려 맹자의 권위를 우뚝 세우고자 했던 것이다. 앞서 본 강희비정에서도 한유와 그의 말을 동시에 인용하고 있다.

맹자 아성亞聖이 되다,
〈가봉맹자위추국아성공성지비 加封孟子爲鄒國亞聖公聖旨碑〉

계성전 앞 용도의 서쪽에 있고 원문종文宗 지순至順 2년(1331)에 세웠다. 이 비는 두 가지 측면에서 주목할 만하다. 하나는 비문이 양단으로 되어 있다는 사실이다. 상단은 파스파 문자로 쓰여 있고 하단은 한문으로 쓰여 있다. 다른 하나는 문종이 맹자를 '영원한 스승'(百世之師)이자 "성현의 문하에 큰 공이 있어 우임금에 짝할 만하다"(可謂有孔聖門, 追配神禹)라고 평가하며 그를 '추국아성공鄒國亞聖公'으로 추증하고 있다는 사실이다. 이 비문을 통해 '아성 맹자'가 탄생한 것이다.

〈집왕희서 추현중수 맹묘비기 集王羲瑞鄒縣重修孟廟碑記〉

이 비석은 치엄당致嚴堂 문 앞의 서쪽에 있다. 명만력 36년(1608)에 추현지사 오계선吳繼先이 세우고 당시 글씨로 이름을 떨친 오상서吳祥瑞가 글씨를 새겼다. 이 비는 서성書聖으로 알려진 동진東晉 왕희지王羲之(303~361)의 글씨를 집자해서 새긴 걸로 유명하다.

〈가봉맹자위추국아성공성지비〉, 이 비문을 통해 맹자는 아성이 되었다.

〈인렴공근관잠비 仁廉公勤官箴碑〉

이 비는 명나라 시절 추현지사 양주언梁州彦이 현의 아문 부근 눈에 띄는 곳에 세웠던 것이다. 관료가 늘 '인렴공근仁廉公勤'의 덕목을 준수하도록 스스로 경계하는 내용이다. 지금은 맹묘 치엄당의 입구 치경문致敬門 밖에 자리하고 있다. 잠시 걸음을 멈추고 공감이 되는 내용을 찾아보면 좋겠다.

'관잠官箴'이란 권력을 갖고 정보를 독점하는 관료가 인민의 생활에 커다란 영향을 주므로, 직무를 수행할 때 주의해야 할 내용을 담은 훈계의 글을 말한다. 송나라 여본중呂本中은 《관잠》이라는 책을 내기도 했다. 역사적으로 유명한 관잠은 36자로 된 명나라의 청렴한 관료 곽윤례郭允禮의 〈관잠〉(1524)이다.

> 吏不畏吾嚴而畏吾廉, 民不服吾能而服吾公. 廉則吏不敢慢, 公則民不敢欺. 公生明, 廉生威.
> 이불외오엄이외오렴, 민불복오능이복오공. 염즉리불감만, 공즉민불감기. 공생명, 염생위.

> 관료들은 나의 엄격함을 두려워하지 않고 나의 청렴함을 두려워한다. 인민들은 나의 능력에 감복하지 않고 나의 공정함에 감복한다. 청렴하면 관료가 태만하게 굴 수 없고, 공정하면 인민이 속이려고 들지 않는다. 공정에서 밝음이 생기고, 청렴에서 위엄이 생겨난다.

불후의 명언이 아닐 수 없다. 유교의 가치를 믿는 학자와 관료들은 이처럼 〈관잠〉을 지켜서 부정과 비리가 없고 기만과 술수가 없는 깨끗한 세상을 만들고자 했다. 이러한 정신을 비석에 새겨서 자신의 마음을 굳게 하려고 했던 것이 바로 〈관잠비官箴碑〉이다. 이렇게 '관잠'을 만나면 그냥 지나치지 못하고 '나는 청렴한지, 공정한지' 저절로 자신을 돌아보게 된다. 인문기행은 과거의 자취에서 나를 성찰하여 미래로 나아가게 하는 힘이 있다.

'관잠'은 유교의 가치를 대변하는 중요한 상징이다. 곽윤례의 관잠비문.

건륭비정, 슈퍼스타 맹자

맹묘에서는 맹자의 지위가 나날이 올라가는 정황을 숱한 비석을 통해 확인할 수 있다. 마지막으로 이곳 건륭비정에 세워진 건륭제의 〈아성맹자찬비亞聖孟子贊碑〉를 보자. 글은 건륭 13년(1748)에 썼고, 비는 건륭 26년(1761)에 세워졌다.

춘추전국시대는 여느 세상과 달리 사람의 마음이 점점 나빠져서 오로지 공리만을 찾았다. 그때의 군주는 패자를 꿈꾸었고 재야의 선비

건륭비정.

는 제한 없는 논의를 펼쳤다. 예컨대 양주는 위아로, 묵적은 겸애로 공동체의 가치를 부정하며 사람들을 꼬드겼다. 하지만 노중련은 고상한 풍모가 있었고 진중은 염치를 지키는 선비였다. 하지만 이른바 뛰어난 인물은 이 정도에 지나지 않았다. 이때 뛰어난 인물, 즉 맹자가 있었으니 그는 집안에서 효도하고 집 밖에서 공경하며 머리카락으로 쇳덩이를 끌듯이 위태로웠지만 도의 맥락이 영원히 이어지게 했다. 그는 흔들리지 않는 마음을 지키고 말의 시비를 가리고 도덕적 기상을 키웠다. 세상을 다스리는 길은 성왕 요순의 길과 인의 도덕에서 나왔다. 군주를 아끼고 백성에게 혜택을 주는 일이 진실하고 넘쳐 났다. 공자의 문하에 들어가려면 맹자가 아니고서 어디에서 말미암을까? 맹자의 길이 어찌 어렵고 안연의 길이 어찌 쉬우리. 말과 침묵이 다르더라도 도道(진리)에는 둘이 없다. 뛰어나구나, 아성 맹자여, 그대의 공이 천지에 넘치네!**11**

건륭제의 〈아성맹자찬〉을 보면 맹자는 전국시대의 탁월한 영웅이다. 그가 없었다면 공자가 살아남을 수 없었다는 극찬을 받고 있다. 이제 맹자의 지위는 흔들리지 않는 공고한 상태에 이르게 된 것이다.

---

11 戰國春秋, 又異其世, 陷溺人心, 豈惟功利. 時君爭雄, 處士橫議. 爲我兼愛, 簧鼓梼擲. 魯連高風, 陳仲廉士, 所謂英賢, 不過若是. 於此有人, 入孝出弟, 一髮千鈞, 道脈永繫, 能不動心, 知言養氣. 治世之略, 堯舜仁義, 愛君澤民, 惓惓餘意. 欲入孔門, 非孟何自? 孟丁其難, 顔丁其易. 語黙故殊, 道無二致. 卓哉亞聖, 功在天地!

04 하늘이 만든 우물 이야기
천진정 天震井

우물 때문에 군청을 옮기다

건륭비정을 떠나 아성전 경내에 들어서자 분위기가 달라진다. 북적거리던 사람들도 온데간데없고 사방이 고요하다. 저만큼 할머니와 손자가 뭔가를 바라보며 조곤조곤 대화하는 모습이 자못 경건하다. 괜히 방해가 될까 봐 두 사람이 자리를 뜨기를 기다려 다가가 보니 우물이 있다. 이름이 '천진정 天震井'이다. 천둥 번개랑 이 우물이 무슨 상관이 있는 것일까? 먼저 우물과 관련된 이야기를 풀어 보자.

한 도시의 중심은 어디일까? 예나 지금이나 교통이 발달하고 사람이 많이 모이는 곳이 도시의 중심이다. 요즘은 관광지나 쇼핑센터, 놀이시설이 있는 곳에 사람이 많이 몰린다. 그래서 광화문, 명동, 강남역, 홍대

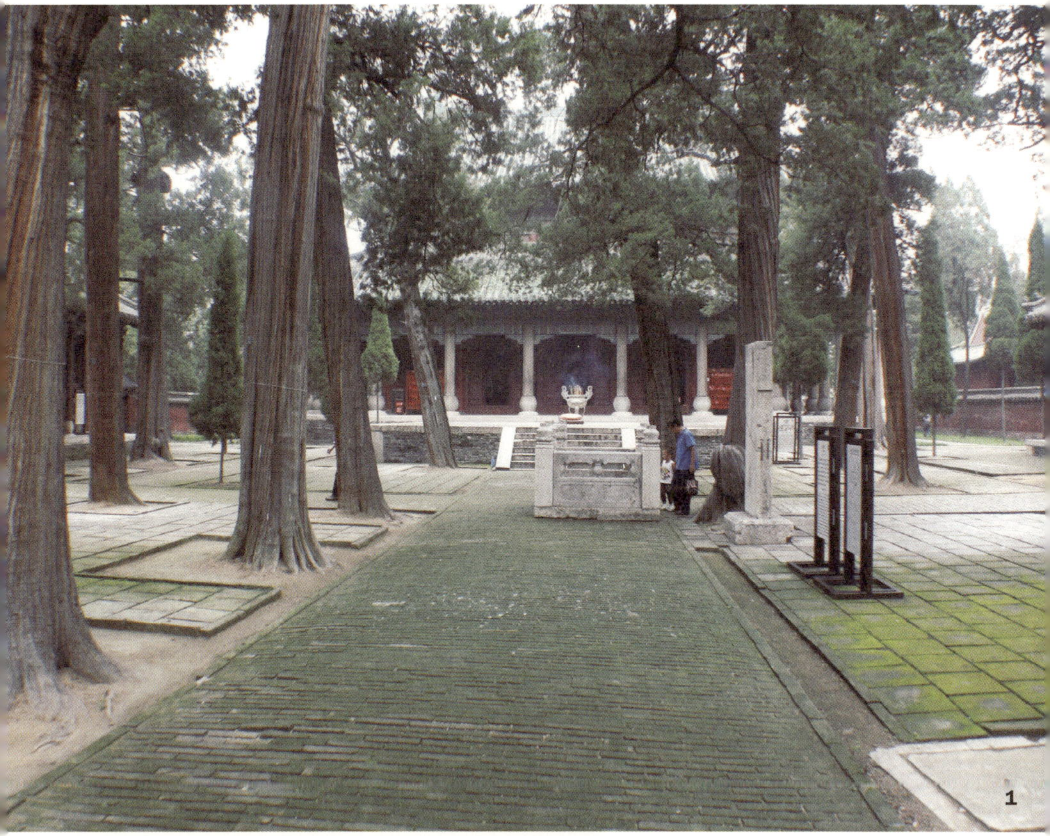

1

2

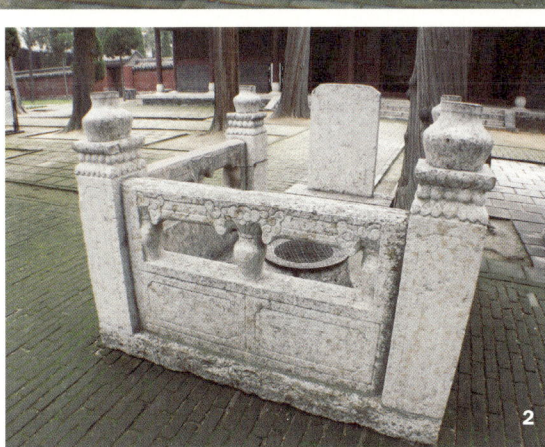

1. 할머니와 손자의 모습이 자못 경건하다.
2. 천진정天震井. 철망 때문에 우물은 보이지 않는다.

나 신촌 등을 서울의 중심으로 꼽는다.

근대에는 시청, 경찰서, 교육청 같은 관공서가 밀집된 곳이 도시의 중심이었다. 무슨 일을 하려면 꼭 관공서를 거쳐야 했기 때문이다. 전근대에도 관공서가 지역의 중심이었다. 그런데 근대와 전근대의 중심에는 큰 차이가 있었다. 전근대의 중심에는 반드시 별도의 시설물이 있어야 했다. 그것이 바로 우물이다. 상수도 시설이 갖춰지지 않았던 전근대에는 '물이 없는 중심' 또는 '물이 나오지 않는 중심'은 상상조차 할 수 없었다.

《세종실록》를 보면, "세종 3년(1421)에 경상도 관찰사가 기장현機張縣의 성안에 우물물이 나오지 않아(城中無泉水) 현아縣衙를 박곡리로 옮기자고 청하니, 재가를 했다"는 내용이 나온다. 우물 때문에 관아를 옮긴 것이다. 본래 한자어 시정市井은 사람들이 모이는 곳이나 거리의 평범한 사람을 가리켰다. 당시 시장과 우물은 사람들이 모여 물건을 사고팔며 세상 이야기를 나누는 근대의 광장이나 카페에 해당하는 장소였다. 오늘날 우리는 '시정잡배'라고 하여 부정적인 의미로 많이 사용하지만, '시정'에 담긴 역사적 의미를 알아 둘 필요가 있다.

천리불타정 千里不唾井

우물이 이렇게 옛사람들의 삶에 중요한 역할을 하다 보니 고사성어가 없을 리 없다.

"옛날에 물건을 실어 나르던 사람이 길을 떠나면서 말이 먹고 남은 먹이랑 쓰레기를 몽땅 우물에 버리고 떠났다. 다시 올 일이 없다고 생각했던 것이다. 그런데 뜻하지 않게 그곳에 다시 오게 된 그가 우물의 물을 마시고 병에 걸려 죽었다"는 이야기가 있다. 이를 두고 '먼 길을 나서서 우물에 침 뱉지 않는다'고 하여 '천리불타정千里不唾井'이라고 했다. 문장을 조금 바꿔서 '천리정千里井 불반타不反唾'라고도 한다. 비슷한 말로 '물을 마시며 우물을 판 사람을 잊지 않는다'는 '흘수불망굴정인吃水不忘掘井人'이 있다. 당나라의 이백과 두보의 시에도 '불타정不唾井', '천리정千里井'이 나온다. 이로써 '천리불타정'은 과거에 입은 은혜를 소중히 여긴다는 뜻으로 널리 쓰이게 되었다.

나도 시골 출신이라 우물에 얽힌 이야기가 많다. 수도시설이 없던 시절이라 살림을 하려면 집에 물이 필요했다. 나는 리어카에다 큰 대야를 싣고 마을에서 공동으로 관리하는 우물에 가서 물을 길어 왔다. 겨울에 물을 길어 올리려면 물에 젖은 두레박줄에 손이 닿을 때마다 아팠다. 그렇게 한 두레박씩 퍼 올린 물을 싣고 집으로 오다가 리어카가 움푹 팬 길에 걸리기라도 하면 대야의 물이 출렁이다가 길바닥으로 쏟아진다. 쏟아지는 양이 적으면 몰라도 많으면 다시 한 번 다녀와야 하므로 눈앞이 깜깜해지곤 했다.

지금은 수도꼭지를 틀면 물이 콸콸 나온다. 수돗물도 믿지 못해 생수를 사다 먹는다. 물이 귀한 줄 모르는 시대이다. 하지만 고대인에게 물은 곧 생명과도 같은 것이었다. 그러니 성지라고 하면 반드시 '우물' 하나쯤은 있어야 했다. 만약 우물이 없다면 성지로서 큰 결격 사유를 갖게 되는 것이다.

위인과 영웅은 우물 이야기를 갖고 있다

중국의 역사에 등장하는 성왕과 성현도 모두 우물 이야기를 갖고 있다. 《태평어람》권 189 〈군국지郡國志〉에는 '요정堯井' 이야기가 나온다. 요정은 사수현泗水縣 동쪽 15리에 있다. 한나라 유방이 싸움에 패해 도망가는데, 항우가 그를 추격하는 상황이었다. 유방은 이 우물에 몸을 숨겨 위기를 벗어났다고 한다.

우리 역사에도 우물과 관련된 일화가 많다. 신라의 시조 박혁거세는 나정蘿井에서 태어났다. 5년 뒤 그의 부인도 알영의 우물에서 태어났다. 이것은 전설이지만, 안악3호분 벽화를 보면 고구려 우물의 실물을 확인할 수 있다. 우물에는 우물이 무너지지 않게 쌓은 돌로 된 틀이 있고, 물을 퍼 올리는 용두레 시설까지 있다. 최근 영화를 보면 집 안의 옷장이 현실에서 다른 차원의 세계로 가는 '입구'가 되기도 한다. 고대인들은 우물이 이 세계와 다른 세계를 잇는 신성한 장소라고 생각했다.

경기도 광명에는 '우물점 보기'라는 풍속이 있다. 물을 뜨기 전에 우물 속의 두 마리 지렁이가 가위 모양으로 있으면 그 해 풍년이 들고, 따로 있으면 흉년이 든다고 한다.

성현의 경우를 살펴보면, 공묘에는 '고택정故宅井'이 있고, 증묘曾廟에는 '용천정涌泉井'이 있고, 안묘에는 '누항정陋巷井'이 있었다. 즉 성현의 영혼을 모시는 사당 또는 기념물에는 반드시 우물이 있는 것이다. 노자의 고향 루이현鹿邑縣과 장자의 고향 민취안현民權縣에도 예외 없이 우물이 있었다. 그런데 맹묘에만 우물이 없었다.

맹묘의 우물

지금 맹묘를 찾으면 '천진정天震井'이라는 우물이 있다. 처음에 없던 우물이 도대체 언제 생겨난 것일까? 이와 관련해서《중찬삼천지》를 보면 천진정과 관련된 이야기가 등장한다.

강희 11년(1672) 맹묘에서 묘회廟會를 하는 중에 갑자기 대낮에 큰 천둥소리가 나고 번개가 쳤다. 깜짝 놀라 혼비백산한 사람들이, 천둥 번개가 멎은 뒤에 주위를 둘러보니 먼지가 피어나는 곳이 있었다.

다가가 살펴보니 아성전의 계단 앞이 둥글게 파여 있었다. 그것이 꼭 우물 주위로 벽돌을 쌓은 것과 같고 아래로는 물이 솟아났다고 한다. 그래서 맹씨 가문에서는 하늘이 천둥 번개로 판 우물이라고 하여 '천진정'이라 이름을 지었다. 일명 '공평정公平井'이라고도 한다. 맹묘에도 다른 사당과 마찬가지로 우물이 생겼다는 뜻이다. 즉 맹묘도 성지에 어울리는 자격을 다 갖추게 된 것이다. 천진정 옆의 측백나무를 보면 사람의 귀처럼 생긴 것이 달려 있는데 우물의 물소리를 듣는 모양이라고 한다.

이 이야기에서 우리는 맹자의 후손들이 '우물 없는 맹묘'로 인해 얼마나 가슴앓이를 했는지 알 수 있다. 물론 이 우물이 맹자 후손들의 정성에 감동한 하늘의 감응은 아니다. 기록을 찾아보면 당시 담성郯城에 있던 지진과 관련이 있는 것으로 보인다.

바쁜 일정으로 맹묘를 찾으면 천진정을 보고도 그냥 지나칠 수 있다. '그깟 우물이 뭐가 대수라고?' 하지만 우물 이야기를 듣고 나면 천진정은 발걸음을 붙잡고 마음을 사로잡는다. 어디 우물만 그렇겠는가! 사정을 이해하고 나면 나와 관계없는 것이 없고 귀하지 않은 것이 없다.

05 맹자의 영혼이 숨 쉬는 곳
아성전 亞聖殿

방향과 시선

　　　　　　드디어 맹묘의 중심, 즉 아성전이다. 맹자의 영혼을 기리는 곳이다. 천진정을 보고 몸을 돌려 고개를 들면, 월대月臺 위로 '아성전亞聖殿' 편액이 걸린 2층 건물이 눈에 들어온다. 맹묘에서 제일 크고 높은 건물이다.

　아성전은 일단 높이에서부터 월대 아래에 있는 사람을 압도한다. 아무리 키가 큰 사람도 월대 위의 건물을 우러러볼 수밖에 없다. 따라서 그 건물에 모신 인물과 월대에 오르는 사람의 시선에는 상하의 관계가 형성된다. 이 규정은 역사의 무게와 함께 '보통 사람'으로 하여금 맹자에게 다가갈 수는 있지만 결코 만질 수는 없는 '거리'를 유지하게 만든다.

다시 맹묘의 입구로 돌아가 보자. 영성문을 지나서 용도甬道를 따라 걸으면 태산기상문泰山氣象門이 나오고 계속 앞으로 나아가면 숭성문이 보인다. 이때까지도 아성전은 지붕만 간신히 보일 뿐이다. 영성문에서 아성전에 이르는 길은 직선이 아니라 11시 방향으로 살짝 굽은 길이다. 창경궁의 홍화문과 정전인 명정전이 직선이 아니라 약간 틀어져 있는 것과 닮았다. 즉 아성전은 처음부터 자신의 모습을 보란 듯이 다 내보이지 않고 용도를 살짝 틀어서 자신의 모습을 감추고 있다. 그리고 숭성문을 지나면 비로소 웅장한 아성전의 모습을 눈으로 확인하게 된다. 예상하지 못한 거대한 건물이 갑자기 눈앞을 가로막는 형국이다. 누구나 순간 움츠러들지 않을 수 없다.

이렇게 아성전은 두 가지 모습으로 방문객을 맞이한다. 그 규모와 내려다보는 시선으로 압도적 기운을 내보내고 용도의 방향과 위치로 방문객을 깜짝 놀라게 하여 수동성을 갖게 한다. 여기에 주목하면 사실 아성전을 찾는 것은 불편하다.

높이로 숭고를 만들어 내다

잠깐 상상해 보자. 소개팅에 나가서 꿈에 그리던 이상형을 만났다. 그는 가만히 앉아 있지만 공간을 가득 메우고 그의 목소리는 말하지 않아도 나를 휘감는다. 그는 나를 끌어당기는, 내가 어쩔 수 없게 만드는 힘을 갖는다. 즉 내게 절대적인 수동성을 강요하는 것이다. 나는 숨조차 내쉬지 못하고 입을 다물고 만다.

대성전의 배치와 규모는 위엄과 숭고를 의도하고 있다.

숭성문을 지나면 아성전이 나온다. 멀리서 바라보면 다른 세계로 들어가는 듯한 환상을 불러일으킨다.

전근대 문화에서는 위인을 기리는 공간과 건물을 크게 지었다. 크기와 높이가 거대한 만큼 보는 사람을 압도하게 되는데, 그 힘을 위엄미威嚴美, 장엄미莊嚴美라고 부른다. 이 힘과 마주한 사람은 지금까지 익숙했던 삶과 사고의 틀을 깨도록 강요받는다. 그래서 처음에는 불편하고 거북하다. 하지만 이 시간이 지나고 나면 다른 느낌이 슬며시 찾아온다. 거대하지만 구체적인 대상 안으로, 무한한 의미가 생성되는 장으로 걸어 들어가는 나를 발견한다. 거대한 대상과의 만남을 통해 또 다른 나를 만나는 순간이다. 이 만남은 강요와 겁박에 의한 것이 아니라 내가 내 발로 찾아가서 벌어진 사건이다.

이것이 바로 여행을 통해 '오만한 나'가 '겸손한 나'로 바뀌게 되는 체험이다. 근대 미학에서는 그 힘을 숭고미崇高美라고 부른다. 아성전의 구조와 배치가 의도하는 바가 이 위엄과 숭고인 것이다.

우리나라의 절을 찾아간 경험을 떠올려 보라. 물론 차를 몰고 가는 그런 경험이 아니다. 우선 일주문부터 많이 걸어야 한다. 걷기에 익숙하지 않은 사람은 그만 돌아가고 싶거나 여기를 왜 걷는지 모르겠다는 생각이 들 정도이다. 그리고 계단은 좀 많은가? 오르고 올라도 끝이 없을 듯한 높이를 다 채워야만 대웅전을 만나게 된다.

씩씩거림과 미움이 꼭지에 있을 때 대웅전을 찾으면 부처는 한없이 넓은 미소를 짓고 있다. 씩씩거리는 중생과 환한 미소의 부처, 참으로 대조되는 장면이다. 이때 비등점을 넘어서 끓어오를 듯한 미움이 불상을 보는 순간, 눈 녹듯이 사라지고 마음은 텅 빈다. 잘나고 건방지고 투덜거리는 '나'를 내려놓는 순간, 부처를 만나는 것이다.

아성전은 산에 있지 않다. 그래서 평지에 있으면서도 '어떻게 산에 있는 절과 같은 높이를 만들어 낼까?' 고민했던 것이다.

그 고민의 결정체가 바로 아성전의 규모이자 위치이자 시선이자 방향인 것이다.

아성전의 또 다른 장식물들

과거 황제 정도의 권위를 가진 사람이라면 중요한 곳에 자신의 흔적을 남기고 싶어 했다. 맹묘와 같은 곳에 글씨를 남기면 아성의 권위가 사라지지 않는 한 황제의 존재도 사라지지 않게 된다. 그래서 편액이 많다. 어떤 곳은 '덕지덕지' 걸려 있다는 생각이 들 정도이다. 아성전도 편액으로부터 자유로울 수 없다.

2층의 '아성전'은 글씨와 테두리가 모두 금색으로 되어 있다. 영원히 변하지 않기를 바라는 마음을 담았으리라. 청건륭제의 맹자 사랑은 각별했다. 그는 다섯 차례 취푸를 다녀갔는데, 그때마다 대신을 맹묘에 보내 제사를 지내게 했다. 그것으로 부족했는지 건륭 22년(1757), 27년(1762)에는 맹묘를 직접 방문하여 '일궤삼고一跪三叩'의 예를 올렸다.[12] 또 21년

---

[12] '일궤삼고'는 한 차례 무릎을 땅에 꿇고서 세 차례 머리를 조아리며 절하는 인사법이다. 명제국 때에는 오배삼고지례五拜三叩之禮를 했고, 청제국 때에는 삼궤구고두례三跪九叩頭禮 또는 삼배구고두례三拜九叩頭禮를 했다. 횟수가 많으면 많을수록 상대의 권위가 높다는 것을 가리킨다. 이 의식이 국제적으로 문제가 된 적도 있다. 1793년 대영제국의 외교관 조지 매카트니가 청의 건륭제를 만났을 때, 이 삼궤구고두례를 거부하고 영국식을 고집하여 쟁론이 벌어졌다. 근대에 들어서 허리를 굽히는 국궁鞠躬으로 바뀌었다.

청건륭제가 내린 편액 '도천니산道闡尼山'. '공자의 도를 널리 퍼뜨리다'라는 뜻이다.

건륭제와 대영제국의 매카트니. 삼궤구고두례를 놓고 문화 충돌이 벌어졌다(1793).

(1756)에는 '공자의 도를 널리 퍼뜨리다'라는 '도천니산道闡尼山'의 편액을 내렸다. 그것이 정전 입구에 걸려 있다.

아성전 내부로 들어서면 정면에 역시 금박으로 쓰인 '아성맹자위亞聖孟子位'와 함께 두 손으로 홀을 맞잡은 맹자의 소상이 있다. 머리에 면류관을 쓰고 구장복九章服을 입고 있는데, 관은 구류면九疏冕이다. 즉 맹자가 황제가 아니라 왕으로 모셔져 있다는 의미이다.

그 위에는 옹정 3년(1725)에 옹정제가 맹자 65대손 맹연태孟衍泰를 불러서 묵墨 등을 선물하며 하사한 '수선대후守先待後'의 편액이 있다. '선배의 길을 지키고 후배의 길을 갖춘다'는 뜻이다. 소상 양 옆에는 '존왕언필칭요순尊王言必稱堯舜, 우세심동절우안憂世心同切禹顏'의 대련이 걸려 있다. '맹자는 성왕을 높이면서 말끝마다 요와 순임금을 들먹였고, 세상을 걱정하는 마음이 간절하여 우임금과 안연을 닮았다'는 뜻이다. 이 모든 걸 사진 한 장에 담는 것은 거의 불가능하다. 맹자의 소상 주변만 찍는 것도 쉽지 않다. 욕심을 내려놓아야 한다.

아성전이 맹자의 위패를 모시는 신성한 곳인 만큼 아성전의 제사를 위한 부속 건물들이 있다. 예컨대 치엄당致嚴堂은 맹자 후손들이 제사를 올리기 전에 재계를 하고 옷을 갈아입는 곳이다. 원래 재숙소齋宿所라고 했는데, 이름이 바뀌었다. 조주사祧主祠는 치엄당 뒤에 있는데, 조상들의 신주를 모시는 사당이다. 분백지焚帛池는 조주사 뒤에 있는 독립된 작은 공간으로 제사를 지낸 뒤 제문을 불태우는 곳이다.

옹정제가 내린 편액 '수선대후守先待後', '선배의 길을 지키고 후배의 길을 갖춘다'는 뜻이다.

06 싸움닭 맹자

맹자가 싸우는 이유, '부득이'하다

　　　　　이렇게 아성전을 다 보았다고 사진 한 장 찍고 발길을 휭하니 돌릴 일이 아니다. 실제로 맹자를 만났다고 생각해 보자. "나 바쁘니까 사진 한 장만 빨리 찍읍시다." '찰칵' 하고 돌아설 사람은 없을 것이다. 차라도 한 잔 하자고 하고, 여의치 않다면 몇 가지 질문이라도 하고, 시간이 된다면 두 손 꼭 잡고 인생 상담이라도 부탁하지 않겠는가? 그런 마음으로 월대도 오르내려 보고, 경내도 두어 바퀴 천천히 돌아 보면 좋겠다. 그때 맹자가 다가와 슬쩍 말을 건넬 수 있다. 우리가 맹자를 통해 자신의 삶과 생각의 그물을 짜는 순간이다. '맹자가 어떤 위치에 있느냐?'라는 것은 내가 맹자와 대화를 나누려는 자세에 달려 있다. 맹자에게 질문을 던지고 그 질문 속으로 맹자가 들어올 때, 그는 숭배와 존경의 자리에서 내려와 우리와 수평적 만남을 갖게 된다.

맹자는 전국시대 제자백가들 중에서 '싸움닭'으로 소문이 나 있었다. 그가 가는 곳이면 늘 논쟁의 불꽃이 튀었다. 실제로 〈등문공〉 하9를 보면 제자 공도자公都子가 항간에 떠도는 소문을 맹자에게 전했다. 그 소문은 다음과 같다.

> 公都子曰: 外人皆稱夫子好辯, 敢問, 何也?
> 공도자왈: 외인개칭부자호변, 감문, 하야?
>
> 밖에서 사람들이 선생님더러 말싸움을 좋아한다고 하는데, 도대체 왜 그런 것입니까? _〈등문공〉 하9

제자가 선생님에 대한 소문이 얼마나 안타까웠으면 저런 질문을 하였을까? 철없는 스승을 걱정하는 제자의 안타까운 마음이 느껴진다. 사실 공자는 군자는 어눌하다고 했으니, 공자를 입에 달고 살던 맹자로서는 더욱 면목이 없는 일이었다. 맹자도 가만히 있을 수가 없다.

> 子豈好辯哉? 子不得已也.
> 여기호변재? 여부득이야.
>
> 내가 나서고 싶어서 그런 것이 아니라 시대적 상황 때문에 어쩔 수 없이 그렇게 되었다. _〈등문공〉 하9

한자어 '부득이'를 맹자만큼 적절하게 써먹은 사람이 또 있을까? 정말 제때에 써먹고 있다. 즉 가만히 있으려고 해도 있을 수 없는 상황이라는 것이다. 그것이 바로 '사설폭행邪說暴行', 요즘 말로 하면 유언비어와 불순분자의 출현이다. 제자백가라는 말이 보여 주듯, 당시 무책임한 궤변과 요설로 왕과 제후, 백성들을 현혹하는 수많은 자들이 나타났다. 따라서 맹자는 칼이 아니라 붓을 들고, 발이 아니라 혀를 놀리게 된 것이다. 맹자는 사설폭행에 여지없이 무너지는 시대를 구원하고 싶었던 것이다.

양주와 묵적, 두 극단을 배척하다

이제 맹자가 제자백가와 두 눈을 부릅뜨고 논변을 펼쳤던 사례를 살펴보자. 여러 논쟁 중에 아무래도 맹자가 묵적과 양주를 비판하는 이야기를 하지 않을 수 없다.

공자가 죽은 뒤에 곧이어 묵자가 등장했다. 그는 '별애別愛'와 '겸애兼愛'의 개념에 입각해서 자신과 공자의 사상을 엄격하게 구분했다. 공자는 사랑을 말하지만 가족과 혈연의 틀을 벗어나지 못한다. 그 결과 오히려 공자가 사람들이 서로 다투는 원인을 제공했다는 것이다.

묵자의 생각을 조금 더 들여다보자. 나는 나의 물건을 훔치지 않지만 남의 물건을 훔칠 수 있다. 나는 나의 나라를 공격하지 않지만 남의 나라를 침략한다. 결국 나와 남, 나의 나라와 남의 나라를 구별하고 내가 남에 대해 적대적인 행위를 하는 것은 나의 소속과 혈연을 기준으로 사고하고 행동하기 때문이다. 묵자는 그러한 사고가 공자의 사상 안에 들어 있다고 본 것이다. 이를 해결하려면 공자처럼 나와 남을 구별하는 '별애'가 아니라 나와 남을 동등하게 대우한다는 '위기유위피爲己猶爲彼'에 바탕을 둔 '겸애'를 실천해야 한다는 것이다.

묵자에 이어 양주楊朱가 등장했다. 그는 이전의 철학사의 한계로서, 물질을 중시하고 생명을 경시하는 '중물경생重物輕生'을 들었다. 공자는 군자君子와 지사志士의 이름을 중시하여 자신의 생명을 가볍게 희생하고, 묵자는 나와 남을 동등하게 대우하느라 개인의 욕망을 제대로 돌보지 않는다고 본 것이다. 양주의 입장에서는 공자와 묵자는 사상적 차이에도 불구하고 생명을 경시하는 공통점을 갖는다. 이에 양주는 '중물경생重物輕生'을 '경물중생輕物重生'으로 철학의 방향을 전환시키고자 했다.

묵자와 양주의 비판을 수용하게 되면 공자의 사상은 폐기처분해야 할 위기에 놓이게 된다. 맹자는 두 사람의 공격에 맞서서 공자를 살려야 했다. 이 때문에 묵자와 양주를 격렬하게 비판하게 된 것이다.

> 楊朱墨翟之言, 盈天下. 天下之言, 不歸楊, 則歸墨. 楊氏爲我, 是無君也.
> 墨氏兼愛, 是無父也. 無父無君, 是禽獸也.
> 양주묵적지언, 영천하. 천하지언, 불귀양, 즉귀묵. 양씨위아, 시무군야.
> 묵씨겸애, 시무부야. 무부무군, 시금수야.

양주와 묵적의 주장이 온 세상에 가득 찼다. 온 세상의 주장이 양주에게로 귀결되지 않으면 묵적에게로 귀결된다. 양주는 '나를 위하자!'는 이기주의를 외쳤는데 그러면 군주를 부정하게 된다. 묵적은 나와 남을 동등하게 대우하자는 이타주의를 주장했는데 그러면 아

버지를 부정하게 된다. 아버지와 군주를 부정하면 짐승과 다를 바 없다. _〈등문공〉 하9

 마지막 말을 보면 맹자가 묵적과 양주의 사상이 얼마나 위험하다고 생각했는지 알 수 있다. 요즘도 '짐승 같은 놈'이라는 말은 당사자를 더이상 만나지 않으려고 할 때나 쓴다. 양주의 사상은 모든 행위가 '나'에게 무슨 도움이 되느냐로 향해 있다. 따라서 나를 위한 일이 아니라면 어떤 것도 하지 않는 것이다. 맹자는 이를 군주의 존재를 부정하게 된다고 보았다. 또 묵적은 나와 남을 차별 없이 돌보자고 하므로 가족이 특별한 대우를 받을 이유가 없다. 이 때문에 맹자는 묵적이 아버지의 존재를 부정하게 된다고 보았다. 그래서 이들에게 막말을 퍼붓고 있는 것이다.
 다른 곳에서 맹자가 소개한 두 사람의 주장을 살펴보자.

> 楊子取爲我, 拔一毛以利天下, 不爲也. 墨子兼愛, 摩頂放踵, 利天下, 爲之.
> 양자취위아, 발일모이리천하, 불위야. 묵자겸애, 마정방종, 리천하, 위지.

> 양주는 나를 위한다는 주장을 펼치는데, 극단적으로 자신의 털 한 가닥을 뽑아서 세상을 이롭게 한다고 해도 하지 않으려고 한다. 묵적은 나와 남을 구별 없이 돌보자는 주장을 펼치는데, 정수리가 닳고 발뒤꿈치가 없어지더라도 세상을 이롭게 할 수만 있다면 기꺼이 하려고 했다. _〈진심〉 상26

맹자의 말을 들으면 양주와 묵적은 극단적으로 대비된다. 묵적이 극단적인 이타주의라면 양주는 극단적인 이기주의라고 할 수 있다.

두 사람을 간략하게 변명해 보자. 양주는 신체는 모두 이어져 있고 생명도 신체가 온전하게 유지될 때 지속된다고 보았다. 따라서 몸에 중요하고 중요하지 않은 차이가 없다. 모두가 생명을 이루는 귀중한 부분이다. 따라서 털 한 가닥이 초점이 아니라 내가 아닌 다른 것을 위해 나의 신체를 훼손하지 않겠다는 뜻이다. 이렇게 보면 양주는 생명의 가치를 중시하는 생태주의자라고 할 수 있다.

묵적은 고통에 신음하는 백성들을 보고도 적극적으로 나서지 않는 현실을 고민하며 겸애를 주장했다. 특히 묵적은 겸애를 확장시켜서 침략 전쟁을 반대했다. 하지만 현실은 영토 확장을 위한 전쟁이 끊이지 않았다. 묵적은 이때 현실을 한탄만 한 게 아니라 직접 용병을 조직하여 침략 받는 약한 나라를 구하기 위해 활동했다. 이때 묵적이 군주의 명령을 받지 않고 독자적으로 행동했기 때문에 군주를 무시한다는 비판을 받은 것이다. 하지만 백성들에게 묵적은 침략의 고통을 겪는 자신들을 기꺼이 도와주러 온 해방군이나 다름없었다. 두 사람의 사상은 이러한 특성 때문에 당시 널리 수용되었던 것이다.

하지만 맹자는 양주와 묵적의 사상이 내포하고 있는 한계를 꿰뚫어 보았다. 두 사람의 주장이 가져올 극단적인 결과, 즉 부모와 군주를 부정하게 되는 위험성을 밝힌 것이다. 그 밑바탕에는 맹자의 마음에 대한 철학적 통찰이 있다. 맹자는 이해에 따라 움직이는 현실 세계와 별도로 이해를 넘어선 마음의 세계를 찾아냈다. 그리고 공자의 사상을 전국시대에 맞게 재해석했던 것이다.

07 《맹자성적도 孟子聖迹圖》

공맹의 일대기를 그린 만화가 있다

보통 《논어》와 《맹자》는 공자와 맹자의 사상을 배우기 위해 엄숙하게 펼쳐 든다. 그런데 읽다 보면 그들의 사상 말고도 사람 됨됨이가 그려지기도 한다. 등장인물들의 개성도 자못 다양하다. 《논어》와 《맹자》를 문학 작품처럼 읽을 수 있게 되는 것이다. 주인공인 공자와 맹자가 어떤 인물로 창조되는지, 대화의 상대는 어떻게 묘사되는지 살피다 보면 책의 내용을 훨씬 더 생생하게 이해할 수 있다.

물론 아무리 읽어도 캐릭터가 안 잡히는 인물도 있고 쉽게 그려지는 사람도 있다. 《논어》의 경우 자로子路는 누구라도 쉽게 캐릭터를 잡아 낼 수 있다. 불의를 보면 참지 못하고, 좋은 말을 들으면 실천하려 하고, 아직 실천하지 못했으면 다른 말을 듣지도 않고, 공자가 칭찬해 주면 떨 듯이 기뻐하고 나무라면 풀이 죽고, 제 생각에 공자가 좀 구린 행동을 하려 하면 불같이 화를 낸다. 이 정도면 작가나 독자나 자로를 어떻게 표현할지가 분명해진다.

그 전에 《논어》와 《맹자》 속의 인물을 그린 그림이 있으면 어떨까? 아마도 훨씬 더 쉽게 그 인물을 이해하고 공감할 수 있을 것이다. 공자와 맹자가 주인공인 만화가 있다면 더 좋을 것이다. 사실 그러한 만화가 있다. 바로 《공자성적도孔子聖蹟圖》와 《맹자성적도孟子聖蹟圖》이다. 물론 이 '성적도'는 재미와 극적 구성을 가진 만화는 아니다. 공자와 맹자의 일생에서 일어난 중요한 사건과 사상을 소개하는, 설명이 곁들여진 일종의 판화이다.

그렇다면 《공자성적도》와 《맹자성적도》 중에서 어느 것이 오래되었을까? 단 현재까지 발견된 것 중에서라는 단서가 붙는다. 혹시 답이 빤한 걸 묻는다고 할 수도 있다. 그런데 애석하게도 답은 빤하지 않다. 종이 자료로 따지면 《공자성적도》가 오래됐고, 석각 자료로 따지면 《맹자성적도》가 오래되었다. 하지만 석각 자료가 종이 자료보다 연대가 빠르므로 《맹자성적도》가 《공자성적도》보다 무려 200여 년이나 더 오래되었다고 할 수 있다. 공맹을 아는 분이라면 더 당황스러울 수도 있다. 그래서 단서를 달았던 것이다. 앞으로 새로운 유물과 문헌이 발견된다면 답은 언제든지 달라질 수 있다.

그리고 소설이나 영화로 치면 맹자 주연 《맹자》가 공자 주연 《논어》보다 훨씬 재미가 있다.

계성전의 〈맹씨종전조도비〉

맹묘를 어렵게 찾아서는 큰 건물만 대충 훑고 지나가면 곤란하다. 아성전의 오른쪽에 성인 아들을 낳았다는 뜻의 계성전啓聖殿이 있다. 맹자의 아버지 맹격의 신위를 모신 곳이다. 맹묘비각 용도의 북쪽 끝에 자리한 건물이다. 내게는 이곳이 맹묘의 공간 중에서 가장 가슴이 벅차오르는 곳이다.

맹묘의 다른 건물들과 기념물은 진짜이지만 시대가 그리 오래되지 않았거나, 오래되었어도 모사품일 경우가 많다. 하지만 계성전에서는 가장 오래된《맹자성적도》진품을 만날 수 있기 때문이다. 예술의 진품을 손으로 만질 수 있는 영광은 쉽게 주어지지 않는다. 아마도 중국 당국에서 이 진품의 가치를 알면 곧 손으로 만지지 못하게 할 것이다. 사진을 찍기도 어려울 수 있다. 계성전은 이제 얼마 남지 않은 기회를 누릴 수 있는 곳이다.

그러니 성미 급한 사람이라도 '맹격'의 소상을 보려고 먼저 계성전 안으로 뛰어들 일이 아니다. 잠깐 걸음을 멈추고 주변을 둘러보시라.

그러면 정전 앞 오른쪽에 사람 키보다 크고 윗부분이 좌우로 비스듬하게 깎인 비석을 발견할 수 있다. 이 비석이 〈맹씨종전조도비孟氏宗傳祖圖碑〉이다. 금나라 대안大安 3년(1211)에 새겨지고 명나라 홍무 6년(1373)에 세워졌다. 이 비석이 왜 대단할까? 바로《공자성적도》보다 200여 년이나 앞선《맹자성적도》를 품고 있기 때문이다

오랜 세월이 지나 새긴 부분이 선명하지 않지만 자세히 들여다보면 좌우로 세 가지 기록이 있다. 기록은 좌우 한 쌍으로 모두 12조, 즉 24편

계성전, 맹자의 아버지 맹격의 신위를 모신 곳이다. 오른쪽에 〈맹씨종전조도비〉가 보인다.

계성전 앞에 세워진 〈맹씨종전조도비〉.

의 그림으로 새겨져 있다. 한 컷의 조각은 가로 26cm, 세로 35cm가량으로 세로가 긴 그림이다.

중국에서 가장 오래된 《맹자성적도》를 만나다

구성을 살펴보면 정면 1~6조는 〈맹씨종전조도시말지기孟氏宗傳祖圖始末之記〉와 〈맹씨가보서孟氏家譜序〉의 목록으로 되어 있다. 그리고 후면 7~18조에 《맹자성적도孟子聖迹圖》가 새겨져 있다. 물론 우리의 관심은 후면의 '맹자성적도'이다. 이 성적도에는 맹자와 공손추公孫丑를 비롯한 맹자의 제자 그리고 맹자가 유세 중에 만났던 양혜왕 등 다양한 인물이 등장한다.

그중에 맹자가 자사로부터 가르침을 받은 〈사맹전수思孟傳授〉가 있다. 다음 장에서 《공총자》를 다룰 때 다시 설명하겠지만 맹자의 취약점을 일거에 해결하는 그림이다. 맹자가 자사에게 직접 배우는 장면을 그림으로써 공자와 맹자의 연결이 확실해지는 것이다.

또 〈전식어제후傳食於諸侯〉, 〈양혜왕문리국梁惠王問利國〉, 〈제선왕문치국齊宣王問治國〉 등 맹자가 고향을 떠나 양나라와 제나라 등의 왕을 만나 유세를 펼치는 내용을 담고 있다. 신분으로는 왕과 일개 학자이지만 《맹자성적도》 속의 맹자는 당당한 모습을 잃지 않고 상대도 존경의 태도를 극진하게 보이고 있다. 있는 그대로 새긴 것이 아니라 믿고 싶은 대로 새긴 자취라고 할 수 있다.

그리고 〈도성선道性善〉, 〈공손추문호연公孫丑問浩然〉의 경우 맹자가 등

■ 계성전 〈맹씨종전조도비〉의 《맹자성적도》. 명나라 홍무 6년(1373)에 세워진 진품이다.

양혜왕문리국(좌: 양혜왕, 우: 맹자). 양혜왕이 맹자에게 나라를 이롭게 할 길을 묻다.

전식어제후(수레 안의 인물이 맹자). 맹자가 많은 수행원을 거느리고 제후들을 찾아다니다.

등문공과 도성선(좌: 등문공, 우: 맹자). 맹자가 등문공에게 성선性善의 가치를 역설하다.

사맹전수(좌: 지사, 우: 맹자). 자사가 맹자에게 사상을 전수하여 사제관계를 맺다.

문공을 만나 성선을 말하고, 제자 공손추에게 호연지기를 설명하는 장면을 담고 있다. 이는 맹자 사상의 핵심이다. 이렇게 보면 〈맹씨종전조도비〉의《맹자성적도》는 맹자의 어린 시절에서부터 학문의 연원, 유세의 장면 그리고 핵심 사상을 두루 보여 주고 있다. 장면이 많지는 않지만 맹자의 처음과 끝을 압축적으로 잘 전달하고 있다.

내가 얼마나 호들갑을 떨었는지, 일행들도 비석에 붙어 떨어지지 않는다. 사진을 찍기 위해서이다. 거의 한 시간 가까이 씨름한 것 같다. 왜 그랬는지는 비석의 위치와 제작 연도를 떠올려 보면 이해가 빠를 것이다. 비석 자체가 찍기 어려운 피사체이고 오랜 세월에 닳고 깨져 나간 부분도 많았다. 게다가 전면은 어떻게든 나오지만, 정작《맹자성적도》가 있는 뒷면은 계성전의 벽과 바짝 붙어 있어서 빛도 없고 자세도 잡기 힘들다. 전문 장비와 솜씨가 없다면 제대로 된 사진을 찍기 어렵다. 그렇게 열심히 찍어서 겨우 몇 장의 사진을 얻었다. 뜻대로 되지 않는다고 씩씩거리던 일행의 표정이 지금도 선하다. 이 책에 실린 몇 장의 그림이 이때 찍은 사진들이다. 국내에서는 최초로 소개한다.

오늘날 전해지는 유물이 대부분 현대와 가까운 청과 명시대의 작품이라는 점을 감안할 때, 그 이전의 작품은 존재 자체만으로도 의미가 있다. 게다가 〈맹씨종전조도비〉에 새겨진《맹자성적도》를 만나면 800년을 넘어 2300년의 시간 여행을 체험하는 셈이다. 아직 눈으로 직접 보고 손으로 만져 볼 수 있는 행운을 누릴 수 있으니, 맹묘를 찾는다면 꼭 놓치지 말아야 할 보물로 강력 추천한다.

선을 따라 시간을 거슬러 올라가다

종이 자료로는 청광서 연간에 간행된 목각본《맹자성적도》가 가장 오래되었다. 모두 13장면으로 되어 있는데《공자성적도》에 비해 1/10에도 미치지 못한다.

이《맹자성적도》 13편은 아성맹자亞聖孟子, 태산승운泰山乘雲, 삼천성명三遷成名, 사사자사師事子思, 단기유학斷機喩學, 유견제선遊見齊宣, 반노장모返魯葬母, 장창조가臧倉阻駕, 등문문도滕文問道, 유견양혜遊見梁惠, 역벽양묵力闢楊墨, 퇴작칠편退作七篇, 예폐하동禮廢賀冬으로 이루어져 있다.

비석《맹자성적도》에 없는 내용을 살펴보면, '태산승운'은 맹자 어머니의 산몽産夢이다. 맹자 어머니가 신선이 상스러운 구름을 타고 태산으로 올라갔다가 쩌우청의 이산嶧山에 머무는 꿈을 꾸었는데, 깨어나니 맹자가 태어났다. 당시 맹자의 집 주위를 오채색의 구름이 뒤덮었다는 내용이다. '반노장모'는 노나라로 돌아와 어머니의 장례를 치른 일, '장창조가'는 노나라 평공平公 시절 장창이 맹자의 등용을 막았던 상황을 그리고 있다. '역벽양묵'은 맹자가 양주와 묵적의 사상을 배척한 업적, '퇴작칠편'은 맹자가 정치에서 물러나 오늘날 전해지는《맹자》 7편을 저술한 사실, 그리고 '예폐하동'은 맹자 사후에 쩌우청 사람들이 맹자를 추도하느라 동지 행사를 그만둔 일을 묘사하고 있다.

《맹자성적도》를 보면 처음에는 별다른 감흥을 느끼지 못할 수 있다. 화려한 색채가 있는 것도 아니고, 구도가 기막힌 것도 아니고, 선의 움직임이 생생한 것도 아니고, 내용이 쉽게 다가오는 것도 아니기 때문이다. 그래서 한 번 눈길을 주다 이내 시선을 거둘 수 있다.

■ 종이로 된 《맹자성적도》

유견양혜.

반노장모.

역벽양묵.

예폐하동.

하지만 급하게 거두는 눈길을 붙잡아《맹자성적도》의 선을 이리저리 따라가며, 세상을 구하려고 했지만 뜻대로 되지 않고, 뜻대로 되지 않았으나 실의에 빠지지 않고 다시 일어섰던 맹자의 숨결을 느껴 보길 바란다.

《맹자성적도》는 화려하고 미묘하기보다 수수하고 거칠다. 그래서 더 쉽게 말을 건넬 수 있을 것이다. 비싼 옷을 입으면 조심스럽지만 편한 옷을 입으면 자유롭게 거닐 수 있는 것과 닮았다.《맹자성적도》의 화가는 보는 사람이 들어와 화폭을 채우도록 여백을 남겨 놓고 있다.

08 맹자의 또 다른 아버지, 자사 子思

공자와 맹자, 아버지 없이 성장하다

근대 이후부터 오늘날까지 유교는 남성의 가부장제를 지지하는 교의로 평가받는다. 간혹 학술대회에서도 여성 학자를 초청하여 유교와 응어리진 대결을 유도하기도 한다. 여성 학자가 가부장제를 옹호하는 유교를 신랄하게 비판하리라 예상하기 때문이다. 하지만 공자와 맹자의 가계를 훑어보면 흥미로운 사실을 발견할 수 있다. 앞서 언급한 바와 같이, 유교의 기틀을 다진 공자와 맹자의 아버지가 모두 3세에 돌아가셨다는 사실이다. 즉 그들은 아버지가 부재한 상태에서 거의 전적으로 어머니의 손에서 자랐다. 이것은 참으로 역설이다. 어떻게 어머니의 보살핌을 받고서 어머니보다 아버지를 주춧돌로 삼는 사상을 세울 수 있었을까?

하지만 맹자의 사상을 심리학적으로 독해하면 재미있는 점을 끌어낼 수 있다. 그는 어머니의 엄격하면서도 따뜻한 가르침을 받았던 터라 전국시대라는 엄혹한 시절에도 '성선性善'이라는 따뜻한 희망을 찾아낼 수 있었던 것이다. 반면 상앙商鞅과 한비韓非가 예외 없는 법法의 적용을 주장하는 데에서는 아버지의 강직한 모습을 읽어 낼 수 있다. 이렇게 맹자의 사상은 어머니의 손길을 빼놓고 설명할 수 없다.

그럼에도 불구하고 맹자가 성장 과정에서 아버지의 영향을 조금도 받지 않았다고 하면 당시에는 그 자체로 결격 사유가 될 만했다. 특히 한 제국 초기에는 여태후呂太后의 국정 농단으로 여성의 성 정체성과 사회적 역할을 제한하려는 움직임이 대세를 이루고 있었다.

공자와 맹자의 연결, 새로운 혈통 만들기

이런 핸디캡을 극복하는 방법이 어떻게 해서라도 '맹자를 공자와 연결시키는 것'이었다. 그 작업은 맹자 자신이 가장 먼저 했다고 할 수 있지만, 공자와 맹자 사이에는 100여 년의 시간 차가 있으므로 두 사람이 직접 만날 수는 없었다. 따라서 공자의 사상이 제3의 인물을 통해 맹자에게 전해지는 길이 필요해졌다. 이와 관련해서 자사子思가 핵심 인물로 등장한다.

잠깐 공자의 가계를 살펴보자. 공자와 계관씨 사이에 공리孔鯉(532~481 BC, 자는 백어伯魚)가 태어났다. 아들이 태어났을 때 노나라 소공이 공자에게 잉어를 예물로 주었던 까닭에 이름을 잉어 리鯉자로 지었다. 공리는 아버지 공자보다 3년 먼저 죽었지만 아들 공급孔伋(483~402BC)을 남겼다. 그의 자가 자사子思이다. 자사는 아버지 공리가 일찍 죽었으므로 그의 가르침을 받을 기회가 거의 없었다. 그리고 공자도 곧바로 죽기 때문에 할아버지에게서도 배울 기회가 많지 않았다. 이 때문에 역사서에는 자사가 공자의 뛰어난 제자 증삼曾參으로부터 배웠다고 전한다. 자사에게는 아들로 자상子上이 있다.

결국 맹자와 공자의 아들 공리와의 연결도 불가능하다. 그래서 가장 빠른 연결이 맹자와 자사의 연결인 것이다. 역사적으로 두 사람의 관계를 두고 수많은 말들이 오고갔다. 큰 줄기는 두 가지이다. 하나는 맹자와 자사를 직접 연결하는 것이다. 이때 맹자는 공자의 적자와 직접 관계를 맺지만 시간적으로 가능성이 떨어진다. 다른 하나는 맹자와 자사의 제자를 연결하는 것이다. 이 길이 신뢰도는 높지만 공자의 적자와 간접적으로 관계를 맺는다는 한계를 갖는다.

사마천(145?~86? BC)은 《사기》〈맹자순경열전〉에서 맹자가 자사의 제자에게 가르침을 받았다고 주장한다.

> 맹자는 자사의 제자에게서 학문을 배웠다.[13] _〈맹자순경열전〉

하지만 《사기색은史記索隱》을 보면 동진의 왕소王劭는 사마천의 주장

---

[13] 《사기》〈맹자순경열전〉, 受業子思之門人.

을 반박한다. 원문의 '인人' 자는 불필요한데 괜히 들어 있는 글자라는 것이다. 이렇게 되면 맹자는 자사의 문인이 아니라 자사의 문하에서 학문을 배우게 된다. 즉 맹자는 자사로부터 직접 가르침을 받은 셈이다.[14] 이러한 이야기가 나오는 것을 보면 자연히 사마천과 다른 주장이 이미 있었다는 것을 알 수 있다.

오늘날《맹자》에 대해 가장 믿을 만한 최초의 주석을 쓴 조기趙岐(109~201)의〈맹자제사〉에 사마천과 다른 주장이 나온다.

> 맹자가 자라서 공자의 손자 자사를 스승으로 모시며 유술儒術의 도리를 갈고닦아서 오경을 훤히 꿰뚫게 되었지만 특히《시경》과《서경》에 뛰어났다.[15] _〈맹자제사〉

유향(77~6 BC)도《열녀전》에서 다음과 같이 증언했다.

> 맹자가 아침저녁으로 열심히 공부하며 조금도 게으름을 피우지 않았고, 자사를 스승으로 모셔서 마침내 천하의 명유가 되었다.[16]
> _《열녀전》

역시 반고(32~92)는《한서》〈예문지〉에서 "이름이 가이고 추 지역

---

14 《사기색은》, 人爲衍字, 則以軻親受業孔伋之門也.
15 〈맹자제사〉, 長師孔子之孫子思, 治儒術之道, 通五經, 尤長於詩書.
16 《열녀전》, 孟子旦夕勸學不息, 師事孟子, 遂成天下之名儒.

사람이며 자사의 제자이다"라고 기록했다.[17] 후한의 응소應劭(?~ 204?)는 《풍속통의風俗通義》〈궁통窮通〉에서 "맹자는 자사에게 수업을 받았다"라고 명시하고 있다.[18]

　이제 결론부터 말하고 왜 이러한 논란이 벌어졌는지 연유를 살펴보자. 초순焦循(1763~1820)은 주희의 《맹자집주》에 담긴 주관주의 해석을 뛰어넘기 위해 《맹자정의》를 저술했다. 그는 조기의 〈맹자제사〉에 주석을 달며 모기령毛奇齡(1623~1713)의 《사서잉언四書賸言》을 인용했다. 모기령은 공자, 자사, 맹자의 생몰 연대를 제시하며 어떻게 하더라도 맹자가 자사에게 배우려면 50년의 시간 차를 극복할 수 없다고 보았다. 즉 초순은 모기령의 논증을 빌려 조기의 주장을 부정한 것이다. 지금은 대체로 맹자가 자사에게 직접 배웠다는 주장보다 자사의 문인에게 배웠다는 주장이 받아들여지고 있다.

박사관을 둘러싼 의혹들

　　　　　　　여기서 중요한 의문 하나가 든다. 한제국 초기에는 사마천의 주장에서 보이듯 맹자가 자사의 문인에게 배웠다는 주장이 득세했다. 그런데 유향을 필두로 해서 전한의 말과 후한에 이르면 맹자가 자사에게 직접 배웠다는 주장이 세를 얻기 시작한다. 특히 후한과 동진

---

[17] 《한서》〈예문지〉, 名軻, 鄒人, 子思弟子.
[18] 《풍속통의》〈궁통〉, 孟子受業於子思.

에 이르면 더 이상 특별한 설명도 없이 "맹자는 자사의 제자이다", "맹자는 자사에게 수업을 받았다"라고 사실처럼 말하고 있다. 맹자의 자字도 후한과 삼국시대에 이르러 나타나기 시작했다.

이쯤에서 나는 하나의 가설을 세우고자 한다. '전한의 중기부터 후한과 삼국시대에 이르러 맹자를 높이려는 어떤 학술적 움직임이 있었다.' 이 움직임의 핵심은 진제국에서 시작되었지만, 한제국에서 시행된 학술 연구와 지원을 위한 획기적인 제도와 관련이 있다.

이 제도가 바로 박사관博士館이다. 어떤 텍스트가 박사관에 선정되면, 해당 연구자는 공무원으로서 안정적으로 연구할 수 있었고 해당 텍스트는 국가가 공인하는 학문이라는 권위를 가지게 되었다. 따라서 한제국에서는 박사관 진입을 둘러싼 실로 뜨겁지만 부끄러운 이야기가 많았다.

예컨대 《춘추》의 세 해석서로 간주되는 《공양전公羊傳》, 《곡량전穀梁傳》, 《좌씨전左氏傳》은 서로의 약점을 캐내어 들추어내고 자신의 장점을 부풀렸다. 상투적으로는 텍스트의 기원과 전승이 믿을 만한가, 그렇지 않은가를 두고 논쟁이 첨예하게 벌어졌다.

이제 앞의 가설을 좀 더 분명한 형태로 말할 수 있다. '한나라 중기 이후에 《맹자》를 박사관에 선정하려는 움직임이 있었다.' 이와 관련해서 가장 믿을 만한 자료를 살펴보자. 《한서》 〈초원왕전楚元王傳 부유흠전附劉歆傳〉과 조기의 〈맹자제사〉를 보면 뜻밖의 사실을 만나게 된다.

먼저 〈유흠전〉을 보면 문제文帝에 이르러 "세상에 여러 책들이 자주 발견되자 모든 제자諸子와 전설傳說을 학궁에 널리 세워서 박사를 두었다. 당시 조정의 유학자는 오직 가의뿐이었다"[19]고 했고, 〈맹자제사〉를 보면 "한나라가 일어나서 진나라의 폭정을 끝내고 도덕의 길을 열었다. 문제는 유학의 길을 넓히고자 하여 《논어》, 《효경》, 《맹자》, 《이아》 등을 모두 박사에 두었다. 하지만 이후에 전기의 박사를 없애고 오직 오경박사만을 두었다"[20]고 했다. 드디어 지금까지 숨겨진 진실이 드러나는 순간이다.

《맹자》는 한나라 초 문제 시절에 《역경》, 《시경》 등 경經을 풀이하는 '전傳' 또는 '전기傳記'로 간주되어 박사관에 포함되었다. 하지만 얼마 뒤에 박사관은 오경을 대상으로 하고 '전기'를 제외하게 되었다. 이로 인해 《맹자》는 박사관에서 퇴출된 것이다.

이제 우리는 전한 중기 이후로 '맹자를 공자 또는 공자의 적계와 적극적으로 연결시키려 한다든지', '맹자의 자字가 후한에 이르러서야 밝혀지기 시작한다든지' 하는 일련의 움직임이 어디를 향하고 있는지 어렴풋하게 짐작할 수 있다. 전한 중기부터 유흠을 비롯해 일련의 경학자들은 《맹자》를 다시 박사관으로 진입시키기 위해 바로 위에서 말한 두 가지 작업을 시도했다. 즉 그들은 맹자의 가계를 좀 더 분명하게 밝히고 아울러 공자와 연결함으로써 그동안 맹자의 아킬레스건으로 작용한 출신 성분의 문제를 해결하고자 했던 것이다.

이렇게 자사는 맹자에게 부족했던 아버지의 빈자리를 메워 준 사람, 즉 사상적 아버지가 되었다. 그리고 공자와 맹자를 잇는 가교가 되었다. 따라서 아성 맹자의 탄생을 위해서는 '맹격 없는 맹자'는 가능해도 '자사 없는 맹자'는 불가능한 것이다.

---

19 〈유흠전〉, 至孝文帝時, … 天下衆書往往頗出, 皆諸子傳說, 猶廣立於學宮, 爲置博士. 在漢朝之儒, 唯賈生而已.

20 〈맹자제사〉, 漢興, 除秦虐禁, 開延道德. 孝文皇帝欲廣遊學之路, 論語,孝經,孟子,爾雅皆置博士. 後罷傳記博士, 獨立五經而已.

《공총자》의 등장, '맹자 구하기'의 결정판

이제《공총자》라는 책에 대해 살펴보자.《공총자》는 공자의 8대 후손 공부孔鮒가 지었다고 알려져 있다. 공부는 진제국이 붕괴하자 진승과 오광이 반진反秦의 기치를 내걸었을 때 진승 진영에 가담했다. 이것은 폭군의 축출을 위한 일종의 정치 실험이라고 할 수 있었다. 하지만 진승의 시도가 실패하면서 공부의 현실 참여도 성과를 거두지 못했다.

사실《공총자》가 믿을 만한 책이라면 당연히 당시 서적을 거의 망라한 것으로 보이는《한서》〈예문지〉의 목록에 들어 있어야 했다. 하지만 여기에는 없고 한참 뒤의《수서》〈경적지〉에야 비로소 모습을 나타낸다. 이 자체부터 충분히 의심을 살 만했다.

책의 내용을 보면 공자와 공자의 후손, 자사와 자상 등의 언행을 기록하고 있다. 이러한 기록들을 모두 거짓이라고 해야 할까? 모두 가짜라고 보는 사람도 있다. 하지만 내용이 집안 이야기인 만큼 일찍이 공식적으로 출판될 필요성이 적었다고 볼 수 있다. 가전家傳의 형식으로 '시조 할아버지는 이랬고 2대 할아버지는 어떠했고 3대 할아버지는 저랬고'라는 구전口傳을 기록한 것일 수도 있다. 따라서 여기서는《공총자》에는 부분적으로 진실이 들어 있을 수 있지만 전부 진실이라고 믿을 수 없다는 중도적 입장을 지지하려고 한다.

앞서 밝힌 바와 같이,《맹자》는 한제국 초기에 박사관에 들었다가 얼마 지나지 않아 퇴출되었다. 훗날 유흠을 필두로 조기, 응소 등이 '아성 맹자'를 구하려는 '작전'에 동참했지만 사상사에서 보면 맹자는 송나라에 이르러서야 《논어》 등과 함께 사서로 묶이면서 오경에 뒤지지 않는 반열에 오르게 된다.

이러한 상황에서 《공총자》를 보면 예외적이며 돌출적인 내용이 나온다. 《공총자》는 처음부터 "맹자가 자사의 제자라는 것은 움직일 수 없는 사실이다"라는 전제에서 출발하고 있다. 즉 맹자와 자사의 관계를 둘러싼 논란에 종지부를 찍겠다는 듯이 '자사의 제자 맹자'를 그리고 있는 것이다.

자사와 맹자, 사맹학파思孟學派로 묶이다

현재 전해지는 《공총자》를 보면 맹자를 '맹자거' 또는 '맹가'로 달리 부른다. 이외에 몇 가지 주목할 만한 내용을 살펴보도록 하자.

〈잡훈〉에 보면 맹자가 어린 나이에도 불구하고 자사를 찾아온다. 이것은 자사와 맹자가 현실에서 만날 수 없다는 시간적 차이를 무시한 상황 설정이다. 둘 사이에 자사의 아들 자상子上, 즉 공백孔白이 등장한다.

어린 맹자가 아버지 자사를 찾아와서 만남을 청했다. 자상은 사전에 약속도 없었으니 자사가 맹자를 만나지 않을 것으로 생각한다. 하지만 자사는 뜻밖에도 불쑥 찾아온 맹자를 만나서 시종 즐거운 시간을 보내더니 자상에게 맹자를 잘 모시라고 한다. 이에 자상은 뿔이 났다. 아버지가 어디 근본도 모르는 놈을 만나서 환대하더니 자신에게 시좌侍坐까지 하라니 납득이 안 되는 것이다. 맹자가 물러나자 자상은 그간 참았던 질문을 아버지에게 쏟아냈다.

> 자상: "제가 듣기에 선비(남자)는 소개가 없으면 만나지 않고 여자는 중매가 없으면 시집가지 않는다고 합니다(士無介不見, 女無媒不嫁). 맹유자孟孺子(이 표현도 흥미롭다. '맹씨 어린 것' 정도로 옮길 만하다)가 소개도 없이 아버님을 찾으니 아버님이 내치지 않고 그를 만나서 기뻐하시고 우대하기까지 합니다. 제 머리로는 도무지 이해가 되지 않습니다.
>
> 자사: "맞는 말이다. 옛날 공자 할아버지를 따라 담鄭 지역에 간 적이 있는데, 할아버지가 길에서 정자程子라는 분을 우연히 만났지. 할아버지는 수레를 정자가 탄 수레 쪽으로 기울이며 이야기를 나누었고, 해가 저문 뒤에야 헤어졌지. 그러고는 사형 자로子路를 시켜서 정자에게 속백束帛을 보냈지. 이렇게 보면 맹자거가 어린아이라고 하지만 <u>말끝마다 요와 순임금을 들먹이고 인의를 본성으로 즐거워하니</u> 세상에서 참으로 보기 드문 인물이야. 그를 모셔야 할 판에 하물며 격식을 바라겠는가, 네가 미칠 바가 아니니라."

아버지 자사는 어린 맹자에게서 희망을 느낀 모양이다. 마지막 구절을 보면 그는 이 희망에 도취해서 자식의 가슴에 못 박는 일을 서슴지 않는다.

자사의 말 중에서 밑줄 친 부분은 사실 《맹자》에 나오는 내용이다. 〈등문공〉 상1을 보면 소국인 등나라의 문공이 세자 시절에 대국인 남쪽의 초나라에 갈 일이 있었다. 그는 길을 가던 중 송宋나라에서 맹자를 만났다. 그때 맹자는 "성선을 말했고, 말끝마다 요와 순임금을 들먹었다"(孟

子, 道性善, 言必稱堯舜). 맹자는 오랜 학습과 사색 끝에야 내놓을 만한 사상적 결론을, 어린 시절에 자사를 만나서 말하고 있다. 이런 맹자를 천재라고 하지 않을 수 있을까? 이렇게 《공총자》는 자사의 입을 빌려 '스승 자사를 놀라게 하는 어린 제자 맹자'를 이야기하고 있다.

또 〈잡훈〉의 말미에 보면 드디어 어린 천재 철학자 맹자가 스승 자사에게 질문을 던지고 자사가 답을 한다.

> 맹자: 요와 순임금이 보인 문화와 무력의 길은 힘써서 노력하여 이를 수가 있습니까?
> 자사: 저들도 사람이고 나도 사람이네. 저들의 말을 헤아리고 저들의 움직임을 따라 하며 밤에는 생각하고 낮에는 실행해야 하네(彼人也, 我人也. 稱其言, 履其行. 夜思之, 晝行之.). 그렇게 부지런하게 정성을 쏟으며 농부가 때를 놓치지 않듯이 노력하면 어찌 이르지 못하겠는가?

앞에서 맹자는 걸핏하면 요와 순임금을 들먹인다고 했다. 이것은 맹자가 두 사람을 자신의 이상형으로 삼았다는 뜻이다. 따라서 당연히 위의 질문이 나올 법하다. 자사의 대답에 나오는 말이 〈이루〉 하28에도 그대로 나온다.

> 순임금도 사람이고 나 또한 사람이다. 순임금이 세상에 모범을 보였으니 후세에 전해질 수가 있었다.[21] _〈이루〉 하28

《공총자》에 소개된 자사와 맹자의 대화는 단순한 일회성 만남이 아니라 운명적으로 엮여 있다는 느낌을 준다. 더 나아가 훗날 두 사람은 '사맹思孟' 학파라 불리며 떼려야 뗄 수 없는 학문적 동지 관계를 보여 준다. 이렇게 《공총자》는 '학인 맹자'가 아니라 '아성 맹자 구하기'라는 과업을 충실하게 수행했다.

---

21 〈이루〉 하28. 舜人也, 我亦人也. 舜爲法於天下, 可傳於後世.

09 맹자의 효孝 이야기

입신양명立身揚名에는 행도行道가 따라야 한다

　　　　　　개인주의 성향이 강한 오늘날에도 부모는 자식이 잘되기를 바라며 고생을 마다하지 않는다. 그렇게 고생해서 키운 자식이 사회에서 제 역할을 톡톡하게 하면 그것으로 만족하고 또 행복해 한다.

　나의 부모님도 시골에서 다섯 명의 자녀를 키우며 다 대학에 보내고 시집 장가를 보냈으니 보통 힘든 일이 아니었다. 하지만 이런 일을 불평하거나 자식에게 공치사하지 않았다. 당신들이 해야 할 일이라고 생각하고 묵묵히 자식을 키웠다. 이제 나도 부모가 되고 나니 돌아가신 아버님이 더 그립고 고향에 홀로 계신 어머님 생각에 마음이 아프다. 하지만 자주 전화하고 한 번씩 찾아가는 것 외에 별다른 효도를 하지 못한다. 죄송

한 마음은 있지만 어떻게 해야 더 잘하는 것인지 모르겠다.

《효경》〈개종명의開宗明義〉에 보면 동아시아에 널리 알려진 효도의 규정이 나온다.

> 身體髮膚, 受之父母, 不敢毁傷, 孝之始也. 立身行道, 揚名於後世, 以顯父母, 孝之終也.
> 신체발부, 수지부모, 불감훼상, 효지시야. 입신행도, 양명어후세, 이현부모, 효지종야.

> 몸 전체를 부모에게서 받았으므로 살면서 다치지 않는 것이 효도의 시작이다. 몸을 일으켜 도리를 실행하여 후세에 이름을 알려서 부모의 이름을 돋보이게 하는 것이 효도의 마무리이다. 《효경》〈개종명의〉

우리는 이 〈개종명의〉의 내용을 '입신양명立身揚名'으로 줄여서 기억한다. 하지만 원문을 잘 살펴보면 '입신'과 '양명' 사이에 '행도行道'(도리를 실행한다)가 있다. 이를 지나쳐서는 안 된다. 흉악한 범죄를 저질러서 언론에 이름이 오르내리는 사람이 있다고 하자. 그의 부모도 누구인지 밝혀지며 여론의 주목을 받게 될 것이다. 이때 그가 자신은 이름을 알렸으니 효도했다고 하면 뭐라고 할까? '행도'가 있기 때문에 '범죄로 부모의 이름을 알리는 것은 효도가 아니다'라고 말할 수 있게 된다. 이처럼 〈개종명의〉의 내용을 '입신양명'으로만 요약하게 되면, 출세 지향적 사고를 권장하는 오류를 낳을 수 있다. 이것은 《효경》의 본래 뜻이 아니므로 주의를 기울일 필요가 있다.

맹자의 삼불효三不孝와 오불효五不孝

그렇다면 맹자는 무엇을 효도라고 보았을까? 먼저 그가 불효로 꼽은 것을 살펴보자. 맹자는 〈이루〉 상26에서 '삼불효三不孝'를 말하면서 후사가 없는 것이 가장 큰 불효라고 말하고 나머지 둘을 말하지 않았다.[22] 이것이 훗날 우리나라에서 여아보다 남아를 선호하는 사상으로 자리 잡게 된다. 나머지 둘이 궁금하지만 알 수가 없다. 다음의 '오불효' 중에 나머지 둘이 들어 있지 않을까?

맹자는 〈이루〉 하30에서 '오불효五不孝'를 말하면서 하나씩 설명하고 있다. 첫째는 몸이 게을러서 부모를 돌보지 못한 것이다. 둘째는 노름과 술에 빠져서 부모를 돌보지 못한 것이다. 셋째는 재물을 밝히고 처자식을 아끼느라 부모를 돌보지 못한 것이다. 넷째는 쾌락에 빠져서 부모의 얼굴에 먹칠을 하는 것이다. 다섯째는 제 힘을 믿고 싸움을 일삼다 부모를 위험하게 하는 것이다.[23]

오불효는 오늘날에도 대체로 수긍할 만한 내용이다. 맹자가 이렇게 불효의 사례를 구체적으로 제시하고 있는 것을 보면, 당시에 불효하는 사람이 많았던 모양이다.

이제 이야기를 불효에서 효도로 옮겨 보자. 그는 〈이루〉 상27에서 이렇게 말하고 있다.

---

22 〈이루〉 상26, 不孝有三, 無後爲大. 舜不告而娶, 爲無後也. 君子以爲猶告也.
23 〈이루〉 하30, 孟子曰: 世俗所謂不孝者五. 惰其四肢, 不顧父母之養, 一不孝也. 博奕好飮酒, 不顧父母之養, 二不孝也. 好貨財私妻子, 不顧父母之養, 三不孝也. 從耳目之欲, 以爲父母戮, 四不孝也. 好勇鬪狠, 以危父母, 五不孝也.

仁之實, 事親是也. 義之實, 從兄是也.
인지실, 사친시야. 의지실, 종형시야.

사랑의 열매는 부모를 잘 모시는 것이고, 도리의 열매는 어른을 잘 따르는 것이다. _〈이루〉 상27

인과 의는 맹자가 지키고자 한 가장 핵심적인 덕목이자 가치이다. 맹자는 인과 의의 열매를 각각 부모에 대한 효도와 어른에 대한 존경으로 규정하고 있다. 따라서 맹자는 사람의 가장 중요한 덕목과 가치가 효孝에서 시작된다고 보고 있는 것이다.

맹자의 창작 '효자 순 이야기'

맹자가 전하는 '순舜의 효도'를 살펴보자. 순은 아버지 고수瞽瞍와 계모 그리고 계모가 데리고 온 이복동생 상象과 살았다. 흥미롭게도 아버지의 이름 고수는 장님이란 뜻이다. 이때 눈이 보이지 않는다는 것은 계모에 눈이 멀어 순을 제대로 돌보지 않는다는 중의적인 의미를 나타낸다. 여하튼 나머지 세 사람의 역할은 오로지 순을 괴롭히거나 심한 경우 그를 죽이려고 하는 것이다.

한번은 고수가 순에게 우물을 파라고 했다. 순이 우물을 파 내려가자 고수와 상은 우물을 메워 버렸다. 이것은 명백히 순을 죽이려는 기도였다. 순은 이런 상황을 미리 알아차리고 우물에서 다른 곳으로 통하는 길을 만들어 둔다. 그리고 흙이 떨어지자 재빨리 거기로 피해서 살아남았다. 그런 일이 있고서도 순은 그들을 미워하지 않았다. 이러한 일이 반복되면서 결국 나머지 세 사람은 순의 진정성에 감동하여 화목한 가정을 이루게 되었다. 고수가 마음의 눈을 뜬 것이다.

맹자는 고대의 이상적인 제왕으로만 알려진 순임금을 '효자 순'이라는 새로운 캐릭터로 탄생시켰다. 공자는 아버지가 동생을 더 아끼자 미련 없이 왕의 후계자 자리를 내던진 고죽국의 왕자 백이와 숙제를 인(仁)의 화신으로 살려 낸 적이 있다. 맹자는 이러한 공자의 '잊힌 인물 되살리기 작업'을 충실히 계승했던 것이다. 순은 맹자의 이야기 이전에도 훌륭한 성왕이었지만 보통 사람들에게 감동을 안겨 준 인물은 아니었다. 하지만 맹자가 효자 순의 이야기를 공표하자, 순은 왕들의 롤 모델만이 아니라 모든 사람의 롤 모델이 되었다.

순의 이야기를 곰곰이 되새겨 보면 판소리 심청전이 연상된다. 심청은 아버지 심봉사의 눈을 뜨게 하려고 공양미 삼백 석에 팔려 가서 인당수에 몸을 던졌다. 심청은 용왕의 도움으로 되살아나 왕비가 되었고 전국의 맹인들을 위한 잔치를 연다. 심청은 그곳에서 아버지와 재회하게 되고, 그 순간 심봉사는 눈을 번쩍 뜬다. 우리가 익히 알고 있는 효녀 심청 이야기이다. 순의 아버지 고수가 마음의 눈을 뜬 반면 심청의 아버지 심봉사는 육체의 눈을 뜬다. 서로 다른 눈을 뜨게 되지만, 두 이야기 모두 목숨도 아끼지 않은 자식의 효도가 아버지를 구하는 극적인 해피엔딩을 만들고 있다.

나쁜 부모를 어떻게 할 것인가?

맹자가 말하는 효도를 어떻게 이해해야 할까? 효도란 자식이 부모를 위해 일방적으로 희생해야 하는 가학적 덕목인가? 이런 측면이 없지는 않다. 아버지의 눈을 뜨게 하려면 많은 돈이 필요하다고 권하는 사회의 목소리가 그렇고, 여러 차례 자식을 살해하려는 시도를 방치하는 것도 그러하다. 하지만 이러한 설정은 극적인 반전을 위한 장치일 뿐이다.

맹자는 효도가 목숨을 던져야 이루어지는 지난한 덕목이라는 점을 말하는 것이 아니다. 그는 효도와 같은 가장 자연스러운 애정마저도 왜곡될 수 있지만 그 왜곡은 결국 극복될 수 있다는 점을 말하고 있다. 따라서 효도는 어떠한 장애와 난관이라도 이겨 낼 수 있는 가장 근원적인 덕목이라는 것이다.

아마도 맹자는 묵자나 상앙이 '나쁜 부모'의 반례를 들어 효도의 무용론을 주장한 것을 의식했는지도 모른다. 그들은 효도가 가능하려면 부모가 자식의 모범이 되어야 한다고 보았다. 하지만 현실에는 부모 같지 않은 부모, 즉 나쁜 부모가 있다. 따라서 어떠한 상황에서도 효도를 해야 한다면, 자식은 나쁜 부모에게도 효도를 해야 한다는 결론이 나온다. 묵자나 상앙은 이러한 나쁜 부모의 반례를 들어 효도가 더 이상 보편 윤리가 될 수 없다고 주장했다. 맹자는 이에 맞서서 '나쁜 부모'가 일시적으로 있을 수 있지만 영원하지 않다는 주장을 펼치며 반증을 시도한 것이리라.

이제 〈진심〉 상20에 나오는 '삼락三樂'을 살펴보자.

君子有三樂, 而王天下不與存焉. 父母俱存, 兄弟無故, 一樂也. 仰不愧於天, 俯不怍於人, 二樂也. 得天下英才, 而敎育之, 三樂也. 君子有三樂, 而王天下不與存焉.

군자유삼락, 이왕천하불여존언. 부모구존, 형제무고, 일락야. 앙불괴어천, 부불작어인, 이락야. 득천하영재, 이교육지, 삼락야. 군자유삼락, 이왕천하불여존언.

군자에게는 세 가지 즐거움이 있다. 세상에서 왕 노릇하는 것은 그 안에 들어가지 않는다. 부모 두 분이 살아 계시고 형제가 별 탈 없이 지내는 것이 첫 번째 즐거움이다. 우러러보아 하늘에 부끄러움이 없고 굽어보아 사람에게 부끄러워할 일이 없는 것이 두 번째 즐거움이다. 세상의 뛰어난 인재를 얻어서 가르치는 것이 세 번째 즐거움이다. 군자에게는 이러한 세 가지 즐거움이 있으니, 세상에 왕 노릇하는 것은 그 안에 들어가지 않는다. _〈진심〉 상20

맹자는 삼락을 말하기 전에 그 속에 세상에서 제왕 노릇하는 것은 포함되지 않는다고 못을 박는다. 제왕이 힘들다는 뜻인지 아니면 '사락四樂'은 될지언정 삼락은 아니라는 것인지는 알 수 없다. 하여간 그는 부모가 모두 살아 있고 형제들이 탈이 없는 것, 우러러보아 하늘에 부끄럽지 않고 굽어보아 사람에게 부끄럽지 않는 것, 세상의 인재를 얻어서 가르치는 것을 군자君子의 삼락으로 꼽았다. 이 삼락에 부모형제가 잘 어울리는 것을 꼽고 있으니 '즐거운 효도'를 생각하고 있다.

지금까지 우리는 맹자가 효도의 가치를 역설하는 이야기를 살펴보았다. 과연 맹자는 자신이 말한 대로 효도를 실천했을까? 일단 그는 자식을 낳아 대가 끊어지지 않았으니 무후無後의 불효를 피했다. 또 '오불효'에 해당되는 이야기가 전해지지 않으니 이 기준도 통과한 것으로 보인다. 하지만 아버지가 일찍 돌아가신 탓에, 삼락에 나오는 즐거운 효도를 이루지는 못한 셈이다.

계성전啓聖殿과 계성침전啓聖寢殿, 맹자 부모의 신분 상승

계성전啓聖殿이 맹자의 아버지를 기리는 건물이라면 계성침전啓聖寢殿은 위대한 어머니를 기리는 곳이다. 계성침전은 계성전의 뒤편에 자리하고 있다. 여기서 '계성啓聖'은 '성인의 길을 열어 주었다'는 뜻이다. 달리 말하면 훗날 성인이 될 아이를 낳아서 잘 길렀다는 의미이다. 두 건물은 아성 맹자를 키운 부모에게 바치는 헌사인 셈이다. 맹자가 훗날 아성으로 추앙되지 않았더라면 두 건물은 존재하지 못했을 것이다. 계성침전 밖에는 '모교일인母教一人'의 비석이 있다. 자식 교육에 뛰어난 사람, 즉 맹모를 말한다. 이렇게 보면 맹자의 부모는 잘난 자식 덕에 오늘도 쩌우청 시의 한 자락에서 사람들의 내방을 받고 있는 것이다. 이것이 《효경》〈개종명의〉에서 말하는 '입신立身, 행도行道, 양명揚名'의 진정한 사례라고 할 수 있다.

아버지 맹격은 원제국 인종 연우延祐 3년(1316)에 주국공邾國公으로, 어머니 장씨도 같은 해 주국선헌부인邾國宣獻夫人으로 봉해졌다. 그는 말을 타고 칼을 휘두르며 나라를 세운 자식이 아니라 붓을 들어 세상의 나아갈 길을 밝힌 아들 덕분에 왕이 된 것이다. 계성전 앞 서쪽에는 이 사실을 확인할 수 있는 〈성조포숭맹부맹모봉호지비 聖詔褒崇孟父孟母封號之碑〉가 있다. 내용을 보면 제일 먼저 공자와 맹자가 도통을 이은 사실을 언급하고 이어서 아성을 낳고 기른 공로를 치하하고 있다.

> 비록 아성의 재주를 가지고 태어났지만 부모의 가르치고 기르는 힘에 의지했다. 그 아버지가 일찍 죽자 어머니가 세 번 이사하는 가르침으로 후세를 북돋우었다. 그러한 바탕을 따져 보면 부모의 공로가 실로 막대하다. … 공로가 큰데도 지위가 맞지 않고 실상이 뚜렷한데도 이름이 바르지 않으면, 어찌 짐이 현자를 아끼는 마음을 다 담아낼 수 있겠는가? 총애를 내리고 신령의 은혜를 영원히 떨치고자 한다. 맹자의 아버지를 '주국공'으로, 어머니를 '주국선헌부인'으로 추봉한다.[24]

그 후 청제국 건륭 3년(1738) 어머니는 추국단범선헌부인 鄒國端範宣獻夫人에 봉해졌다. 계성전과 계성침전에는 각각 계성주국공지위 啓聖邾國公之位와 추국단범선헌부인 鄒國端範宣獻夫人이라 새겨진 신위가 있다. 계성전에는 아버지의 소상이 있지만 계성침전에는 어머니의 소상이 없다. 당시에는 여성의 신체를 공개적으로 드러내는 것이 부담스러웠기 때문이라 짐작된다.

---

24 雖命世亞聖之才, 亦資父母敎養之力也. 其父夙喪, 母以三遷之敎, 勵天下後世. 推原所自, 功莫大焉. … 夫功大而位不酬, 實著而名不正, 豈朕所以致懷賢之意哉? 肆須寵命, 永賁神休. 可追封其父爲邾國公, 母爲邾國宣獻夫人.

맹모를 기리는 계성침전이다. 건물 왼쪽으로 '모교일인'의 비석이 보인다.

'꿇어 앉은 맹자석각상'. 공도보가 맹모림에서 발견했다.

계성침전에는 맹모의 신위만 놓여 있다.

이야기가 이렇게 끝나면 서운한 게 하나 있다. 어머니는 평생을 고생하며 자식을 키웠고 아버지는 씨만 뿌리고 일찍 죽었는데, 두 사람이 똑같이 대접받으면 어머니가 좀 억울한 게 아닐까? 두 건물을 들여다보라. 뭔가 하나 중요한 차이를 느낄 수 있다. 그것은 바로 맹자석각상孟子石刻像의 자리이다. 이 석각상이 아버지가 계신 계성전이 아니라, 어머니가 계신 계성침전에 놓여 있다. 이 석각상이 2300년 전의 그것이라면 맹자의 용모도 그와 닮았을 것이다.

계성침전에 들르면 왼손을 오른손 위에 포개고 어머니의 신위를 응시하고 있는 중년의 맹자를 만날 수 있다. 가만히 보고 있노라면, 비록 차가운 돌이지만 어머니를 향한 자식의 따뜻한 마음이 전해져 온다.

6

등불이 꺼지지 않는 부활의 터전 ― 맹부 孟府

예문禮門과 의문儀門.

01 맹부에는 누가 마지막으로 살았나?

인간적인 체취가 느껴지는 맹부

맹묘를 나와 맹부로 가는 길목부터 시끌벅적하다. 관광객들이 몰려 있고 노점상과 차들까지 오가며 정체 구간을 만든다. 맹자 유적지 중에서 맹부는 가장 인간적인 냄새가 난다. 정문이며 내부의 건물이 웅장하지 않다. 야트막하여 찾는 사람을 압도하지 않는다. 또 사람이 생활하는 공간이다 보니 다른 곳에서 느낄 수 없는 정취를 느낄 수 있다. 입구에 도착했지만 서로를 부르며 북적거리는 사람들과 차들이 들어가고 나가기를 한참 기다려야 했다.

맹부孟府는 맹자의 후손들이 생활하는 공간이다. 원문종이 지순至順 2년(1331)에 맹자를 추국아성공鄒國亞聖公에 봉하면서 맹부가 아성부亞聖

맹부는 인간적인 냄새가 나는 살아 있는 공간이다. 정문 앞이 시끌벅적하다.

府로 불리게 되었다. 아성부 또는 맹부가 언제 처음 지어졌는지 확실한 기록은 없다. 원래 쓰지산四基山 자락의 맹자묘가 있던 맹묘가 쩌우청의 동문으로 옮겨졌다가 자주 수해를 입자 남문 밖, 즉 오늘의 위치에 옮겨 질 때 맹부도 함께 지었으리라 추정된다. 이때가 북송 말기인 선화宣和 3년(1211)이다. 이로부터 따지면 지금의 맹부는 800여 년의 세월을 버텨 낸 셈이다.

맹부를 가려면 처음부터 맹부로 들어갈 수도 있고 맹묘에 들렀다가 양기문養氣門으로 나와 맹부로 들어갈 수도 있다. 정면에서 보면 맹부는 맹묘의 왼쪽(서쪽)에 있다. 둘 사이에는 '아성로亞聖路'라는 길이 있다. 이처럼 묘廟와 부府는 아주 가깝지만 분리된 형태로 되어 있다. 취푸의 공묘와 공부가 붙어 있는 것과 비슷하다고 할 수 있다. 또 공부와 맹부는 공통적으로 공림孔林과 맹림孟林의 무덤으로부터 멀리 떨어져 있다. 이것은 당시 삶과 죽음의 공간을 엄격하게 구분하는 관습과 관련이 있을 것이다.

맹부의 구조, 칠진원락七進院落

전체적으로 보면 맹부 또는 아성부는 칠진원락七進院落, 즉 일곱 곳이 독립된 공간으로 구획되어 있다. 그래서 전체 구조를 모르면 들어가는 곳마다 어디로 나갈지 모르는 미로의 느낌을 받는다.

사람은 갇혔다고 느끼면 주위를 천천히 음미하면서 자세히 살피려고 하지 않는다. 한시 바삐 탈출하여 심리적 안정감을 찾으려고 한다. 여행자가 아니라 탈주자가 되는 셈이다. 이것은 여행자에게도 맹부에게도 좋은 일이 아니다. 그래서 아늑한 공간의 편안함을 느끼려면 맹부의 전체 구조를 간단하게 살펴볼 필요가 있다.

맹부는 크게 맹자의 적자 후손이 업무를 보는 공적 공간과 일상생활을 하는 사적 공간으로 나뉜다. 정문에서 대당大堂까지가 공적 공간이라면 대당 뒤의 내택문內宅門을 지나면 사적 공간이 시작된다. 외부 사람은 대당까지만 출입할 수 있다. 이것은 궁궐이 외조外朝와 내조內朝로 구분되는 것과 비슷하다. 물론 지금 맹부를 찾는 사람은 걱정할 필요가 없다. 내외 공간 모두를 둘러볼 수 있기 때문이다.

공적 공간은 대당을 중심으로 왼쪽에 손님을 접대하는 견산당見山堂이 있다. 사적 공간은 세은당世恩堂이 중심 건물이다. 세은당은 맹자의 적자 후손이 거주하는 공간으로, 네 방향의 건물이 중앙의 정원을 바라보는 사합원四合院의 형태로 되어 있다. 뒤편의 사서루賜書樓는 황제가 하사한 예물과 성지 그리고 공문서를 보관하는 장소이다. 서쪽의 서과원西跨院은 맹씨 가문의 차자次子가 거주하는 공간이다. 이밖에도 화원이 있는데, 철따라 자라는 풀과 피는 꽃이 찾는 사람들에게 웃음을 머금게 만든다. 이 정도 지도를 가지고 맹부를 들어서면 미로를 헤맨다는 느낌은 없을 것이다.

이제 맹부에서 살았던 사람을 살펴볼 필요가 있다. 사람이 있기에 건물이 있다. 건물만 알아보고 사람을 이야기하지 않으면 제대로 된 '맹부 읽기'라고 할 수 없다.

맹씨의 족보 만들기

한나라를 세운 유방은 공자를 비롯한 유가를 달가워하지 않았지만, 한 왕조는 왕족이 아니었던 유씨 정권의 한계를 보완하고 중원 문화의 통합을 위해 공자의 후손을 제후로 대우했다. 시대의 부침은 있었지만, 공자의 집안은 역대 왕조로부터 후한 대접을 받는 고귀한 가문이었다.

맹자의 후손은 왕조로부터 특별한 대우를 받지 못했다. 공자 45대손 공도보의 도움으로 45대에 이르러서야 맹녕이 추현주부에 제수되어 처음 맹자의 제사를 주관했다. 맹녕 이후로 맹씨가 관직에 진출했기 때문에 그를 중시조로 대우한다. 좀 더 세월이 흘러 56대손 맹희문孟希文이 명 대종代宗 경태景泰 2년(1451)에 비로소 '세습世襲 한림원翰林院 오경박사五經博士'라는 세습 관직을 제수 받는다. 이때부터 맹자의 후손은 안정된 사회적 신분을 갖게 되었다.

이렇게 되자 그들은 가문의 혈통을 확립하는 방안으로 항렬을 정했다. 맹희문이 이 과업을 맡아 자신의 56대손부터 105대손까지 50가지의 항렬을 마련했다.[1] 시작인 56대손의 '희希' 자는 바란다는 뜻이고 마

---

[1] 동치본同治本《맹자세가본孟子世家譜》에 따르면 항렬은 다음과 같다. 희언공언승希言公彥承(56~60) 굉문정상연宏聞貞尙衍(61~65) 흥육전계광興毓傳繼廣(66~70) 소헌경번상昭憲慶繁祥(71~75) 령덕유수우令德維垂佑(76~80) 흠소념현양欽紹念顯揚(21~85) 건도돈안정建道敦安定(86~90) 무수조의상懋修肈懿常(91~95) 유문환경서裕文煥景瑞(96~100) 영석세서창永錫世緒昌(101~105). 사오쩌수이邵澤水 外 편저,《맹묘 맹부 맹림 맹모림孟廟 孟府 孟林 孟母林》, 亞洲出版社, 101쪽.

멍판지와 왕수팡.

지막인 105대손의 '창昌' 자는 번성한다는 뜻이다. 맹희문은 자손이 대대로 번성하기를 바라는 염원을 항렬에 담은 것이다.

근현대사의 맹부

맹자 후손과 맹부의 생활을 연관 지어 살펴보자. 73대 멍칭헝孟慶恒맹경항이 일찍 죽자 동생 멍칭탕孟慶棠맹경당이 광서 20년(1894) 세직을 이어받았다가, 민국 24년(1935)에 세직이 '아성봉사관亞聖奉祀官'으로 바뀌게 되었다. 74대 멍판지孟繁驥맹번기는 근대사의 치열한 시절을 살았다. 그는 대륙에서 국민당과 공산당의 대립이 막바지로 치닫자 맹자의 적자로서 쩌우청 생활을 끝내고 1949년 타이완으로 떠났다. 이로써 그가 맹부孟府의 마지막 거주자가 되었다.

멍판지는 연주 출신의 왕수팡王淑芳왕숙방과 결혼하여 슬하에 1녀 3남을 두었다. 그는 1990년 타이완에서 세상을 떠났다.

그의 장남인 75대손 멍상시에孟祥協맹상협가 1990년부터 아성봉사관을 잇고 있지만 현재 타이완에 거주하고 있다.[2] 맹부에 가면 그들이 거주하던 시절에 찍은 사진들이 남아 있다.

---

2 사오쩌수이邵澤水 편저,《맹자와 그의 제자孟子和他的弟子》, 亞洲出版社, 2010, 16쪽. 사오쩌수이邵澤水 외 편저,《맹묘 맹부 맹림 맹모림孟廟 孟府 孟林 孟母林》, 亞洲出版社, 44쪽.

02 몇 개의 문을 지나야 하는가?

사진에 담을 수 없는 아성부의 현판

한차례 썰물이 빠지듯 주변이 한산해지자 맹부의 입구가 눈에 들어온다. 정겨운 느낌이랄까. 성현의 집이라 웅장한 대문을 생각했다면 한층 더 편안한 느낌을 가질 것이다. 문이 작으니 저 안도 작게 꾸며 놓았을까 하는 생각이 들 정도이다. 문 앞에는 꽤 큰 한 쌍의 돌이 놓여 있다. 무슨 용도일까? 그것은 말과 수레를 타고 내리는 상마석上馬石이다. 우리는 '하마석下馬石'이라 부른다.

그런데 문 앞에 서도 여기가 맹부인 줄 알 수가 없다. 현판이 안 보이기 때문이다. 걸음을 입구 쪽으로 더 옮기자 그제야 금박으로 된 '아성부亞聖府' 현판이 나온다. 대문이 유별나게 검게 칠해져 있고 문짝마다 귀

1. 맹부의 대문.
2. 숨어 있는 아성부의 현판.

엽기도 하고 무섭기도 한 무사가 그려져 있다. 맹부로 들어오는 사악한 기운을 막는 수문장이다.

이때쯤 역사적인 곳에 왔으니 사진 생각이 날 것이다. 미리 말하지만 아성부 현판도 나오고 대문 전체도 나오는 사진은 찍을 수 없다. 땅바닥에 납작 엎드려서 찍으면 가능할지 모르지만 그렇게까지 해보지는 못했다. 뒤로 물러나면 현판의 '부府' 자만 보이고 앞으로 가면 대문 전체가 나오지 않는다. 아쉽지만 쓸데없는 일에 힘쓰지 말고 앞으로 나아가자.(2015년 9월 다시 찾았을 때 아성부 정문이 아니라 그 왼쪽에 출입구를 내서 그리로 드나들게 했다.)

이문二門 또는 예문禮門

정문을 지나면 넓은 공간이 나온다. 옛날 맹부에서 일하며 건물을 지키던 사람들의 공간이다. 지금은 옛날의 용도로 쓰일 일이 없다. 기능상으로 죽은 공간이다. 더 앞으로 나아가면 어느새 새로운 문이 나온다. 두 번째 문은 이문二門 또는 예문禮門으로 불린다. 왜 예문일까? 그 궁금증은 문의 현판을 보면 풀린다. 왼쪽에서 오른쪽으로 읽으면 '예문의로禮門義路'라 쓰여 있다. 이 때문에 '예문'이 되었다.

현판의 이름은 〈만장〉 하7에 나오는 구절에서 비롯된 것이다. 제자 만장萬章과 맹자는 군주가 선비를 부르면 선비는 어떻게 처신해야 하는지에 대해 이야기를 나누었다.

예문禮門. 뒤로 보이는 문이 벽 없이 홀로 서 있는 의문儀門이다.

欲見賢人, 而不以其道, 猶欲其入, 而閉之門也. 夫義路也. 禮門也. 惟君子能由是路, 出入是門也.
욕견현인, 이불이기도, 유욕기입, 이폐지문야. 부의로야. 예문야. 유군자능유시로, 출입시문야.

군주가 현자를 만나려고 하면서 정도를 따르지 않으면, 이는 사람을 안으로 들이려고 하면서 문을 닫아 버리는 것과 같다. 의는 길과 같고, 예는 문과 같다. 오직 자율적인 군자만이 이 길을 따라 걷고 이 문을 드나들 수 있다. _〈만장〉 하7

맹자는 적절한 비유를 들어 추상적 가치와 복잡한 주제를 간명하게 설명한다. 여기서도 그는 의와 예를 길과 문에 비유하고 있다. 어디를 가려면 길을 가야 하고 어디를 들어가려면 문을 거쳐야 한다. 이때 길과 문은 사욕을 위해 혼자만 다니는 비밀의 길과 문이 아니다. 그것은 모든 사람에게 열려 있는 공통의 길과 문이다. 이를 통해 맹자는 군주와 선비가 서로 예와 의를 지켜야 한다는 점을 말하고 있다. 오늘날 우리는 법치주의를 사회 질서의 원칙으로 삼는다. 이 법이 맹자의 말대로 우리가 걸어가야 하는 길이고 드나드는 문이다.

최근 고위 공직자의 인사청문회를 보면 대통령이 지명한 후보자가 모두가 지키는 길을 가지 않고 혼자만의 길을 갔다가 낙마하는 참담한 경우가 반복되는 것을 본다. 더구나 반성하는 기미도 보이지 않으니 부끄러운 일이다. 맹자의 후손들은 이 '예문'을 드나들면서 자신이 '예의 문'과 '의의 길'을 가고 있는지 항상 경계했을 것이다.

의문儀門을 지나서

예문을 지나면 곧바로 또 하나의 문이 가로막는다. 이 문은 좌우의 벽과 이어지지 않고 문만 홀로 서 있다. 의문儀門이다. 이 문에는 별칭이 있다. 아래 처마에 꽃무늬 장식이 있어서 '수화문垂花門'이라 부르기도 하고, 평소에 닫혀 있으므로 '색문塞門'이라고도 한다. 맹부에 경사가 있거나 황제가 찾아오거나 황제의 교지를 받을 때 비로소 그간 닫혀 있던 의문이 열린다. 요즘은 맹부를 찾더라도 의문이 열린 것을 좀처럼 볼 수 없을 것이다. 그렇다면 닫혀 있는 의문은 어떤 역할을 하는 것일까?

대문을 들어선 사람은 자연히 앞을 바라보게 된다. 의문은 그 시선이 더 깊숙하게 침투하는 것을 막는다. 손님이 자칫 놓아 버리기 쉬운 마음, 즉 방심放心을 바로잡을 기회를 주는 것이다.

의문을 옆으로 지나서 앞으로 나아가자. 앞으로 몇 개의 문을 더 지나야 할지 모를 일이다.

깊이를 더하면 권위도 커진다

서울의 고궁을 찾으면 경복궁과 창덕궁은 건물도 많지만 건물마다 담장으로 구분되어 있다. 건물마다 주인이 있다는 것을 나타내는 방식이다. 따라서 주인이 있는 건물을 들어서려면 그 건물에 딸린 문을 반드시 지나야 한다.

맹부도 권위 있는 건물인지라 문이 많다. 빨리 중심 건물을 보려는 사람에게 많은 문들은 귀찮은 존재이다. 사람을 계속 걷게 만들기 때문이다. 그렇다면 왜 이렇게 문이 많을까?

문이 많다는 것은 문 안이 '깊다'는 뜻이다. 원래 공간은 '넓다'는 말로 형용한다. 그런데 왜 또는 어떻게 깊다고 하는 것일까? 궁궐과 같이 권위를 가진 건축물은 유한한 넓이에 깊이를 더하는 방식으로 구현된다. 깊이가 없으면 밖과 안의 구분이 얇아진다. 즉 밖이 곧 안이고 안이 곧 밖인 형상이 된다. 이런 배치에서 안에 있는 사람은 불안하다. 밖에서 누군가 안으로 들이닥치면 피할 곳이 없게 된다. 이처럼 일단 안전의 차원에서도 깊이를 필요로 한다. 그래서 궁궐의 경우 첫 문을 지나고 나오는 공간의 좌우에는 안의 사람을 지키는 호위들이 있다.

이제 밖에서 안으로 들어서는 사람의 입장에서 보자. 깊이가 없으면 안이 한눈에 훤히 드러난다. 그러나 깊이가 있으면 방문자가 서 있는 위치에서 뒤에 또 무엇이 있는지 알 수가 없다. 앞으로 나아가더라도 무엇이 있을지 모른다는 불안감을 느끼게 된다. 특히 문을 지날 때마다 검문을 하거나 병사가 지키고 있다면 두려움은 더 커질 것이다. 저 안에 뭔가 있을 것 같다는 느낌은, 방문자가 앞으로 나아가면서도 여차하면 몸을 뒤로 돌려 밖으로 나가고 싶은 욕망을 가지게 만든다. 이 이율배반의 감정은 깊이가 깊다고 느껴지면 더욱 강해진다. 이렇게 강해진 욕망은 반대로 안에 있는 인물에 대한 범접할 수 없는 신비한 위광을 느끼게 만든다. 그래서 권위 있는 건물일수록 넓이만큼이나 깊이를 만들어 내는 것이다.

03 지방 권부의 심장과 사적 공간

대당에 걸린 편액과 대련

의문을 지나면 대당이 눈에 들어온다. 맹묘에 아성전이 있다면 맹부에는 대당이 있다. 한 개 혹은 두 개의 단으로 된 계단을 오르면 좌우에 가량嘉量과 일구日晷가 있다. 일구는 해의 그림자를 재는 해시계이고 가량은 무게를 재는 저울이다. 일구는 자연의 시간을 12단위로 나누는 기구이고, 가량은 생활에 필요한 다양한 무게의 단위를 정하는 기구이다.

이 두 가지는 편리를 위해 전체를 작은 부분으로 나누는 것이다. 이러한 나누기는 꽤나 엄격한 방식으로 통일되어야 한다. 그렇지 않으면 강한 자가 정하는 것이 기준이 되는 세상이 된다. 따라서 일구와 가량을 둔다는 것은 이곳이 그러한 기준을 통용시키는 권력의 소재임을 보여 준다. 이렇게 보면 대당은 맹부의 심장이자 지역의 중심이다.

이제 시선을 대당으로 옮기면 전면에 걸린 '칠편이구七篇貽矩'의 금색 편액이 눈에 들어온다. 옹정 3년(1725) 황제가 맹자 65대 후손 맹연태孟衍泰에게 하사한 글이다.

'칠편'은 맹자의 책이 〈양혜왕〉, 〈공손추〉, 〈등문공〉, 〈이루〉, 〈만장〉, 〈고자〉, 〈진심〉 이렇게 일곱 편으로 되어 있는 것을 말한다. '이구'는 맹자가 일곱 편의 글로 후대 사람들에게 인륜人倫 공동체를 위한 기준을 남겼다는 말이다. 이것은 《맹자》가 사람들에게 절대적 영향을 끼쳤다는 의미이다. 옹정 황제가 맹자의 업적을 공식적으로 승인하는 증표이니 대당의 편액으로서 이보다 잘 어울리는 것이 없을 것이다. 가랑과 일구가 권력의 상징물이라면 '칠편이구'의 편액은 맹자가 스스로 일구어 낸 권위의 상징이다. 즉 이 세 가지는 대당이 맹부와 지역을 넘어서 세상의 중심임을 나타내는 삼위일체인 것이다.

대당의 좌우 문에는 '계왕개래 사숙천년 승연익繼往開來 私淑千年 承燕翼', '거인유의 연원백대 앙선열居仁由義 淵源百代 仰先烈'이라는 대련이 걸려 있다. 맹자가 과거의 성현을 잇고 미래의 학문을 열었으니 공자를 본받아서 영원토록 훌륭한 지혜를 이어지게 했고, 인의의 뿌리를 캐서 영원히 후손이 선열을 받들도록 했다는 뜻이다. 맹자가 시공을 초월한 영웅임을 선언하고 있다.

맹부의 대당.

옹정제가 쓴 칠편이구七篇貽矩. 《맹자》 7편이 후대의 인류 공동체를 위한 기준이 되었다는 뜻이다.

집무 공간의 박제된 풍경

대당 안으로 들어서니 갑자기 컴컴하고 서늘해진다. 높은 천장과 넓은 공간에 몇 가지 전시물만이 덩그렇게 놓여 있다. 전형적인 박제된 공간의 느낌이 물씬 풍긴다.

이곳이 바로 맹자의 적자 후손, 즉 '세습 한림원 오경박사'(정7품)가 공무를 보던 곳이다. 맹자 56대손 맹희문이 제수되어 73대손 맹경당에 이르러 세직이 바뀌기까지 18대 486년간 봉호가 유지되던 현장인 것이다. 지금은 제 기능을 잃고 관광객의 눈길과 발길이 닿는 곳으로 변하고 말았지만, 한때나마 이곳이 살아 있던 현장이라는 자취는 아직 남아 있다.

실내에는 '아성부', '세습 한림원', '오경박사'라는 봉호가 쓰인 붉은 나무 팻말이 좌우에 있고 용기龍旗, 풍기風旗 등 각종 깃발이 정면 벽 앞에 줄지어 서 있다. 그리고 그 옆에 조용히 경건한 마음을 갖추라는 뜻인지 눈을 부릅뜬 그림이 있어서 실소를 머금게 한다. 물론 맹자의 후손이 지금까지 이곳에서 생활했다면 분위기는 전혀 달랐을 것이다. 하지만 지금 대당의 내부는 "옛날에 그랬지!" 또는 "옛날에는 그랬다더라!" 따위의 말만이 울리는 전시공간일 뿐이다.

나도 고향집을 찾으면 간혹 이런 느낌을 갖는다. 고향은 이제 어린 시절처럼 뛰놀던 마당이 아니라 한 번씩 찾는 장소일 뿐이다. 그나마 아직 어머니가 살고 계셔서 함께 옛날에 있었던 이야기를 나누며 아련한 추억에 잠기곤 하지만, 결코 돌아갈 수 없기에 나의 일부를 간직하고 있는 곳이 생경하게 느껴질 때가 많다. 그럼에도 우연히 발견한 낡은 사진 한 장은 건성으로 이것저것을 뒤지던 나의 손을 멈추게 하고 나를 사진 속으로 끌고 들어간다. 50세의 나는 10대의 내가 되고, 졸업하고 보지 못한 친구를 만나고, 기억조차 없던 옛날의 거사가 뚜렷하게 되살아난다. 부지불식간에 나를 과거로 돌아가게 하고 미래로 보내기도 한다. 그때까지 전혀 생각하지 못했던 친구에게 안부를 묻게 된다.

지금의 맹부 대당은 여러 가지 잡다한 기물은 있지만 그런 '사진' 한 장이 없다. 그러니 나의 발걸음을 붙들어 맬 수가 없는 것이다. 중국인들도 사회주의와 문화혁명의 격변을 거쳤으니 맹부의 대당이 현실감 있게 다가오기는 어려울 것이다. 하물며 외국인이고 '맹자'라는 이름조차 들어 본 적이 없다면 맹부의 대당은 그냥 벽돌로 쌓은 건축물일 뿐 의미 있는 공간으로 여겨질 리 없다. 이것은 중국의 많은 유적지를 찾으면서 느끼는 아쉬움의 일단이다.

맹부의 중심인 대당이 제 역할을 하려면 딸림 건물이 필요하다. 오른쪽에 맹씨 조상의 위패를 모시는 오대사五代祠가 있고, 왼쪽에 고락루鼓樂樓와 견산당見山堂이 있다. 고락루는 맹부에 중요한 일이 있을 때 북을 두드리며 연주를 하는 곳이다. 견산당은 맹씨 후손들이 손님을 접대하는 곳인데, 당호는 문을 열어 산을 본다는 '개문견산開門見山'에서 따왔다.

내택문內宅門, 은밀한 곳으로 깊숙이 들어서다

대당의 왼편 구석을 돌아 내벽에 가려진 뒷문을 통해 밖으로 나오면 또 하나의 문이 나온다. 바로 내택문內宅門이다. 이 문이

대당 내부를 통해 내택문으로 들어간다. 이곳부터는 금지된 영역이다.

대당까지의 공적 공간과 사적 공간, 즉 내외內外를 구분하는 기준이 된다. 그러므로 여기서부터는 외부인이 들어갈 수 없는 금지의 영역이었다. 우리도 골목에서 잠시 호흡을 고르며 주변을 둘러본다. 고개를 들면 지붕의 처마 사이에 갇힌 하늘이 푸르다.

학교의 기숙사를 각각 금녀禁女와 금남禁男의 집이라고 한다. 사람은 들어갈 수 없다고 하면 더 들어가고 싶어진다. 수위에게 들키지 않으려고 기를 쓰고, 사감 선생의 또각거리는 발소리에 새가슴이 되곤 한다. 특히 여자대학교의 기숙사는 더 훔쳐보고 싶은 곳이다. 그래서 현진건의 《B사감과 러브레터》처럼 문학의 공간이 되기도 한다. 따라서 내택문을 지나면서 야릇한 기대를 해도 무방하다. 맹묘 맹부 하면 남성만의 공간이라고 생각하기 쉽지만 내택문 안에는 남성만이 아니라 여성의 공간이 있기 때문이다. 즉 여성이 주도하는 공간이다. 대당까지는 일반 민가와 다른 건축물이지만 내택문에 들어서면 일반 민가와 다를 바가 없다.

내택문 처마 아래에는 재미있는 세 가지 도안이 그려져 있었다고 하는데, 지금 자취를 찾기 쉽지 않다. 첫째 '학록동수鶴鹿同壽'이고 둘째 '이어도용문鯉魚跳龍門', 셋째 '기린송자麒麟送子'이다. 순서대로 부부가 화목하게 백발이 될 때까지 해로하고, 벼슬과 작위가 높아지고 자식이 큰 인물이 되고, 자손이 번창하여 제사가 끊임없이 이어지라는 소망을 담고 있다. 맹씨 가문의 희망이겠지만 사실 모든 사람의 욕망이기도 하다.

사적 공간에 숨은 건물들

내택문 안에는 세은당世恩堂, 사서루賜書樓, 상방원上房院, 연록루延祿樓(양생당養生堂)가 있다. 세은당은 맹씨의 적자 후손이 거주하는 공간으로 대대로 은혜를 입는다는 뜻이다. 누구의 은혜일까? 후손은 선조의 은혜를 입는다고 할 수 있겠지만 여기서는 황은皇恩을 입는다는 뜻이다. 알다시피 맹씨 후손이 '세습 한림원 오경박사'가 되는 것은 결국 황제의 재가를 받아야 하는 것이다. 따라서 세은은 황제와 맹씨 가문의 끊이지 않는 관계를 의미한다.

'세은당'의 편액이 걸려 있는 내부는 정갈하게 꾸며져 있다. 병풍이며 화병 하나까지 예사롭지 않다. 그리고 탁자 위에는 사진 액자 하나가 놓여 있다. 가까이 다가가 볼 수는 없지만, 맹부의 마지막 거주자 맹자 74

세은당世恩堂에는 언제나 사람들이 많다.

내부는 정갈하고 기품 있게 정리되어 있다.

대손 멍판지와 왕수팡의 사진이리라.

세은당에는 건물도 건물이지만 목향木香이 볼 만하다. 달리 다미茶 糜라고도 한다. 해마다 4, 5월이면 하얀 꽃이 풍성하게 피어서 보는 사람의 눈을 즐겁게 해주고 마음을 기쁘게 한다. 꽃은 그 자체의 아름다움만이 아니라 그곳에 사는 사람의 마음을 보여 준다. 나무가 저절로 자라는 것처럼 보여도 때마다 사람의 손길을 필요로 한다. 그런 꽃나무가 오랜 세월을 버티면서 철마다 꽃을 토해 내고 있으니, 보이지 않는 사람의 정성을 느낄 수 있다. 그런 탓인지 세은당에는 유독 사람들이 많다. 마당 한가운데 큰 항아리 모양의 그릇이 놓여 있는데 저마다 한 번씩 만져 보고 들여다본다.

사서루는 황제의 하사품이나 가문의 문서 등을 보관하는 곳이다. 맹씨 가문의 박물관에 해당하는 셈이다. 전시되어 있는 '맹자세가당안孟子世家檔案'을 보면 맹씨 후손의 가족사를 알 수 있고 족보, 성지, 제기 등 대당에서는 보지 못한 진품을 감상할 수 있다. 찬찬히 살펴보며 상상의 나래를 펼쳐 보면 좋겠다. 이곳에도 세은당의 목향처럼 이팝나무를 닮은 두 그루의 유소화流蘇花가 경내를 화사하게 밝혀 주고 있다. 봄여름에 하얀 꽃이 피어 자연스레 사람의 발걸음을 멈추게 한다. 이 꽃을 보고도 그냥 지나친다면 그 사람의 발걸음은 어디에서 멈출까? 특히 나그네라면 꽃의 유혹을 뿌리치지 말아야 한다.

상방원은 맹씨의 적자 이외에 후손들이 거주하는 곳이다. 그리고 더 안쪽 깊숙한 곳에 2층 건물이 눈에 들어온다. 이곳이 연록루延祿樓이다. 맹씨의 적계 여성들이 거주하는 곳이다. 연록루는 뒤에 수리를 거쳐 양생당養生堂으로 이름을 고쳤다. 세속적 욕망을 그대로 드러내는 '대대로

사서루賜書樓에서는 맹씨 집안의 진품 유물을 볼 수 있다.

연록루延祿樓. 맹씨 적계 여성들이 거주하는 곳이다. 양생당으로 이름을 바꿨다.

관직을 이어 가자'는 연록루보다는 양생당이 사람 냄새 나는 이름이라고 할 수 있겠다.

구획된 건물 배치와 '골목대장들'

이렇게 외부인 출입 금지의 지역을 다니면 마치 처음 아성부로 들어오는 것처럼 별도의 공간에서 또 다른 공간으로 이동하는 느낌이 든다. 그것은 우리의 궁궐도 마찬가지이다. 근대인의 공간 감각으로는 다소 불편하다. 맹부와 궁궐은 왜 이렇게 공간을 인위적으로 구획하여 독립성을 보장하려고 했을까? 그것은 당시의 성 역할에 대한 사회적 관념과 밀접하게 관련되어 있다.

옛날에는 남녀의 자유로운 만남보다는 남녀의 격리가 중요했다. 따라서 건물의 배치도 남녀가 따로 있는 형태를 띠게 되었다. 건물과 건물 사이에 담과 문을 설치하고 그 문을 지키면 양쪽의 사람을 쉽게 통제할 수 있는 것이다. 이렇게 보면 맹부와 궁궐은 남성의 공간과 여성의 공간을 구분함으로써 자연스런 접촉을 막는 남녀 격리의 문화를 구현하고 있는 셈이다.

오늘날은 여성이 대통령이 되는 시대이다. 물론 신라에도 여성 왕이 있었지만 왕이 아니라 '여왕'이라 부를 정도로 드문 현상이었다. 특히 임진왜란 이후에 '남성은 바깥일, 여성은 집안일'이라는 성 역할이 굳어지면서 여성의 사회적 참여가 금기시되었다. 《서경書經》〈목서牧誓〉의 "암탉이 울어서 새벽을 알린다"(牝鷄之晨)라는 말이 "암탉이 울면 집안이 망한다"라는 속담으로 변형되어 쓰일 정도로 오래전부터 여성의 역할을 집안으로 제한하고자 했던 것이다.

대신 집안일을 하는 여성은 적어도 자신의 공간에서는 누구의 간섭도 받지 않을 권리를 확보하게 되었다. 그래서 이렇게 구획된 독립 공간은 사회적 차별에도 불구하고 개인의 상대적 자율권을 보장하는 문화의 구현이라고 할 수 있다.

나는 이러한 공간 문화가 근대의 광장 문화와 다른 독특한 심리 구조를 형성시켰다고 본다. 독립된 공간 구조는 각자를 서로 침범하지 않고 골목대장 역할을 하게 만든다. 특별한 경우 집안이나 나라가 망해 가는데도 작은 구역을 지키는 골목대장끼리 싸움을 벌인다. 그들에게는 전체의 위기보다 자신의 골목을 지키는 것이 더 중요한 까닭이다.

나는 이문열이 《우리들의 일그러진 영웅》에서 엄석대를 통해 '골목대장의 세계'를 잘 그려 냈다고 생각한다. 모든 진실이 밝혀지면 무능한 폭군이지만 골목의 장벽이 튼튼하게 막아 준다면 만능의 주군이 된다. 우리 사회의 현실이 답보 혹은 퇴보를 거듭하는 것도 이곳저곳에서 골목대장들만 설치고 있기 때문이 아닐까.

04 **꽃이 반기는 정원을 거닐다**

일단 멈춤, 그리고 유턴

맹부의 사적 공간을 무사히 빠져나오면 휴식 공간이 있다. 널찍한 터에 나무 아래를 빙 둘러 앉을 곳도 마련되어 있다. 이만 하면 지칠 때도 되었다는 뜻이다. 참 적절한 배치라는 생각이 든다. 일행들도 모두 반색한다. 미리 말했지만 가게나 자판기는 없다. 몇 사람이 앉아 있는 중에 다정해 보이는 모녀에게 어떻게 왔는지 물었다. 역시 "딸의 학업 성취를 기원하러 왔다"고 한다. 주변을 살펴보다 엉성한 베틀이 있어서 혹시나 하고 찾아보았더니, 맹모가 베틀의 베를 잘라 아들을 훈육한 '단기교자斷機敎子'의 재연 퍼포먼스를 한다고 쓰여 있다. 오전에 한다고 하니 시간을 잘 맞추면 역사의 한 장면을 만날 수 있다.

잠시 쉴 수 있는 공간. 자판기나 매점은 없다.

다정해 보이는 모녀. 딸의 학업 성취를 기원하러 왔다고 한다.

단기교자斷機敎子의 베틀. 시간을 맞추면 역사의 명장면을 재현하는 공연을 볼 수 있다.

맹부는 전체적으로 오른쪽, 즉 동쪽은 내택문을 기준으로 외적 공간과 내적 공간으로 나뉜다. 지금까지 우리가 보고 온 곳이다. 그리고 다시 맹부의 동쪽과 서쪽은 과거와 현재로 나뉜다. 이제부터는 맹부의 정문 쪽으로 다시 걸어가야 한다. 차를 모는 것으로 치면 U턴을 하는 상황이다. 하지만 맹부의 U턴은 지나온 곳을 다시 보는 것이 아니라 맹부의 서쪽, 즉 맹부의 현재를 살펴볼 기회이다. 지금도 맹자의 후손들이 활동하고 있다. 맹부 동쪽에서 박제된 느낌을 받은 사람이라도 서쪽을 지나면서 맹부를 살아 있는 생활공간으로 받아들일 수 있다.

바로 U턴을 하면 후학後學이 있다. 말 그대로 맹부의 뒤쪽에 있는 학교라는 뜻이다. 이 이름대로라면 전학前學이 있을 법하다. 실제로 맹부의 맨 앞 서쪽에 전학이 있다. 전학은 맹씨 가문에서 학행이 뛰어난 사람들을 선발하여 가르치던 곳이다. 그리고 후학은 '세습 한림원 오경박사'의 자제들이 공부하던 곳이다. 맹씨 가문은 증자와 안회의 후손 등과 함께 공자의 고향 취푸에 가서 학업을 닦았지만 훗날 독자적인 교육을 하게 되었다. 이 맹씨 가문의 학교를 '삼천서원三遷書院'이라 불렀다. 69대손 멍지랑孟繼烺맹계랑이 시작했다가 70대손 멍광쥔 사후에 없어졌다.[3]

---

3 샤오쩌수이邵澤水 외 편저, 《맹묘 맹부 맹림 맹모림孟廟 孟府 孟林 孟母林》, 亞洲出版社, 45쪽.

맹부를 되살리려는 노력들

후학에서 앞으로 나오면 습유관習儒館, 감은당感恩堂, 서과원西跨院 등을 만날 수 있다. 습유관은 요즘 초중등 학생들을 대상으로 국학國學, 즉 중국의 전통 학문을 교육하는 곳이다. 옛날에 사설로 실시했던 초등교육기관 사숙私塾의 구조를 본떠서 강유당講儒堂을 두고 전문 학자를 초빙하여 강연을 실시하고 있다. 여기서 우리는 맹자의 학문이 끝나지 않았다는 것을 확인할 수 있다. 이곳에서 함께 강학에 참여할 기회를 갖는다면, 맹부의 추억이 한층 더 도드라지게 될 것이다.

감은당은 전시관과 교육장의 기능을 수행하고 있다. 맹자나 제자백가와 관련된 자료를 전시하기도 하고 전국 각지의 학부모와 자녀를 대상으로 교육과 관련된 맹자의 일화를 강연하기도 한다. 이곳에는 맹씨소학루孟氏小學樓가 있었는데, 맹부에서 가장 마지막으로 살았던 74대손 명판지가 민국 32년(1943)에 세웠다. 처음에 사숙으로 출발하여 나중에 40~50명까지 교육했다. 사서 중에《맹자》를 읽고 국어, 수학, 상식 등 당시 초등 교육 과정을 가르쳤다. 학교는 1980년대까지 운영되었다.

서과원西跨院, 일상의 공간

감은당을 지나면 왼편으로 아름다운 건물이 눈에 들어온다. 서과원西跨院이다. 나무와 꽃이 우거진 서과원은 맹씨의 차자들이 거주하던 곳이다. 보존 상태가 좋아서 지금도 문 앞에 서서 헛기침을 하면 누군가 나와서 맞아 줄 것 같다.

거니는 발걸음이 가볍다. 기념의 공간에서는 나도 모르게 뭔가를 느껴야 하고 뭔가를 깨달아야 한다는 의무감을 갖게 된다. 익숙하지 않은 한문과 중국어, 잘 드러나지 않는 의미와 상징 등으로 머리가 무겁다. 그 어색함이 자유롭고 편한 발길을 방해한다. 사람을 만나는 것에 비유한다면, 면접장에 가서 면접관을 만나고 소개팅에 나가서 사람을 소개받는 느낌이다. 상대가 뭘 생각하고 있는지 모르는 상황에서 '나'를 드러내야 하는 게 영 쉽지 않다. 면접을 마치고 나면 꼭 미진한 느낌이 든다. 괜히 중요하지 않는 것은 떠들고 정작 중요한 것은 놓친 그런 느낌이랄까.

하지만 일상의 공간으로 오면 '나'는 그러한 의무감으로부터 풀려난다. 그냥 눈에 들어오는 대로 보고, 귀에 들리는 대로 들으면 그것으로 충분하다. 감각을 열어 두고서 자유롭게 보고 들으면 되는 것이다. 뭔가가 예쁘게 보이면 "예쁘다"라고 말하고, 뭔가가 신기하게 들리면 "신기하다"고 말하면 된다. 역사, 의미, 기념 따위를 의식하지 않고 나의 느낌을 그대로 드러내면 된다.

맹부의 서쪽은 죽은 곳을 살리려는 노력을 하고 있다는 점에서 문화재 보존과 활용에 대한 좋은 모범이라 할 수 있다. 살지 않고 보기만 하는 유물과 문화재는 관리도 어려울 뿐만 아니라 보존도 쉽지 않다. 사람의 숨결과 손길이 닿으면 보존 상태는 저절로 좋아진다. 즉 거주가 곧 관리이자 보존인 것이다. 습유관과 감은당을 지나며 지금의 노력과 활동이 계속 이어지기를 바라 본다.

습유관習儒館, 중국의 전통 학문을 교육한다.

감은당感恩堂, 전시관과 교육장의 역할을 한다.

맹부의 저괴원은 아름다운 옛 정취를 고스란히 안겨 준다.

꽃의 정원, 서화원西花園

서과원을 나오면 이제 맹부와 이별할 시간이 서서히 다가온다. 눈앞에 특별한 건물이 없으니 '다 봤구나!' 싶어서 '이제 어디로 발걸음을 옮겨야 하지?'라는 생각이 들 즈음이다. 건물도 없고 인적도 드문 곳에 사람의 눈길을 사로잡는 것들이 있다. 철따라 피는 꽃이며 자잘하게 자란 풀들이 두 눈에 가득 들어온다. 아니 '들어온다'기보다 '안겨 온다'는 말이 더 적절하다. 일행들도 발걸음을 멈추고 사진을 찍는다. 이번에는 유적이 아니라 본인들 사진이다. 표정들이 한층 밝아진다. 나에게도 꽃 옆에 포즈를 취하라며 손짓을 한다.

명륜동 내 연구실 인근에는 7월이면 대문과 담장에 능소화가 가득 피는 집이 있다. 나는 그 집을 지날 때마다 걸음을 멈추고 바람에 날리는 능소화를 보거나 사진기를 꺼내 사진을 찍는다. 가을이면 국화가 찾아온다. 겨울이면 창경궁의 식물원에서 정성껏 가꾼 꽃을 바라보며 하룻밤 사이에 바뀐 모습을 찾는다. 이때 나는 시간을 잊는다. 시간이 가는 줄 모를 뿐만 아니라 시간이 있다는 사실조차 까마득하게 잊는다. 한참이 지나고서야 '내'가 어디에 있다는 사실을 자각한다.

꽃의 향기가 나를 취하게 하고 꽃이 나를 다른 세계로 데려가 상상의 나래를 펴게 한다. 그곳에 나비와 새가 깃들이면 즐거움이 배가된다. 새는 움직임이 빨라 그 움직임을 쫓기가 어렵다. 나비는 나의 눈길 따위는 괘념하지 않는 듯 너그럽게 움직인다. 나비를 바라보고 있노라면 어떤 때는 붓글씨를 쓰는 것도 같고 어떤 때는 꼭 춤을 추는 것만 같다. 문득 나는 일어나 나비의 뒤를 따르고 있다. 나를 모르는 나비는 저만의 감각으로 움직이다 인기척을 느끼면 나의 눈길이 닿지 않는 곳으로 휑하니 가 버린다.

이곳은 기념의 공간도 아니고 생활의 공간도 아니다. 그냥 오감을 열어 두는 것으로 충분하다. 서화원西花園이다.

조경에 빠지지 않는 태호석

한참을 놀다가 맹부의 태호석太湖石을 찾는다. 태호석은 남중국 쑤저우蘇州소주에 있는 호수 바닥과 연안에서 채취한 돌이다. 석회암이 용해되면서 봉우리 모양, 동굴 모양, 계곡 모양 등 갖가지 기묘한 형태가 만들어졌다. 처음에는 쑤저우의 정원과 주택 장식용으로 쓰이다가 당송을 거치면서 전국적인 애호가들의 사랑을 받았다. 명대에는 가짜가 나올 정도로 귀해졌다. 자금성에도 태호석의 가산假山으로 잘 꾸며진 정원이 있다.

당나라 백거이白居易(772~846)는 태호석을 소재로 시를 짓기도 했고, 북송의 화가이기도 했던 휘종徽宗은 태호석 사랑이 남달랐다. 그는 예술가의 취미인지 권력자의 탐욕인지 항저우에 조작국造作局, 쑤저우에 응봉국應奉局을 두고서 기화괴석奇花怪石을 수도 카이펑開封개봉으로 실어 날랐다. 당시 운하에 배를 띄워서 옮겼는데 이 배를 화석강花石綱이라 불렀다. 이때 강綱은 운반에 쓰인 1척의 배 또는 한 차례 운반을 책임지는 부대를 가리킨다. 이렇게 황제까지 나서서 여러 사람을 괴롭히며 태호석을 전국에 알렸던 것이다.

맹부의 태호석에는 청의 걸출한 문헌학자 완원阮元(1764~1849)의 〈알맹묘謁孟廟〉라는 시가 새겨져 있다.

> 覇王代謝百年間패왕대사백년간, 夫子風塵又轍環부자풍진우철환.
> 若使靈臺開晉國약사영대개진국, 豈能秦石上鄒山기능진석상추산?
> 遺書賴有玠卿注유서뢰유분경주, 古廟常餘博士閑고묘상여박사한.
> 今夜斷機堂外住금야단기당외주, 主人淸話敞松關주인청화창송관.

> 패왕이 백 년간 뒤바뀌고 공맹은 흙먼지 쓰며 온갖 곳을 다녔네.
> 진晉이 여민동락 했더라면 진秦시황이 어찌 이산에 송덕비를 세웠을까?
> 맹자의 남긴 글 조기趙岐의 주석으로, 옛 사당에 박사들이 익히네.
> 오늘밤 단기당 밖에 머물려, 사립문 연채 주인과 맑은 이야기 나누네.

완원은 건륭 59년(1794)에 맹묘에서 맹자에게 제를 올리고 맹부에서 이 시를 지었다. 완원은 공자와 맹자가 도덕의 세상을 만들기 위해 이곳저곳을 뛰어다녔지만 허사로 끝나고 진시황이 전국시대를 통일하여 이산에 송덕비를 남긴 것을 안타까워한다. 하지만 맹자의 글은 조기의 주석 덕분에 없어지지 않고 세상에 전해져서 오늘날 학자들이 갈고닦는 불멸의 책이 되었다고 칭송한다. 그리고 완원은 그 역사적인 곳을 찾아 나눈 이야기를 '청화淸話'로 표현하며 소중한 추억을 읊고 있다.

태호석에서 눈길을 돌린다. 맹부의 끄트머리 담장에는 빨간 장미가 피고 작약이 제 모습을 뽐내고 있다. 마당에는 클로버가 가득 깔려 있다. 눈썰미가 좋다면 네잎 클로버를 찾을 수도 있으리라. 못 찾으면 또 어떤

가. 네 잎 클로버의 꽃말이 행운이고 세 잎 클로버의 꽃말은 행복이다. 드물게 찾아와도 놓치기 쉬운 행운보다 주변에 늘 함께 있는 행복이 더 소중하지 않은가. 내가 이 순간 이곳에 있을 수 있는 것이 행운이고 행복이 아니겠는가. 이렇게 맹부의 마지막을 행운과 행복으로 마치니 앞으로의 여정도 순탄하리라 기대해 본다.

삼거리 골목 모퉁이의 잡화점

맹묘와 맹부 사이 삼거리 모퉁이에는 책방이 있다. 책뿐만 아니라 골동품, 기념품 같은 다양한 잡화들을 길가에까지 내놓고 팔고 있다. 거기에는 철 지난 잡지며 마오쩌둥과 관우, 관음보살과 맹자 그리고 쌍용이 함께 있다. 한 평도 안 되는 공간에 중국의 고대사와 근현대사를 한데 모아 놓은 듯하다. 이런 모습이 인문기행의 풍경이라는 생각이 절로 든다. 또 가게 입구에 세로로 세워진 칠판도 이채롭다. 일종의 책 메뉴판이다. 《맹자 7편》,《논어》,《맹자 4권》 등의 책 제목이 쓰여 있어서 내 호기심을 끈다.

하지만 먼저 아성로에 있는 구멍가게에 들러 차가운 맥주 한 캔을 산다. 이때 마시는 맥주는 감로주이다. 술이 목구멍을 타고 넘어와 몸으로 흡수될 때, 내가 살아 있다는 느낌이 들 정도로 음주의 쾌감이 강렬하다. 잠시 지친 심신이 깨어나기를 기다린다. 그리고 슬슬 감출 수 없는 본성을 따라 그곳으로 향했다.

서너 계단을 올라 내부로 들어서자 제법 공간이 된다. 벽마다 책들이

1. 맹부 골목 모퉁이의 잡화점. 책, 골동품, 기념품 등 다양한 물건들을 판다.
2. 마오쩌둥과 관우, 관음보살과 맹자 그리고 쌍용이 함께 있다.
3. 책 메뉴판이 이채롭다. 맹자 7편, 논어, 맹자 4권.

들어차 있다. 부산의 보수동 골목에서 만났던 책방 하나에 들어선 느낌이다. 마치 뭐든 찾을 수 있을 것 같은 착각이 든다. 책방을 둘러보다 혹시나 하는 마음으로 주인에게 물었다. "맹묘에 편액이며 비석이 많으니 탁본이나 사진을 찍은 책자가 있느냐?" 큰 기대 없이 던진 질문에 뜻밖에도 "있다"는 대답이 돌아온다. 반신반의하며 그 책을 달라고 해서 훑어보았다. 역시 맹묘에 있는 비석의 탁본을 모은 책이었다. 나는 그 탁본들을 국내에서 보지 못했다. 맹묘에서 비석을 찍느라 고생한 기억을 떠올리지 않더라도 귀중한 자료가 될 터였다. 내심 떨 듯이 기뻤지만 흥정을 위해 이것저것 더 묻는 척한다. 그러다 가격을 물었더니 이곳 물가를 감안하면 터무니없이 비싸게 부른다. '중국이니까' 생각하며 흥정을 해보지만 이길 수가 없다.

내가 이런 방면에 소질이 없기도 하지만 '저 책을 꼭 갖고 싶다'는 욕심이 그대로 얼굴에 쓰여 있었을 것이다. 고객의 욕망을 읽는 것이 상인의 일이다. 통역까지 흥정에 나서 보지만 표정부터 남다른 중국의 왕서방을 당할 수는 없다. 결국 거의 달라는 대로 중국 돈 600위안을 주고 샀다. 주변에서 사진을 찍고 뒤늦게 합류한 일행이 바가지를 썼다며 괜히 통역에게 면박을 준다. 그래도 마지막에 귀한 보물을 얻었다는 생각에 나는 어린아이처럼 발걸음이 가벼워진다.

여행의 맛을 절반으로 뚝 떨어뜨리는 나쁜 습관이 목적지만을 향해 돌진하는 것이다. 맹묘나 맹부의 건물과 비석들은, 물론 좋은 것은 드물지만, 웬만한 책이나 인터넷에 사진이 넘쳐 난다. 여행의 목적은 결국 목적지와 목적지 '사이'의 길이며 주변의 건물이며 오가는 사람들을 만나야 비로소 완성된다. 같은 곳을 가더라도 '사이'를 체험할수록 더 많은 이

마지막에 귀한 보물을 얻었다는 생각에 발걸음이 마냥 가볍다.

야기를 듣고 더 깊은 감동을 받을 수 있다.

    요즘도 한 번씩 탁본집을 들여다보며 당시 일을 떠올려본다. 보는 순간 나는 서울에서 쩌우청의 맹묘로 비행기보다 더 빨리 날아가서 그곳을 여유 있게 거닐며 비석과 이야기를 나눈다.

정도전은 왜 고려의 개혁을 넘어 조선의 건국이라는 위험한 혁명을 기획하게 되었을까. 그는 수많은 불면의 밤을 지새우며 고뇌하다 혁명의 불가피성에 도달했을 것이다. 여기에는 맹자의 군주와 사직에 대한 국민의 우선론, 역성혁명론, 인정, 왕도 정치, 정전제 등이 근거가 되었을 것이다. 그렇다면 그는 언제 《맹자》를 읽으며 자신의 생각을 벼려 갈 수 있었을까. 부모의 상례 기간과 친원파에 맞서다 유배되었던 시기, 그리고 유랑 생활 동안 그의 손에는 정몽주가 보내 준 《맹자》 한 질이 쥐어져 있었다. 그렇게 그는 매일 한 장 또는 반 장씩 읽으며 맹자의 사상을 깊이 이해하게 되었다. 《맹자》가 정도전에게 혁명의 창이 된 것이다.

7

혁명가 맹자

조선의 개국공신 삼봉三峰 정도전鄭道傳(1342~1398)의 문집,《삼봉집三峰集》
(1465년, 24.0×16.3cm, 국립중앙박물관).
태조 6년(1397), 정도전 생전에 그의 아들에 의해서 2권으로 간행된 이후 여러 차례 보완, 간행되었다.
정치가이자 사상가 정도전의 진면목과 조선의 건국이념을 만날 수 있는 귀중한 자료이다.

01 백성의 고통은 누구의 책임인가?

항산恒産과 항심恒心의 상관성

'24601'. 배고픈 일곱 조카들을 위해 빵 한 조각을 훔친 죄로 수감된 가난한 노동자의 죄수 번호이다. 무려 네 번의 탈옥을 시도한 매우 불량한 이 범죄자의 이름은 '장발장'이다. 빅토르 위고는 《레미제라블》에서 한 선량한 시민이 범죄자로 전락하는 순간 평생을 죄인의 낙인으로부터 벗어나지 못하는 사회의 부조리를 통찰했다. 장발장의 뒤를 쫓는 경찰 자베르 역시 부조리한 사회가 빚어낸 또 다른 측면을 보여 준다. 19세기의 프랑스 대문호가 보여 준 예리한 통찰을 우리는 무려 2300년 전의 맹자에게서 고스란히 발견하게 된다.

맹자의 '민위귀民爲貴'가 입에 발린 말이 아니라면, 공동체의 절대 다

수를 차지하는 국민(시민)이 어떻게 먹고살 것인가의 문제를 고민하지 않았을 리 없다. 맹자는 이 문제를 해결하기 위해 오늘날에도 회자되는 항산恒産과 항심恒心을 제시했다. 일정한 수입이 보장되어야 안정된 마음도 있다는 것이다.

전국시대 등滕나라는 남쪽의 초나라와 동쪽의 제나라 사이에서 어려움을 겪고 있던 약소국이었다. 이 상황을 벗어나기 위해 고군분투하던 등의 세자가 초나라로 가던 길에 송나라에서 맹자를 만났다. 당시 맹자는 성선을 말하고 인정仁政을 펼치면 작은 나라라도 강한 나라가 될 수 있다고 했다.

아버지 정공定公이 죽고 왕위에 오른 세자 문공文公은 맹자를 초빙해 나라를 다스리는 법에 대해 물었다. 이때 맹자는 문공에게 항산恒産과 항심恒心을 말한다.

> 백성이 먹고사는 일을 느슨하게 처리해선 안 됩니다. 《시경》에 "낮에 띠풀을 베고 밤에 새끼를 꼬아 서둘러 지붕을 이어야 내년에 다시 온갖 곡식의 씨를 뿌리리라"고 했습니다. 백성이 살아가는 길은 항산이 있어야 항심을 품지, 항산이 없으면 항심을 지닐 수 없습니다. 항심이 없으면 고삐 풀리고 치우치고 비뚤어지고 펑펑 돈을 쓰면서도 그만둘 줄을 모릅니다. 이러다가 범죄에 빠진 다음에 잡아서 처벌한다면, 백성을 상대로 그물질을 하는 것입니다. 어찌 어진 사람이 왕의 자리에 있으면서 백성을 상대로 그물질할 수 있겠습니까? 이 때문에 현명한 지도자는 공손하고 검소하고 아랫사람을 예우하며 백성에게 거둘 때에도 일정한 규제가 있습니다.[1] _〈등문공〉 상3

항산은 해가 뜨면 몸을 일으켜서 일을 할 수 있는 소중한 공간이다. 그런 곳이 있기에 지금의 삶이 고단하더라도 딴마음을 품지 않고 지금에 열중할 수 있다. 항심은 변치 않고 늘 그대로 있는 마음이다. 맹자는 항산과 항심의 관계에 집중하고 있다.

항심이 있으면 개인이 안정되고 나아가 국가가 안정된다. 예측이 가능하기 때문이다. 항심이 있다는 것은 좋을 뿐만 아니라 바람직하다고 할 수 있다. 그렇다면 항심을 어떻게 가질 수 있을까? 맹자는 〈양혜왕〉 상7에서 이 질문에 대한 답을 내놓고 있다.

> 안정된 수입이 없어도 변치 않는 마음을 유지하는 것은 오직 선비만이 가능하다. 대부분의 사람은 안정된 수입이 없으면 변치 않는 마음을 갖기 어렵다.[2] _〈양혜왕〉 상7

항심은 누구나 가지고 있고 지켜야 하는 마음이다. 고3 수험생이나 취업 준비생도 그렇고 기업의 CEO나 정치 지도자도 그렇다. 이 항심이야말로 맹자가 말한 인간이 가지고 있는 순수한 네 가지 마음, 즉 '사단'이다.

예컨대 어렵게 학업을 마친 청년은 취업도 하고 연애도 하고 결혼도

---

1 〈등문공〉 상3. 民事不可緩也. 詩云: '晝爾于茅, 宵爾索綯, 亟其乘屋, 其始播百穀.' 民之爲道也, 有恒産者有恒心, 無恒産者無恒心. 苟無恒心, 放辟邪侈, 無不爲已. 及陷乎罪, 然後從而刑之, 是罔民也. 焉有仁人在位, 罔民而可爲也? 是故賢君必恭儉禮下, 取於民有制.

2 〈양혜왕〉 상7. 無恒産而有恒心者, 惟士爲能. 若民, 則無恒産, 因無恒心.

하고 싶다. 맡은 일을 열심히 할 마음을 굳게 지키고 있지만 구직에 거듭 실패하다 보면 항심을 유지하기란 참으로 어렵다. 실직자는 말할 것도 없다.

맹자는 '먹고사는 생업의 보장'이야말로 그 어떤 것보다 중요하다고 말하고 있다. 항산이 없으면 아무리 버티려 해도 항심은 결국 허물어지고 만다. 여기서 '정치 지도자의 존재 이유가 무엇일까?'라는 물음을 던지지 않을 수가 없다. 예나 지금이나 정치 지도자는 국민이 먹고살 수 있는 길을 제시해야 한다.

맹자가 선비만이 항산이 없더라도 항심을 지킬 수 있다고 말한 것은 백성의 속물근성을 비판하는 것이 아니다. 먹고살 수 있는 사회적 환경을 만드는 것이 그만큼 중요하다는 점을 강조하고 있는 것이다. 아울러 선비란 항산이 없더라도 버텨 낼 힘이 있어야 한다는 말이다.

그렇다면 이 항산은 어떤 것일까? 맹자는 '제민지산制民之産', 즉 백성이 먹고살 수 있는 항산의 조건과 그 실천 방안까지 구체적으로 제시하고 있다.

> 현명한 왕이라면 백성이 먹고살 수 있는 항산을 마련한다. 위로는 제 부모를 모시고 아래로는 가족을 먹여 살리기에 충분해야 한다. 풍년에는 배불리 먹고 흉년에도 굶어 죽지 않아야 한다. 그런 다음에 '올바르게 살아라!'라고 요구하면 백성들이 흔쾌히 따를 것이다.
> 5무畝[3] 규모의 집 주위에 뽕나무를 심으면 50세 이상은 비단 옷을 입는다. 닭, 돼지, 개를 잘 기르며 때를 잃지 않으면 70세 이상은 고기를 먹는다. 100무의 땅에 농사를 지으며 때를 잃지 않으면 여덟 식

구의 집이 배를 곯지 않는다. 학교를 세워서 아이들에게 효도와 존경을 배우게 하면 머리가 흰 사람이 길에서 짐을 지거나 이고 가지 않는다. 노인이 비단 옷을 입고 고기를 먹으며 백성들이 배를 곯지 않고 추위에 떨지 않는데도 왕이 되지 못한 경우가 없다.[4] _〈양혜왕〉 상7

지금도 이 조건이 갖추어진다면 살 만한 세상이라고 할 수 있다. 맹자의 이러한 염원과 이상은 훗날 동아시아의 이상사회를 대변하는 '대동大同 사회'의 구상으로 이어지게 된다. 자신의 이利만을 좇는 시대의 정치 지도자들에게 던지는 맹자의 웅변은 간결하지만 눈물겹다. "적어도 이 정도는 되어야 하지 않겠습니까?"

'맹자' 하면 단순히 '성선性善'만 떠올리는 사람에게 이런 이야기는 충격으로 다가올 것이다. 맹자는 먹고사는 문제는 뒷전이고 속 편하게 '인성人性' 타령만 한 인물이 결코 아니다. 전쟁의 시대를 살면서 맹자는 시체가 들판에 뒹굴고 사람들이 배고픔에 신음하는 참상을 직접 보았기 때문에 항산과 항심의 인과관계를 힘주어 말할 수 있었다.

"정치 지도자들이여, 제 잘난 맛에 살지 마라. 걸핏하면 국민들에게서 빼앗아 가려고 하지 마라. 오히려 그들의 눈물을 닦아 주고 그들의 먹고

---

3 무畝는 평처럼 논밭과 집터의 면적을 세는 단위이다. 진나라 이전에는 사방 6척尺을 1보步로 하고 100보를 1무로 보았다. 진나라 이후 240보를 1묘로 했다.
4 〈양혜왕〉 상7, 是故明君制民之産, 必使仰足以事父母, 俯足以畜妻子, 樂歲終身飽, 凶年免於死亡. 然後驅而之善, 故民之從之也輕. 五畝之宅, 樹之以桑, 五十者可以衣帛矣. 鷄豚狗彘之畜, 無失其時, 七十者可以食肉矣. 百畝之田, 勿奪其時, 八口之家可以無飢矣. 謹庠序之敎, 申之以孝悌之義, 頒白者不負戴於道路矣. 老者衣帛食肉, 黎民不飢不寒, 然而不王者, 未之有也.

사는 문제를 해결해 주라. 그것이 바로 당신들의 존재 이유이다."

연애와 결혼, 출산을 포기하는 '삼포시대' 그리고 인간관계와 내 집 마련까지 포기하는 '오포시대'를 넘어 이제 무엇을 더 포기해야 할지 모르는 'n포시대'를 살아가는 우리에게 《맹자》는 현실이다. 전혀 낯설지가 않다. 오히려 맹자가 젊은 청년으로 다가온다. 이렇게 맹자가 눈부시게 젊어 보이는 것은 맹자가 위대한 까닭일까, 아니면 오늘날 우리 사회가 맹자가 말한 '제민지산'을 갖추지 못한 까닭일까?

오십보백보 五十步百步

오늘날 우리가 쓰는 말 중에는 《맹자》에서 비롯된 말이 참 많다. 예컨대 '오십보백보五十步百步'도 맹자가 처음으로 쓴 말이다. 《표준국어대사전》은 "조금 낫고 못한 정도의 차이는 있으나 본질적으로는 차이가 없음을 이르는 말"이라고 풀이하고 있다. 맹자는 이 말을 언제 어떤 상황에서 사용한 것일까? 맹자는 전국시대의 정치 지도자들이 앞세우던 '백성을 위한다'는 말의 허구성을 비판하기 위해 이 표현을 썼다.

맹자가 양梁나라 혜왕을 만났을 때였다. 사실 '양나라'는 《맹자》에는 자주 언급되지만 역사에서는 찾아보기 힘든 이름이다. 그 이유의 전말을 살펴보고 '오십보백보' 이야기로 넘어가자. 위魏나라는 원래 진秦나라와 가까운 안읍安邑에 수도가 있었다. 위는 전국시대 초기만 해도 국제 관계의 주도권을 쥘 정도로 영향력이 컸지만 점차 힘을 잃었고 이웃 나라 진이 강해지면서 충돌을 피할 수 없었다. 위나라 혜왕은 더 이상 버티지 못하고 수도를 대량大梁으로 옮긴다. 이후 위나라가 옮긴 수도의 이름을 따라 양나라로 불렸던 것이다. 하지만 양혜왕의 불행은 수도 천도로 수습되지 않았다. 동쪽의 제齊나라와 충돌하면서 세자를 잃었고, 남쪽 초나라에게도 치욕적인 패배를 당했다. 양나라는 북쪽을 제외한 삼면에서 공격을 받는 동네북 신세가 된 것이다.

혜왕은 자나 깨나 지난날의 영광을 꿈꾸며 복수의 칼날을 갈았다. 그는 이를 위해 나름대로 최선을 다했다. 하내河內 지역에 흉년이 들자 이재민을 하동河東으로 이주시키고 남은 사람에게는 구호물자를 보냈다. 하동 지역에 흉년이 들었을 때도 똑같이 처리했다. 그런데도 양나라의 인구는 늘지 않았다. 더구나 군주가 자신처럼 백성을 위해 최선을 다하지 않는 나라도 인구가 줄어들지 않았다. 혜왕은 이 때문에 깊은 고민에 빠졌다. 그런 혜왕에게 맹자는 이렇게 말했다.

> 맹자가 대답했다. 왕께서 전쟁을 좋아하시니 전쟁에 비유해서 설명하겠습니다. '둥둥' 북소리가 울리면 병사가 적진으로 뛰어들어 칼날을 부딪칩니다. 전세가 불리해지자 아군 병사 중에 갑옷을 내버리고 무기를 끌고 도망가는 병사가 있었습니다. 어떤 사람은 100보를 달아나서 멈추고 어떤 사람은 50보를 달아나서 멈추었습니다. 50보를 달아난 사람이 100보를 달아난 사람을 비웃는다면 어떠하겠습니까? 혜왕이 말했다. 옳지 않습니다. 단지 100보가 아닐 뿐이지 그것도 달아난 것이니까요.[5] _〈양혜왕〉 상3

맹자는 혜왕의 눈높이에서 이야기를 풀어 가고 있다. 혜왕이 복수를 위한 전쟁에 관심이 있었으므로 전장에서 벌어진 일을 들어 설명하고 있는 것이다. 맹자는 천연덕스럽게 북소리와 창칼 부딪치는 소리로 전장을 묘사하고 이윽고 전황이 불리해지자 혼자만 살겠다고 도망을 간 두 병사를 설정한다. 그중 한 명이 전선에서 50걸음 도망간 뒤에 앞을 보니 자기보다 50걸음 더 도망간 사람이 있는 게 아닌가! 그는 죽음을 각오하고 싸우는 전우들에게 미안하고 부끄러웠지만 자기보다 먼저 100걸음 도망간 병사를 보고 갑자기 의기양양해져서 큰소리로 웃으며 상대를 비웃는다. "아니, 언제 거기까지 도망갔습니까?"

사실 이 이야기는 혜왕의 반응을 끌어내기 위한 가상의 상황이다. 맹자는 이처럼 자신의 논지를 펼칠 때, 현실의 소재를 골라 사유의 실험을 통해 결론을 도출하는 대화법을 자주 이용했다. 가히 논변의 천재라고 할 수 있다.

50걸음 도망간 병사가 100걸음 도망간 병사를 비웃을 수 있는가? 당연히 혜왕은 그럴 수 없다고 대답한다. 이때 맹자는 50걸음과 100걸음 도망간 병사를 현실의 정치 지도자로 환치시킨다. 혜왕은 그의 생각대로 이웃 나라 군주들보다 백성들을 잘 보살피는 군주에 해당한다고 할 수도 있다. 하지만 그가 백성을 살피는 것이 과연 다른 군주와 질적으로 다른 것일까? 이쯤에서 혜왕이 맹자의 말귀를 눈치 챘을지도 모르겠다.

---

5 〈양혜왕〉 상3, 畝孟子對曰: 王好戰, 請以戰喩. 塡然鼓之, 兵刃旣接, 棄甲曳兵而走. 或百步而後止, 或五十步而後止. 以五十步笑百步, 則何如? 曰: 不可, 直不百步耳, 是亦走也.

맹자는 계속해서 자신을 훌륭하고 좋은 군주라 여기는 혜왕의 가면과 허구성을 벗겨 낸다.

혜왕이 복수를 위해 백성을 동원하지 않는다면, 백성들은 알아서 제때에 농사를 지어 스스로 먹고살 준비를 할 것이다. 앞에서 살펴본 '제민지산制民之産', 즉 시민이 먹고살 수 있는 항산이 보장된다면, 산 사람의 입에 거미줄 치지 않고 죽은 사람을 편히 장사지낼 수 있는 '양생상사무감養生喪死無憾'의 삶이 가능해진다. 이것이 바로 맹자가 이루고자 한 왕도王道의 모습이다.

그런데 현실은 어떤가? 혜왕은 진, 제, 초나라를 상대로 복수를 꿈꾸며 곡식을 세금으로 거두어들여 군량미 창고를 가득 채웠다. 전쟁 준비를 한다고 백성들을 동원하니 사람들은 제때에 농사를 지을 수가 없다. 이러한 상황에서 자연재해가 생기고 흉년이 들면 혜왕은 길에 굶주린 시체가 널려 있어도, 이재민이 구걸을 일삼아도 창고의 곡식을 풀어 사람을 살릴 줄을 모른다. 그러면서 "비아야非我也, 세야歲也"(내가 그런 것이 아니라 흉년 때문이다)라고 말한다. 기껏해야 이재민을 이주시키고 구호물자를 보내는 것이 최선이라고 말한다. 과연 그것으로 충분할까?

혜왕은 복수를 향한 자신의 진심眞心을 감추고 최소한의 노력만을 하면서 진심盡心을 다했다고 말하고 있다. 맹자는 그것이 가당치도 않다고 호통을 치고 있는 것이다. 칼로 사람을 찔러 죽인 뒤에 "비아야非我也, 병야兵也"(내가 그런 것이 아니라 칼 때문이다)라고 말하는 것이 가당치 않듯이 백성이 굶어 죽는데도 내 책임이 아니라며 흉년 탓만 하는 것은 가당치 않다는 얘기이다.

오늘날 정치인들도 매한가지이다. 치솟는 전세 값을 잡을 대책을 내놓는다면서 빚내서 집 사라 권하고, 일자리 창출한다고 큰소리쳐 놓고는 해외 일자리 알아보라 하고, 반값 등록금 약속하고는 예산 타령하며 어물어물 넘어간다. 그러고는 나름대로 최선을 다했는데 도와주는 사람이 없다고 남 탓하기 바쁘다. 자신을 객관적으로 성찰할 줄 모르는 정치 지도자는 모두 혜왕과 같은 자아도취에 빠진 사람들이다.

맹자의 '오십보백보'는 그냥 별다른 차이가 없다는 고사성어가 아니다. 그것은 50걸음과 100걸음을 비교하며 나름대로 최선을 다했다고 말하는 정치 지도자들의 허구성을 통렬하게 비판하는 말인 것이다.

정전제井田制, 완전 고용의 실현

맹자는 성선을 말했다. 그리고 성선은 백성들이 먹고사는 현실 사회에서 꽃을 피워야 했다. 맹자는 무슨 일을 하더라도 주도 면밀하게 통찰하고 합리적인 대안을 제시하는 인물이었다.

앞서 맹자는 백성들이 먹고살 수 있는 최소한의 삶의 조건을 제민지산制民之産이라 했고 이것이 왕도王道의 전제라고 보았다. 이를 위해 그는 결국 토지제도로 눈을 돌리지 않을 수 없었다. 당시 농업이 기간산업이었던 만큼 토지 문제를 건드리지 않고 생계 문제를 해결할 수 없기 때문이다.

맹자처럼 훗날 유학의 이상을 실현하고자 한 이들은 하나같이 토지 문제의 해법을 풀기 위해 골머리를 앓았다. 유학자들의 대부분이 '토지 소유 상한제'를 실시하여 백성들이 농사지을 땅을 안정적으로 보장받도록 하려 했다. 그들은 이름은 다르지만 현실적으로 이미 진행된 사유제를 인정하면서도 특정 집단에 토지가 과도하게 집중되는 것을 막는 '한전제限田制'를 주장한 것이다.

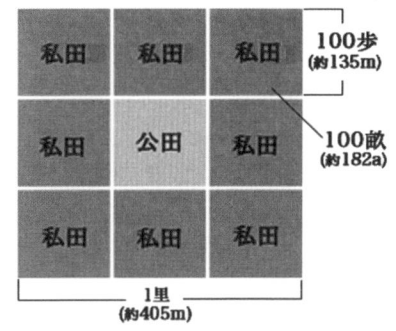

하지만 맹자는 현실의 토지 문제를 근원적으로 해결하기 위해 한전제보다 더 강력한 정전제井田制를 실시하고자 했다. 정전제는 일정한 지역의 토지를 우물 정井 자처럼 9등분으로 나눈 뒤에, 중앙의 한 곳을 공전公田으로 하고 나머지 8곳을 사전私田으로 하여 경작자들에게 분배해 준다. 농민은 공전을 우선으로 경작하여 노역으로 세금을 대신하고, 사전을 경작하여 생계를 꾸리게 된다.

오늘날 척도로 계산하면 9등분의 토지는 각각 100걸음, 즉 약 135m을 한 변으로 하는 18,225m²의 넓이였다. 이렇게 백성이 경작할 수 있는 토지를 점유하게 되면 다른 곳에 눈 돌릴 필요 없이 열심히 땅을 일구고 농사를 지어 먹고살 수 있게 된다. 이처럼 맹자는 정전제를 통해 항산의 문제를 해결하고자 했다.

> 창고가 가득 차야 예절을 차릴 줄 알고, 의식이 풍족해야 영예와 치욕을 가릴 줄 안다.[6]

관자가 〈목민〉에서 먹고사는 문제의 중요성을 언급한 이래 또 하나의 실천적 방안이라고 할 수 있다.

사실 정전제는 맹자 혼자 머리를 싸잡고 고민한 결과가 아니었다. 이미 고대부터 실행되어 온 제도였다. 그는 양나라 혜왕 다음으로 만난 제나라 선왕宣王에게 고대의 이상 정치를 설명하면서 문왕이 실시한 정전제를 말한다.

> 옛날에 문왕이 기岐 지역을 다스릴 때, 농사짓는 사람들에게는 9분의 1의 세금을 거두었고 관리에게는 대대로 봉록을 주었으며 관문(세관)과 시장에서는 실정을 살폈지만 세금을 물리지 않았고 물고기 잡는 보를 금하지 않았고 죄인을 처벌하면서 그 가족을 연좌시키지 않았습니다.⁷ _〈양혜왕〉 하5

원문에 나오는 '경자구일耕者九一'이 곧 정전제이다. 정전제는 세율이 적을 뿐만 아니라 국민(백성)에게 토지를 제공함으로써 안정적인 삶의 기반을 갖추게 한 제도이다. 이 제도가 제대로 실현되면 경제적으로 안정될 뿐 아니라 사회 정치적 번영으로 이어지리라는 것이 맹자의 판단이었다.

〈양혜왕〉 하5에는 '정전제'라는 이름도 나오지 않고 구체적인 내용도 없다. 등나라 문공은 세자 때부터 맹자에 대해 호감을 가지고 있었다. 그는 맹자와 직접 대화를 나누기도 하고 필전筆戰을 보내 자문을 구하기도 했다. 정선제는 등문공이 맹자에게 필전을 보내 자문을 구한 내용 중

---

6 〈목민牧民〉, 倉廩實, 則知禮節, 衣食足, 則知榮辱.
7 〈양혜왕〉 하5, 昔者文王之治岐也, 耕者九一, 仕者世祿, 關市譏而不征, 澤梁無禁, 罪人不孥.

에 나온다.

여기서 맹자는 아무리 작은 나라라도 정전제를 실시하여 내정을 안정시키고 왕도정치를 하면 국민들이 만족할 것이라고 말했다. 그리고 이 사실이 이웃 나라로 소문이 퍼져 나가면 결국 많은 사람들이 그 나라로 살러 오게 될 것이라 했다. 공자가 일찍이 덕德의 정치를 펼치면 "가까운 곳의 사람들이 기뻐하고 먼 곳의 사람들이 살러 온다"는 "근자열近者悅, 원자래遠者來"(《논어》〈자로〉16)의 구상과 같은 맥락이다. 단순화시키면 정전제와 함께 덕의 정치를 실시하면 작은 나라가 큰 나라로 성장하고 결국 천하를 다스리는 나라가 될 것이라는 얘기이다. 이것은 공자의 덕의 정치가 비현실적이라는 당대의 비판에 대한 구체적인 대안으로서 맹자의 야심찬 기획안이라고 할 수 있다.

또 맹자는 정전제를 말하면서 은연중에 국가가 국민에게 많은 세금을 거두는 것을 비판하고 있다. 당시는 나라마다 약육강식의 상황에서 살아남기 위해 하나같이 중세重稅로 군비를 확장하는 데 혈안이 되어 있었다. 맹자는 중세로 시작된 부국강병이 필시 자기 보존의 욕구를 만족시키지 못할 뿐만 아니라 백성에게 부과한 가혹한 부담으로 인해 사회적 안정이 깨질 것이라고 보았다.

세금이 정확하게 정해지지 않고 상황에 따라 변하면 국민의 고통은 늘어난다. 특히 세금 부담이 늘어나면 가혹한 징수를 피해 야밤에 도주하게 되고, 도망자가 생기면 남아 있는 사람에게 부담이 고스란히 전가되는, 일종의 '세금 폭탄 놀이'가 시작된다. 맹자는 정전제를 통해 9분의 1 또는 10분의 1로 세금을 줄이고 또 일정하게 하여 이러한 백성들의 고통을 해결하려 했던 것이다.

등국고성滕國故城. 등문공은 세자 때부터 맹자와 교류하며 지혜를 빌리고자 했다.

밭을 둘러보는 노인.

공자도 '가정맹호苛政猛虎'라 하여 가혹한 정치로 고통 받는 백성의 모습을 표현했다. 공자가 제齊나라를 가기 위해 태산泰山을 지나던 중 숲에서 울고 있는 한 여인을 만났다. 곡절을 물으니 그녀는 시아버지, 남편 그리고 아들까지 연거푸 호랑이에게 잃고 숲에서 혼자 살고 있었다. 사정을 딱하게 여긴 공자가 "왜 안전한 인간 세상으로 가지 않느냐?"고 묻자, 그녀가 "인간 세상의 가혹한 정치가 호랑이의 이빨보다 더 무서워서 갈 수 없다"고 대답했다. '가정맹호'는 가혹한 정치가 사람을 잡아먹는 호랑이보다 무섭다는 뜻이다.

아직도 맹자가 비현실적인 사상가로 여겨지는가? 맹자는 시대의 고통을 직시하고 그 문제를 해결할 수 있는 대안을 제시한 사상가였다. 정전제는 등나라 문공만이 아니라 다른 나라에서도 하나의 대안으로서 검토됐던 모양이다.

당시 송나라의 대부 대영지戴盈之도 10분의 1의 세금을 거두고 관세를 철폐하자는 맹자의 제안을 들은 모양이다. 그는 맹자의 기획을 갑자기 한꺼번에 실행할 수 없으니 차츰차츰 세금을 경감한 뒤에 순차적으로 실시하자는 의견을 냈다. 정책 담당자로서 사회적 충격을 줄이기 위한 나름의 합리적인 방안이라고 할 수도 있다. 하지만 그 말을 들은 맹자의 대답은 비수와 같다.

> 가령 날마다 이웃의 닭을 한 마리씩 훔치는 사람이 있다고 하자. 어떤 사람이 도둑에게 '훔치는 일은 군자의 도리가 아니다'라고 알려주었다. 그러자 도둑이 훔치는 숫자를 줄여서 한 달에 닭 한 마리만 훔치고 내년이 되면 그만두겠다고 대답했다고 하자. 말이 되는 소리

인가? 옳지 않다는 것을 알았다면 한시라도 빨리 그만두어야지 어떻게 내년까지 기다린단 말인가?[8] _〈등문공〉 하8

맹자의 말솜씨는 인정하지 않을 수가 없다. 맹자는 대영지가 닭을 훔치는 도둑과 같음을 단박에 간파하고 있다. 대영지는 '사회적 충격'을 핑계로 정전제의 전면 시행을 미루자고 했으나, 사실 그에게는 '정책 변화로 인한 기득권의 충격'이 중요하지 가혹한 세금으로 인해 고통 받는 '국민의 충격'은 중요하지 않았다. 그런 사람에게서 나온 정책은 말만 요란했다가 나중에 슬그머니 자취를 감추기 십상이다. 우리의 정치 현실에서도 얼마나 자주 일어나는 일인가.

요즘은 '시장의 충격'을 떠드는 소리가 크게 들린다. 시장의 충격만큼이나 살면서 꼭 필요한 것들을 포기해야 하는 국민들의 고통을 진지하게 생각한다면, 권력 놀음에만 혈안이 될 것이 아니라 그들에게 희망을 줄 수 있는 현실적인 정책을 한시바삐 만들어 내야 할 것이다.

왕의 목을 쳐라

현대 정치에서도 '대통령'은 특별한 신비에 휩싸여 있는 존재이다. 그래서 대통령은 아무나 되는 것이 아니라고 말하기도

---

[8] 〈등문공〉 하8, 今有人日攘其鄰之雞者, 或告之曰: 是非君子之道. 曰: 請損之, 月攘一雞, 以待來年, 然後已. 如知其非義, 斯速已矣, 何待來年?

한다. 그 권좌에 오르는 사람이 극소수이기 때문이기도 하지만 개인의 노력만으로 되지 않는다는 의미가 더 강하다. 고대 사회는 더했으면 더했지 덜했을 리 없다.

옛사람들에게 왕은 하늘이 정한 신성한 존재였다. 따라서 왕에게 사람이 대항한다는 것은 하늘을 거역하는 일이었다. 하지만 왕이 현실의 문제를 해결하기는커녕 오히려 문제를 일으키는 원흉이라면, 그 왕을 어떻게 해야 할까?

이것은 공자를 비롯한 춘추전국시대의 사상가들이 줄곧 품어 온 의문이었다. 아니 황하 중하류의 왕조가 탄생하면서부터 생겨난 문제였다. 여기서 우리는 혁명가 맹자를 만나게 된다.

정전제를 비롯한 경제 정책이 아무리 현실적이고 치밀하다 해도 그것만으로 맹자를 혁명가라고 부를 수는 없다. 모두가 '어떻게 해야 할까?' 고민만 하고 있을 때, 맹자는 하夏, 은殷, 주周로 이어지는 권력 교체의 경험을 바탕으로 과감히 '역성혁명易姓革命'을 주장한다. 실로 지금까지 없었던 전무후무한 주장이었다. 사람이 하늘에 의해 세워진 왕조를 갈아엎고 폭정을 일삼는 왕을 처단하여 새로운 왕을 세울 수 있다는 주장을 한 것이다. 이는 참으로 대담하면서 천 년의 고민을 단칼에 끊어 내는 결단이라고 할 수 있다. 바로 이 때문에 맹자는 훗날 황제 권력에 의해 위험한 인물로 낙인찍히고《맹자》는 읽지 말아야 할 금서로 지정되기도 했다.

> 선왕이 물었다. 은나라의 탕왕이 하나라의 걸왕을 내쫓고 주나라의 무왕이 은나라의 주왕을 정벌했다고 하는데, 그런 일이 있었습니까?

맹자가 말했다. 옛 문헌(傳)에 그러한 말이 있습니다.

선왕이 말했다. 신하가 어찌 자신의 군주를 살해할 수 있습니까?

맹자가 말했다. 사람을 해치는 자는 '도적'이라 하고 정의를 해치는 자는 '폭도'라고 부르는데, 도적과 폭도는 '한 놈'이라고 부릅니다. '한 놈 주'를 처단했다는 말은 들었지만 신하가 군주를 살해했다는 소리는 듣지 못했습니다.⁹ _〈양혜왕〉 하8

하늘이 특정한 사람을 왕으로 정해 왕조를 세우듯이 백성이 폭정을 견디지 못하면 새로운 왕을 추대할 수 있다는 말이다. 이를 맹자는 '역성혁명易姓革命'이라고 불렀다. 기존 왕조의 성씨를 새로운 성씨로 바꾸고 하늘의 명령을 다른 사람에게로 옮긴다는 말이다.

선왕은 탕왕과 무왕의 이야기를 하면서 맹자로부터 그런 일이 없었다거나 잘못된 일이었다는 대답을 듣고 싶었는지도 모른다. 하지만 맹자는 기막힌 논리로 선왕의 입을 다물게 만들었다. 만약 탕과 무가 신하의 신분으로 걸왕과 주왕을 처벌했다면, 신하가 왕을 살해한 '하극상下剋上'이 된다. 그렇다면 탕왕과 무왕은 영웅이 아니라 반란자가 되는 것이다.

맹자는 탕왕과 무왕이 반란을 일으킨 것이 아니라는 점을 어떻게 설명했을까? 그는 왕의 임무와 역할에 주목했다. 왕이라면 공자의 말처럼 널리 혜택을 베풀어 어려움에 빠진 사람을 구하는 '박시제중博施濟衆'이

---

9 〈양혜왕〉 8. 宣王問曰: 湯放桀, 武王伐紂, 有諸? 孟子對曰: 於傳有之. 曰: 臣弑其君可乎? 曰: 賊仁者謂之賊, 賊義者謂之殘, 殘賊之人謂之一夫. 聞誅一夫紂矣, 未聞弑君也.

나 스스로 절제하여 다른 사람을 편안하게 하는 '수기안인修己安人'의 미덕을 발휘해야 한다. 그런데 오히려 왕이 잔악하고 포악한 짓을 서슴지 않는다면 그것은 스스로 왕이기를 포기한 것이라고 보는 것이다. 아직 왕위에 있지만 왕의 역할을 포기한 자는 더 이상 왕이 아니라 '한 놈', 즉 '일부一夫'일 뿐이다. 그 '일부'를 죽인 것은 신하가 왕을 살해한 하극상이 아니라 남의 자리를 차지하고 온갖 악행을 저지르는 범죄자를 처단한 것이다.

참으로 과감한 논리이다. 동아시아에서 폭군들은 두 사람으로 인하여 두려움을 느끼지 않을 수 없었다. 공자는 《춘추》에서 폭군이 죽으면 역사에 폭군으로 기록된다고 말했고, 맹자는 사회 정의의 실현을 위해 폭군을 제거할 수 있다고 말했기 때문이다.

신이 폭군을 사후에 심판하는 것이 아니라 사람이 현실에서 폭군을 처벌할 수 있다는 논리는 세계사에서도 드문 주장이다. 훗날 마르크스와 레닌이 사적 유물론에서 계급혁명을 주장하며 역사적 심판을 말했지만 맹자는 지금으로부터 2300년 전에 태연하게 왕을 상대로 "당신도 잘못하면 목이 베일 수 있다"고 말한 것이다. 실로 간이 배 밖으로 나오지 않으면 주장하기 어려운 말이 아닌가!

맹자는 어떻게 이런 용기 있는 말을 할 수 있었을까? 맹자는 정치가 왕이 아니라 백성을 위해 존재한다는 것을 확고하게 믿었기 때문이다. 지금의 우리가 헌법 제1조 '대한민국은 민주공화국이다. 대한민국의 주권은 국민에게 있고, 모든 권력은 국민으로부터 나온다'는 신념을 지키기 위해 독재정치에 맞서는 것과 마찬가지이다. 결국 맹자는 '국민을 위한 정치'를 믿었기 때문에 '왕을 위한 정치'에 견결하게 맞설 수 있었다.

맹자의 주장은 왕을 처단할 수 있다는 생각에 머무르지 않는다. 그는 왕만이 아니라 사직마저 바꿀 수 있고 오로지 국민만은 바꿀 수 없다고 말했다.

> 국민이 가장 귀하고, 사직이 그다음이고, 군주가 가장 가볍다. 따라서 국민의 지지를 받아야 천자가 될 수 있고, 그런 천자의 지지를 받아야 제후가 될 수 있고, 그런 제후의 지지를 받아야 대부가 될 수 있다. 제후가 사직을 위태롭게 하면 제후를 바꾼다. 살찐 희생(?)이 마련되고 제물에 쓰일 곡식이 정갈하고 때에 맞춰 제사를 지내는데도, 가뭄이 들고 홍수가 나면 사직의 신을 바꾼다.[10] _〈진심〉하14

왕이 들으면 간담이 서늘해지지 않을 수 없다. 왕이든 사직이든 잘못하면 바꿀 수 있다는 그의 말은 세계 철학사에서도 대서특필할 만한 사건임에 틀림없다. 아직도 동양철학을 복종과 순종의 맥락으로 보려는 사람이 있다면 《맹자》를 읽어 보기를 권한다. 과연 《맹자》를 읽고도 그런 소리를 할 수 있을지 의문이다.[11]

---

[10] 〈진심〉하4, 民爲貴, 社稷次之, 君爲輕. 是故得乎丘民而爲天子, 得乎天子爲諸侯, 得乎諸侯爲大夫. 諸侯危社稷, 則變置. 犧牲旣成, 粢盛旣潔, 祭祀以時, 然而旱乾水溢, 則變置社稷.

[11] 나는 동양철학을 도전과 모험의 맥락에서 재해석하는 시도를 한 적이 있다. 《동양철학 인생과 맞짱 뜨다》, 21세기북스, 2014 참조.

명나라 주원장의 《맹자》 죽이기

신분제 사회에서 군주는 인민을 자식처럼 돌봐야 한다는 '군주 부모론'에 충실하면 되었다. 맹자는 이 '군주 부모론'이 폭군의 자기 정당화로 쓰일 수 있다고 생각했다. 예컨대 양나라 혜왕은 주위의 진秦나라와 제齊나라에게 당한 군사적 패배를 설욕하기 위해 전쟁 준비에 박차를 가했다. 이 과정에서 백성들은 과도한 세금과 자연재해에 시달렸지만 양나라 혜왕은 아랑곳하지 않았다. 이때 양나라 혜왕이 전쟁을 벌인다면, 그것은 도대체 누구를 위한 전쟁인가?

이전에는 군주가 항상 악인惡人의 정벌이나 영토의 확장과 같은 최선의 결정을 내린다는 전제가 있었고 백성은 그 결정에 따라야 했다. 하지만 양나라 혜왕은 개인적 복수의 욕망을 충족시키기 위해 전쟁을 결정했다. 결국 백성들은 참전해야 하지만 '도대체 내가 이 전쟁에 왜 나가야 하는가?'라는 의문을 품을 수밖에 없다. 맹자는 바로 그 의문에 대해 〈진심〉 하2에서 "춘추전국시대에 전쟁이 있었지만 정의로운 전쟁은 없었다"(春秋無義戰)는 말로 답변을 대신하고 있다.

이러한 사고를 논리적으로 끌고 가면 '군주의 모든 명령을 따라야 하는가?', '폭군의 명령도 따라야 하는가?'라는 질문에 도달하게 된다. 다들 머뭇거리고 있는 상황에서 맹자는 홀로 제 목소리를 내고 있다. "폭군의 명령을 따를 이유가 없다." "폭군은 더 이상 존중받아야 할 군주가 아니다." "폭군은 정벌의 대상이다." 이처럼 맹자는 오늘날 시민불복종을 떠올리게 하는 주장을 쏟아 냈다. 이 때문에 명나라 태조 주원장朱元璋은 《맹자》의 일부 내용이 황제의 권위를 부정한다고 보아 그것을 삭제한《맹자절문孟子節文》의 제작을 지시했다.[12] 하지만 맹자는 현실의 왕정을 부정한 것이 아니라 치유할 수 없는 현실의 폭정을 부정한 것이다. 그렇다면 주원장은 왜 이런 조치를 취한 것일까?

주원장이 역성혁명의 논리가 현실의 포악한 정권에 한정된다는 것을 모를 리 없었다. 하지만 역성혁명의 논리가 받아들여지게 되면 '폭정의 종식'을 요구하는 현실의 다양한 반란을 어떻게 수습할 것인가라는 새로운 고민이 생겨나게 된다. 모든 반란은 결국 현 정권의 실정과 통치자의 실패를 명분으로 일어나기 때문이다.

여기서 우리는 주원장의 고민을 읽게 된다. 반란을 부추기는 맥락이라면 《맹자》 전체를 없애야 마땅했다. 하지만 그는 《맹자》 중 일부만 삭제할 것을 명령했다. 왜 그랬을까? 이는 맹자의 역사적 권위를 부정할 수 없었음을 의미한다. 주원장이 칼을 빼들었지만 맹자를 다 베지 못하고 자르는 시늉만 한 것이다. 결국 그는 맹자를 향한 쿠데타를 일으키려 했지만 역사를 두려워하여 맹자를 베는 퍼포먼스만 벌이고 만 것이다.

---

[12] 자세한 내용은 신정근, 《맹자와 장자, 희망을 세우고 변신을 꿈꾸다》, 성균관대학교출판부, 2014 참조.

02 정도전, 맹자의 부활

개혁과 혁명의 갈림길에 서다

고려 후기는 세계에서 가장 넓은 영토를 차지했던 원제국의 식민 정권이었다. 공민왕恭愍王이 원제국의 간섭에서 벗어나고자 하던 때 정도전은 과거에 합격하여 출사의 길을 걸었다. 공민왕의 시도가 실패로 끝나고 우왕과 창왕이 그 뒤를 이으면서 고려의 앞날은 점점 불투명해지기 시작했다. 어떤 이는 개혁을 통해 고려의 부활을 꾀할 수 있고, 어떤 이는 혁명을 통해 새 왕조의 개국을 꾀할 수도 있었다. 즉 은나라 말기의 상황이 고려에서 재연되고 있었다.

맹자가 오래전에 '군주 부모론'을 넘어 '민귀民貴론'에 따라 '역성혁명'을 외쳤다 하더라도, 막상 실제 상황이 닥치면 갈등과 고민에 빠지지 않을 수 없다. 이것이 바로 정몽주鄭夢周(1337~1392)와 정도전鄭道傳(1342~1398)이 고려의 개혁까지 동행하지만 그 뒤에 각자의 길을 걸을 수밖에 없었던 이유이다.

정도전은 조선의 개국을 주도한 인물이다. 그는 왜 고려의 개혁을 넘어 조선의 건국이라는 위험한 선택을 하게 되었을까? 아니 고려의 신하로 출발한 그가 어떻게 고려를 부정하는 혁명을 기획하게 되었을까? 그는 분명 수없이 많은 불면의 밤을 지새우며 고민을 거듭한 끝에 혁명의 불가피성에 도달했을 것이다. 나는 그때 정도전이 맹자의 사상, 즉 '민귀론', '사직 교체론', '역성혁명론', '인정', '왕도정치', '정전제' 등에 근거하여 최종 판단을 내렸으리라 생각한다.

정도전은 맹자의 사상을 현실에 구현한 유일한 인물이다. 뒤집어 생각하면 맹자는 조선의 정도전을 통해 자신이 틀리지 않았다는 것을 인정받게 된 셈이다.

정도전은 언제 《맹자》를 읽으며 자신의 생각을 버리게 되었을까? 아마도 부모의 상례 기간과 친원파親元派에 맞서다 유배되었던 시기 그리고 유랑 생활을 하는 동안 자신의 분신과도 같은 맹자를 만났으리라.[13]

먼저 부모의 상례를 살펴보자. 1363년 1월과 12월에 아버지와 어머니가 차례로 세상을 떠났다. 정도전은 부모상을 치르면서 몇 가지 주목할 만한 경험을 하게 된다. 아버지가 죽은 지 한 달이 지나도록 길지를 찾지 못해 애를 태웠다. 하루는 한 자나 되는 많은 눈이 내렸는데 영주의

---

[13] 여기서 다루는 정도전의 이야기는 《삼봉집》 제8권 〈부록 사실事實〉에 나온다.

선영 중에 한 점의 눈도 내리지 않는 곳이 있었다. 그곳에 장례를 치르자 인근 사람들이 기이하게 생각했다. 당시 사대부들은 부모상을 100일에 끝냈지만 정도전은 3년간 여묘 생활을 했다. 공양왕으로부터 "부모상에 성인聖人의 예절을 잘 지켰다"라는 말을 들었다. 상중에 정도전은 경서經書에서부터 제자백가諸子百家까지 깊이 연구하여 미래의 자신을 위한 학문적 토대를 쌓았다. 마침 그때 정몽주가 정도전에게《맹자》1 질帙을 보내자, 그는 매일 1장 또는 반장씩 읽으며 맹자의 사상을 깊이 이해하게 되었다. 정몽주가 정도전에게 혁명의 창을 쥐어 준 셈이다.

《맹자》에서 백성의 힘을 느끼다

당시 정도전은 맹자의 어떤 사상에 깊은 영향을 받았을까? 이는 그가 부모의 상을 마친 뒤에 행한 두 가지 일에서 시사점을 발견할 수 있다. 하나는 정도전이 상례를 마치고 부모의 재산을 상속할 때, 억세고 건장한 하인은 아우와 누이에게 나누어 주고, 늙고 약한 하인을 자신이 차지한 일이다. 당시 공민왕은 노국공주魯國公主의 영전影殿을 짓느라, 공사를 크게 벌이고 많은 인부를 동원해 백성들의 원성이 높았다. 정도전은 이를 두고 주周나라와 진秦나라의 득실得失을 빗댄〈원유가遠遊歌〉를 지어서 풍자하였다.

주나라는 국민을 위하는 정치를 한 덕분에 문왕의 영대는 상서로운 구름 속에 떠 있지만 진나라는 국민을 갉아먹는 정치를 한 탓에 세상을 하루아침에 항우와 유방이 각축하게 만들어 버렸다.

무슨 일이든 백성의 힘이 아니겠는가? 잔치 마당에 가득 찬 손님 아직 흩어지지 않고 술잔을 들어 서로 주고받는다. 높은 노랫소리 아직 끝나지 않으니 두 줄기 눈물 그대를 위해 흘리네.[14] _〈원유가〉

정도전은 여기서 역사가 결국 백성의 힘에 의해 좌우된다는 점을 명확히 하고 있다. 원유를 하고 돌아왔지만 잔치가 아직 한창이다. 마지막의 눈물은 노국공주를 위한 공사가 주문왕의 영대와 진시황의 아방궁 중 어느 쪽으로 결론이 날지 미리 예감하고 흘리는 것이다. 〈원유가〉는 서서히 다가오는 비극을 알지 못한 채 여전히 잔치를 즐기는 자들에 대한 정도전의 진혼곡인 셈이다.

이 사건은 《맹자》의 '여민동락與民同樂'과 견주어 살펴볼 만하다. 양혜왕은 자신만을 위한 휴양시설과 사냥터를 짓고 맹자를 초대해 기러기와 사슴을 보며 자랑을 했다. "옛날의 현자들도 이런 즐거움을 누렸습니까?" 이에 맹자가 말했다.

> 진정한 현자라야 이러한 즐거움을 누릴 수 있습니다. 현자가 아니라면 이러한 시설이 있다고 하더라도 즐거움을 누릴 수가 없습니다.[15]
> _〈양혜왕〉상2

---

14 〈원유가〉, 孰非出民力? 滿堂賓未散, 擧酒相獻酬. 高歌未終曲, 雙涕爲君流.
15 〈양혜왕〉상2, 賢者而後樂此. 不賢者, 雖有此, 不樂也.

그리고 맹자는 두 사람의 예를 들었다. 주나라 문왕은 백성과 함께 즐거움을 누렸기 때문에 자신도 즐길 수 있었다. 하지만 은나라 걸왕은 "이 해가 언제 없어지려나, 내가 너와 함께 망하련다"(時日害喪子, 及女偕亡)는 백성들의 저주를 받았으니 이러한 즐거움을 누릴 수 없었다. 결국 맹자는 우쭐거리는 혜왕에게 "당신은 문왕에 가까운가 아니면 걸왕에 가까운가?"라고 묻고 있는 것이다. 혜왕의 표정이 흙색으로 바뀌어 가는 모습이 생생히 그려지지 않는가.

제선왕도 양혜왕 못지않게 왕실 정원을 꾸미고 큰 공연을 자주 열었다. 맹자는 선왕을 만나서 '여민동락與民同樂'과 '독락獨樂'의 차이를 다시 한 번 준엄하게 구별하고 있다.

> 맹자: 홀로 음악을 즐기는 것과 다른 사람과 함께 음악을 즐기는 것 중 어느 쪽이 즐겁겠습니까?
> 선왕: 다른 사람과 함께 즐기는 것만 못합니다.
> 맹자: 몇몇 사람과 음악을 즐기는 것과 많은 사람과 음악을 즐기는 것 중 어느 쪽이 즐겁습니까?
> 선왕: 많은 사람과 음악을 즐기는 것만 못합니다.

맹자는 선왕의 대답을 듣자 명쾌한 결론을 내린다.

> 지금 왕께서 백성들과 함께 음악을 즐긴다면 왕 노릇을 할 수 있습니다.[16] _〈양혜왕〉 하1

'독락'을 한다면 왕의 운명이 어떻게 될지 모르지만 '여민동락'을 한다면 왕의 운명은 탄탄대로가 될 수 있다고 한 것이다. '백성과 함께하는 정치', 맹자는 그 진정한 가치를 찾아낸 사람이라고 할 수 있다.

정도전이 행한 상속의 배분과 공민왕의 노국공주 영전 건설에 보인 반응은 맹자의 왕도정치, 인정, 여민동락 등의 철학과 일맥상통한다고 할 수 있다.

그 후 정도전은 고려가 북원北元과 연대하여 명나라를 치자는 이인임과 정치적으로 대립한다. 마침 북원이 사신을 보내자 이인임은 정도전을 영접사로 보내려 했다. 정도전은 이에 단호히 맞서며 오히려 사신을 죽이겠다는 극언을 서슴지 않았다. 이 일로 정도전은 나주에 3년간 귀양을 가게 되었고, 사정이 풀린 뒤에도 정치에 복귀하지 못하고 6년간 고향 영주, 개경, 한양 인근을 유랑하며 지냈다. 그러다 1383년에 함흥에 동북면도지휘사로 있던 이성계를 찾아간다.

이러한 일련의 시련은 정도전에게 새로운 학습의 기회를 제공했다. 조정에서의 정치 놀음이 아니라 고려의 현실을 직접 목격할 수 있었던 것이다. 맹자는 시신이 성을 가득 채우고 계곡을 메운 장면을 보면서 "전쟁은 더 이상 안 된다!"라는 생각을 키웠다. 정도전은 이때 절망에 갇힌 백성들의 삶을 보면서 개혁에서 혁명으로 생각의 축을 옮기게 된다. 개혁만으로 고려를 쇄신할 수 없다고 판단한 것이다.

정도전이 자신의 삶을 《맹자》와 연결해서 말하지는 않았다. 하지만

---

16 〈양혜왕〉 하1, 今王與百姓同樂, 則王矣.

그가 걸어간 자취를 보면 그 속에 《맹자》가 얼마나 깊이 스며들어 있고, 맹자를 얼마나 깊이 만났는지를 확인할 수 있다.

혁명의 출사표 〈답전보〉

정도전은 34세(1375년) 되던 해, 나주 거평의 부곡에서 귀양살이를 한다. 이 시기는 그의 정치 인생에서 처절한 실패의 경험이었으며 동시에 심기일전의 기회이기도 했다. 당시 천민들이 거주하던 부곡마을에서 그는 부패한 정치와 백성들의 피폐한 삶이 어떻게 인과 관계를 이루는지 깨닫게 된다. 백성들은 자신의 탓이 아니어도 헐벗고 굶주릴 수밖에 없었다.

젊은 정도전에게 개혁의 꿈은 무너졌으나 사색은 깊어졌다. 그 깊은 고뇌와 새로운 결단이 〈답전보答田父〉라는 명문으로 《삼봉집》에 고스란히 남아 있다.

〈답전보〉의 시작은 밋밋하기 그지없다. 귀양살이를 와서 좁은 방에만 있자니 마음이 답답해진 정도전은 들로 나갔다가 밭을 갈고 있는 눈썹이 길고 머리가 하얗게 센 늙은 촌로를 만난다. 처음에는 그냥 말이나 걸어 볼까 했는데 어느새 노인에게 추궁당하는 처지가 되고 만다. 노인은 행색이 남다른 정도전의 정체를 스무 고개 하듯이 밝혀 나간다. 소거법을 쓰는 그의 질문에 정도전은 계속 "아니다"를 말하다가 어느 순간 숨이 멎는 느낌을 가졌으리라. 노인과의 대화이지만 결국 삼봉 정도전이 스스로 정체성을 찾아가는 이야기라고 할 수 있다. 두 사람의 이야기를 간단하게 추적해 보자.

> 농부: 조정의 벼슬아치였다가 죄를 짓고 귀양을 왔소?
>
> 삼봉: 그렇습니다.
>
> 농부: 부정부패를 저지르거나 권문세가에 빌붙어 지내다 어느 날 눈 밖에 나서 귀양을 왔소?
>
> 삼봉: 그렇지 않습니다.
>
> 농부: 충직한 사람이 화를 당하면 비방하고 모욕하다가 간사한 짓이 들통이 나서 귀양을 왔소?
>
> 삼봉: 그렇지 않습니다.
>
> 농부: 장군과 원수가 되어 부하를 무시했거나 적이 쳐들어오자 먼저 달아났거나 재상이 되어 아첨하면 승진시키고 간언하면 배척 하다가 귀양을 왔소?
>
> 삼봉: 그렇지 않습니다

'이것이냐? 저것이냐?' 이제까지 질문을 던지던 노인은 마침내 "그렇다면 내가 당신의 죄를 알겠다"며 말문을 연다. 사실 〈답전보〉의 태반이 관리들의 죄목으로 채워진다. 당시 고려의 부패가 얼마나 극심했는지를 대변하는 것이리라.

> 이도저도 아니라면 그대의 죄를 내가 알겠소. 그대는 자신의 힘이 부족함을 헤아리지 않고 큰소리치기를 좋아하고, 때가 무르익지 않음을 모르고 바른말 하기를 좋아하고, 지금 세상에 살며 옛사람을 그리

위하고, 아래에 있으면서 윗사람에게 대들었으니, 이 어찌 죄를 얻을 이유가 아니겠소? 옛날 한제국의 문인 관료 가의賈誼는 큰소리치기를 좋아하고, 초나라의 정치가 굴원屈原은 바른말 하기를 좋아하고, 당나라 학자 한유韓愈는 옛것을 좋아하고, 걸왕桀王의 폭정을 만류했던 하夏나라 관용봉關龍逄은 윗사람에게 대들기를 좋아했소. 이 네 사람은 모두 도를 가진 선비였는데도 유배되거나 죽어서 자신의 생명을 지키지 못했소. 그대는 한 몸으로 여러 가지 금기를 저질렀는데도 유배되기만 하고 목숨을 온전히 하고 있으니, 내가 비록 촌사람이라고 하더라도 국가의 은전이 너그럽다는 것을 알겠소. 지금부터라도 조심한다면 화를 면하게 될 것이요.[17] _《삼봉집》〈답전보〉

정도전은 노인의 말에 말문이 막히고 발가벗은 느낌이었을 것이다. 중앙에서 큰일을 하던 대단한 인물이라고 생각하던 자신을 일개 촌로가 낱낱이 발가벗겨 민낯을 드러냈으니 말이다. 정도전은 노인의 정체가 궁금해진다. 왜냐하면 노인이 《맹자》를 인용할 뿐만 아니라 고전을 제대로 읽지 않으면 알 수 없는 내용을 말하고 있기 때문이다.

이때 정도전은 몇 가지 사실을 분명히 깨닫게 된다. 첫째는 자신이 농사짓는 촌로보다 우월하다는 오만에 사로잡혀 있었다는 사실이다. 농사

---

[17] 《삼봉집》〈답전보〉, 然則吾子之罪, 我知之矣. 不量其力之不足, 而好大言, 不知其時之不可, 而好直言, 生乎今, 而慕乎古, 處乎下, 而拂乎上, 此豈得罪之由歟? 昔賈誼好大, 屈原好直, 韓愈好古, 關龍逄好拂上, 此四子皆有道之士, 或貶或死, 不能自保. 今子以一身犯數忌, 僅得竄逐, 以全首領, 吾雖野人, 可知國家之典寬也. 子自今其戒 之, 庶乎免矣.

짓는 백성도 세상 돌아가는 이치를 훤히 알고 있었다. 둘째는 이제까지 자신은 독불장군에 불과했다는 사실이다.

이렇게 정도전은 〈원유가〉에서부터 〈답전보〉에 이르러 역사를 바꾸는 힘이 결국 민력民力에 있다는 것을 밝히고 있다. 맹자가 임금보다도 사직보다도 백성의 가치를 앞세웠던 이유를 고려의 정도전이 다시금 확인하고 있는 것이다.

> 나는 그 말을 듣고서야 그가 도를 지닌 선비임을 알았다. 청하여 말했다. 당신은 숨어 지내는 군자입니다. 집에 모시고 가르침을 받고 싶습니다. 노인이 말했다. 나는 대대로 농사를 업으로 삼은 사람이오. … 이밖의 일은 내가 알 바가 아니오. 그대는 물러가시오. 날 괴롭히지 마시오. 노인은 더 말하지 않았다. 나는 노인의 거절을 받아들이고 뒤로 물러나서 탄식했다. 저 노인은 공자시대에 산림에 은거하며 농사를 지었던 장저와 걸닉과 같은 사람이리라![18] _《삼봉집》〈답전보〉

이제 정도전이 자세를 낮추고 가르침을 청하지만 노인은 거절한다. 그는 세상 이치를 설파하던 스승에서 다시 밭을 가는 촌로로 돌아간다. 정도전은 답전보의 말미에 노인의 정체를 스스로 '저닉沮溺'으로 규정하고 있다. 저닉은 《논어》〈미자〉에 나오는 은둔자 장저長沮와 걸닉桀溺 두 사람을 가리킨다.

---

[18] 《삼봉집》〈답전보〉. 子聞其言, 知其爲有道之士. 請曰: 父隱君子也, 願館而受業焉. 父曰: 子世農也. … 過此以往, 非子之所知也. 子去矣, 毋亂我. 遂不復言. 子退而歎之, 若父者, 其沮溺之流乎!

〈답전보〉는 얼핏 보면 정도전이 마실 나갔다가 한 노인을 만나 봉변을 당하는 이야기로 보일 수도 있다. 그러나 그 내용을 찬찬히 살펴보면 당시 정도전이 《맹자》에 심취해 있었으며 《맹자》를 통해 벼랑 끝에 서 있는 고려의 현실을 풍자하고 있음을 알 수 있다. 이미 이때 삼봉은 '역성혁명'을 꿈꾸고 있었을 것이다. '아직 아니다!'라며 밀어내고 있던 '역성혁명'의 가능성을 노인과 만남을 통해 새삼 확인했을 것이다. 〈답전보〉는 썩은 고려를 무너뜨리고 새로운 세상을 세우기 위해 혁명의 길로 나서는 정도전의 출사표인 것이다.

정도전의 유적지를 가다

단양의 도담삼봉은 민간 설화에서 정도전이 태어난 곳으로 이야기되는 곳이다. 지금은 받아들여지지 않지만 '삼봉'의 호가 여기에서 연유했다고 알려지기도 했다. 단원 김홍도가 단양군수로 재직할 때, 정조의 명으로 절경을 순례하며 〈도담삼봉도〉(《병진년화첩》, 1746)를 남겼다.

경기도 평택의 문헌사文憲祠는 정도전 사당으로 그의 초상화를 보관하고 있다. 이 초상화는 1994년 권오창(1948~) 화백이 그린 것으로 현재 표준 영정으로 공인되고 있다. 정도전은 조선 개국의 공신이지만 고종 2년에 이르러서야 복권이 되었다. 고종 7년에 '문헌文憲' 시호가 하사되자 그의 후손과 죽산부사 이현경이 1872년에 사당을 세웠다가 1912년에 평택의 지금 자리로 옮겨졌다. 문헌사 입구의 비석을 보면 태조가 원년에 내린 '봉화백奉化伯'의 작위와 고종이 내린 '문헌공'이라는 시호가 새겨져 있다.

서울의 서초구청과 외교연구원 사이로 난 길로 올라가면 양재고등학교가 나오는데 그 정문 옆 공터에 표지석이 있다. 표지석은 '삼봉'의 돌 모양으로 되어 있는데, 정도전의 무덤이 여기에 있었다는 사실을 밝히고 있다.[19] 또 서울 종묘 앞 공원에는 〈삼봉정도전시비〉가 있다. 앞면에는 그가 죽기 4개월 전인 1398년 4월에 지은 〈진신도팔경시進新都八景詩〉가 새겨져 있다. 시는 한양의 풍수지리를 읊고 한양이 번영을 누리기를 바라는 내용을 담고 있다.

맹자의 인문기행을 마치고 시간을 내서 정도전의 유적을 찾아보면 좋겠다. 고려 말 혁명을 선택해야 했던 정도전의 고뇌와 결단 그리고 그에게 희망의 날개를 내어 준 맹자의 그림자를 찾을 수 있으리라. 꿈꾸지 않는 한 새로운 세상은 열리지 않기 때문이다.

---

[19] 정도전의 혁명 파트너였던 태조 이성계의 무덤은 동구릉 중 건원릉으로 구리시 인창동에 있다.

03 조선을 관통한 맹자

재상 중심의 민본 정치

　　　　　　전근대 정치 체제는 왕이 최종적인 의사 결정을 내리는 왕정 또는 군주정이었다. 군주정이 현실에서 작동하는 방식은 동일하지 않았다. 진시황은 하루에 처리할 문서의 무게를 달았다고 할 정도로 국정을 직접 챙겼다. 만기친람萬機親覽형이었다. 법가의 한비韓非는 책임 소재의 문제를 들어 왕이 업무에 직접 개입하지 않고 관료들이 처리한 뒤 결과에 대한 책임을 묻는 소극적 역할을 제안했다. 대신 결과에 대해 어떠한 온정도 허용되지 않았다. 이는 수수방관袖手傍觀형이라고 할 수 있다. 동아시아 철학의 용어로 만기친람은 유위有爲, 수수방관은 무위無爲에 해당한다.

일찍이 유가에서도 군주정의 작동 방식에 대해 많은 고민을 했다. 그 결과 재상 혹은 총재에 주목했다. 재상의 역할은 직능별로 분화된 다양한 관료들을 통괄하면서 왕정의 안정적인 운영 시스템을 구축하는 것이다. 그렇다면 왕정의 형태를 취하면서도 강화된 재상의 권한을 통하여 위로는 왕권을 견제하고 아래로는 백성을 보살피는 조화로운 정치체제, 즉 인치仁治가 가능하다고 본 것이다. 하지만 이 방안은 현실적으로 왕권王權과 신권臣權의 대립을 낳을 수밖에 없었다. 권력의 속성상 신권의 강화는 곧 왕권의 약화를 의미하기 때문이다. 물론 유가의 가치라는 관점에서 보면 이러한 갈등은 없다. 유가는 권력의 소유보다 공동체의 계몽에 주목하기 때문이다.

정도전을 비롯한 유가들은 재상 중심의 정치체제야말로 유가의 가치를 현실화시킬 수 있는 이상적인 방법이라고 판단했다. 또한 왕권이 행사될 때 일어나는 많은 문제를 해결할 수 있다고 보았다. 첫째, 세습으로 자질이 불완전한 후계자가 왕위에 오르면 그 아집과 독선은 통제하기가 어렵다. 둘째, 왕 한 사람의 능력은 한계가 있다. 왕이 전권을 행사한다면, 최악의 결정이 나올 수 있다. 셋째, 왕도 언제든지 인간적 약점을 드러낼 수 있다. 복수와 원한, 경쟁 등의 감정은 정국을 불안하게 할 수 있다.

이에 반해 재상 중심 체제는 재상이 다양한 분야의 지원과 협조를 받으면서 방향을 설정하고 합리적 선택을 내릴 수 있다고 보았다.

그러나 왕권의 강화를 주장하는 입장에서 보면 재상정치도 마찬가지로 문제가 많았다. 첫째, 목숨을 걸고 권력을 쟁취한 개국 공신들이 현실 정치에서 물러난다면, 권력의 획득과 행사가 분리된다. 둘째, 재상의 권한이 확대되면 결국 왕과 비슷한 문제를 낳는다. 셋째, 과연 왕의 권력을 확고하게 수호할 의지를 가지고 있느냐라는 것이다.

이런 이유로 조선이 개국한 후 왕권의 강화를 주장한 이방원과 정도전의 대립은 피할 수 없는 일이었다. 결국 이방원은 정도전을 참살함으로써 절대왕권의 주인이 누구인지 보여 주었다. 왕권과 신권의 대립을 극단적으로 보여 준 역사의 한 장면이다. 여기서 '어떤 정치체제가 이상적일까?'라는 질문은 낭만일 뿐이다. 결국 현실 정치에서 이상의 실현은 욕망을 제어하는 의지의 문제인 것이다. '권력을 향한 욕망'과 '이상을 향한 의지'는 현실에서 충돌할 수밖에 없다.

현대의 정당정치 제도는 '고비용 저효율'의 삼류라는 소리를 들을지언정 이러한 노골적인 개인의 욕망을 제어하는 시스템이라는 점에서 유효하다.

하지만 당시의 정도전에게 권력의 욕망을 제어할 수단은 많지 않았다. 있다면 유가의 가치를 대변하는 고전과 그 안에 담긴 진리의 힘뿐이었다. 현실의 물리력 앞에 그는 꽃잎처럼 땅에 떨어졌지만 재상정치는 죽지 않았다. 정도전은 현실에서 패배할 수밖에 없었지만 새로운 세상을 열망했던 그의 유산은 재상정치와 함께 조선을 관통하며 지금까지 살아 숨 쉬고 있다.

《조선경국전》에 담긴 맹자의 왕도사상

정도전은 조선의 일개 개국공신이 아니었다. 그가 원한 것은 단지 왕의 성씨를 바꾸는 것이 아니었다. 정도전은 새로운 사회 조선을 설계하고 디자인했다. 그 설계도가 바로 《조선경국전朝鮮經國典》이다. 〈답전보〉가 삼봉의 출사표였다면 《조선경국전》은 혁명의 완성을 위한 조선의 헌법이라 해도 과언이 아니다.

《조선경국전》은 정보위正寶位, 국호國號, 정국본定國本, 세계世系, 교서敎書 등 원칙을 나타내는 부분과 치전治典, 부전賦典, 예전禮典, 정전政典, 헌전憲典, 공전工典 등 6전의 소관 업무를 규정한 부분으로 되어 있다.

우리는 《조선경국전》의 첫머리에서 삼봉 정도전이 기획한 '유교의 나라'를 오롯이 읽어 낼 수 있다.

> 군주의 자리는 귀하다면 귀하고 높다면 높다. 하지만 세상은 아주 넓고 국민은 참으로 많다. 만에 하나 국민의 마음을 얻지 못하면 크게 걱정할 일이 생길 것이다. 국민은 개인적으로 아주 약한 존재이지만 힘으로 위협할 수 없고, 아주 어리석다고 하더라도 지식으로 속일 수 없다. 그들의 마음을 얻으면 협조하고, 마음을 얻지 못하면 떠난다. 떠나거나 함께 나아가는 차이는 털끝만큼의 틈도 끼어들 게 없다. 이른바 마음을 얻는 것은 사사로운 뜻을 품고 구차스럽게 놀거나 도리를 어기고 명예를 구하여 되는 것이 아니라, 오직 사람다움의 사랑으로 가능하다. 군주가 만물을 낳고 기르는 천지의 마음을 자신의 마음으로 삼아서 사람에게 차마 해치지 못하는 정치를 해야 한다. 그리하면 사방의 사람들이 모두 군주의 일거수일투족을 기뻐하고 자신의 부모처럼 우러러볼 것이다. 즉 오랫동안 평안하고 부유하고 존귀하고 영화로운 즐거움을 누리고, 위험하고 멸망하고 뒤집어지고 떨어지는 문제가 생기지 않는다. 사람다움의 사랑으로 군주의 자리를 지

키는 것이 어찌 마땅하지 않겠는가?[20] 《조선경국전》〈정보위〉

'정보위正寶位'에서 '위位'는 자리이니 '보위寶位'는 보물 같은 자리, 즉 왕의 자리이다. 그것을 정正한다는 것이다. 권력 투쟁에서 승리한 왕은 승자이다. 그렇다면 왕은 모든 것을 제 마음대로 할 수 있는가? 정도전은 〈정보위〉에서 왕의 자리가 어디이고 무엇을 하고 무엇을 하지 말아야 할지 명확하게 밝히고 있다. 왕이 개인의 욕망을 실현하는 도구로서 권력을 휘둘러서는 안 된다. 그것은 곧 멸망의 길을 걸어가는 것이라고 선언하고 있다. 그렇다면 왕은 국가를 어떻게 운영해야 할까?

대한민국 헌법 제1조 "대한민국은 민주공화국이다. 대한민국의 주권은 국민에게 있고, 모든 권력은 국민으로부터 나온다"는 권력의 위계를 말한 것이다. 정도전은 조선의 헌법 제1조인 정보위에서 분명히 말한다. 왕은 백성의 마음을 얻어야 한다. 즉 왕의 권력은 백성의 신뢰에서 나온다. 그렇다면 무엇으로 그 마음을 얻는가? 그것이 바로 인仁이다. 그는 인仁을 "만물을 낳고 기르는 천지의 마음"(天地生物之心)으로도 풀이하고 "차마 해치지 못하는 마음"(不忍人之心)으로도 풀이하고 있다.

'천지생물지심天地生物之心'은 《역경》의 복괘復卦에 나오는 '하늘과 대지의 마음'(天地之心)과 《주역》〈계사전〉에 나오는 '하늘과 대지의 큰 힘은

---

20 《조선경국전》〈정보위〉, 人君之位, 尊則尊矣, 貴則貴矣. 然天下至廣也, 萬民至衆也. 一有不得其心, 則蓋有大可慮者存焉. 下民至弱也, 不可以力劫之也. 至愚也, 不可以智欺之也. 得其心則服之, 不得其心則去之. 去就之間, 不容毫髮焉. 然所謂得其心者, 非以私意苟且而爲之也, 非以違道干譽而政之也, 亦曰仁而已矣. 人君以天地生物之心爲心, 行不忍人之政, 使天下四境之人, 皆悅而仰之若父母, 則長享安富尊榮之樂, 而無危亡覆墜之患矣. 守位以仁, 不亦宜乎?

생성이다'(天地大德曰生)라는 주장을 결합한 주장이다. 이것은 하늘과 대지의 상호작용으로 인해 생명 현상이 끊이지 않고 재생되는 활동을 가리키는 말이다. 천지의 작용이 생명에 있지 않다면, 사계절의 순환에도 불구하고 생성 활동이 왕성하게 일어나는 것을 어떻게 설명할 수 있겠는가?

'불인인지심不忍人之心'은 《맹자》〈공손추〉 상6에 나오는 말이다. 맹자는 이 마음을 바탕으로 세상을 살리는 일을 하나씩 풀어 갈 수 있다고 생각했다.

> 맹자가 말했다. 사람은 모두 차마 해치지 못하는 마음을 가지고 있다. 과거 훌륭한 왕들은 모두 차마 해치지 못하는 마음을 지니고서 차마 사람을 해치지 못하는 정치를 펼쳤다. 차마 사람을 해치지 못하는 마음으로 차마 사람을 해치지 못하는 정치를 한다면, 천하를 다스리는 것이 손바닥 위에 올려놓고 움직이는 것처럼 쉽다.[21] _〈공손추〉 상6

정도전은 고려가 사람을 제대로 살리지 못했으니 새로운 나라 조선은 사람을 살리는 나라가 되어야 한다고 말하고 있다. 그리고 거기에는 맹자가 있다. 조선의 헌법 제1조는 사람의 생명을 살리자는 맹자의 '불인인지심不忍人之心', 즉 인이다. 그 마음을 바탕으로 정치를 한다면, 천하를 다스리는 것조차 쉬운데 조선을 다스리는 것은 얼마나 쉽겠는가?

---

21 〈공손추〉 상6, 孟子曰: 人皆有不忍人之心. 先王有不忍人之心, 斯有不忍人之政矣. 以不忍人之心, 行不忍人之政, 治天下可運於掌上.

사람들이 '불인인지심'을 잊고 '인인지심忍人之心'을 좇기 때문에 나라를 다스리기도 어렵고 천하를 다스리기는 더 어렵다. 이익이란 게 뭔가? 특히 배타적 이익은 결국 '나만 살면 그만이고 남은 죽어도 모른다.'는 것이 아닌가? 이렇게 이익은 사람을 피도 눈물도 없는 잔인한 존재로 몰아간다. 오늘날 대기업이 골목 상인과 경쟁해서 자기만 살고 골목 상인들은 죽이고 있다. 이것을 방치하는 것이 바로 '인인지정忍人之政'이고, 막는 것이 '不忍人之政'이다.

왕의 바른 자리는 어디일까? 왕이 권력을 마구 휘두르지 않고 '불인인지정'에 입각해 모든 사안을 처리할 때 바른 자리에 서게 된다. 왕이 자신에게 주어진 무소불위의 권력을 스스로 제어하지 못하면 혁명의 대상이 될 수밖에 없다. 정도전은 맹자의 사상을 조선 건국의 주춧돌로 삼은 것이다.

태종 이방원의 맹자

정도전은 조선의 운영 이념만을 정초한 것이 아니라 세부적인 영역에까지 관심을 기울였다. 왕이 정치를 펼치고 기거하는 핵심적인 건물이 궁궐이다. 그는 경복궁을 지으면서도 개별 건물의 이름까지 그 의미를 하나하나 가다듬었다.

중국 관광객들이 서울에 오면 경복궁을 방문한다. 그들의 반응은 대동소이하다. 하나같이 경복궁의 규모가 자금성보다 작다거나 자금성의 축소판이라고 말한다. 크기라면 그들의 말이 결코 틀리지 않다. 경복궁에 비하면 자금성의 규모는 실로 으리으리하다고 할 수 있다.

그렇다면 정도전은 왕의 권위를 상징하는 궁궐을 지으면서 왜 더 크게 짓지 않았을까? 건축 비용이 없었다면 뭐라고 할 말이 없다. 한제국의 초기에도 항우와 유방이 전쟁을 벌이느라 전국적으로 국고가 바닥났다. 황제가 바깥 행차를 할 때 같은 색깔의 말 네 필을 구하지 못했다고 할 정도로 빈궁했다고 한다. 조선 초기의 사정도 이와 같았을까? 정도전의 설명을 들으면 의문이 금방 풀린다. 정도전은 이성계로부터 궁궐의 이름을 지으라는 명령을 받는다.

> 《시경》〈대아 기취〉에 보면 "술을 마셔 거나하게 취하고 은덕을 받아 그득하게 배가 부르네. 군자가 만년의 생명을 누리고 하늘로부터 커다란 복을 받네"라는 구절에 착안해서 '경복'으로 지었다. 아마도 전하와 전하의 자손들이 만년토록 태평한 왕업을 누리고, 사방의 국민들도 감동할 바가 있을 것이다. 하지만 《춘추》에 보면 민력을 귀중히 여기고 토목 공사를 신중히 하라고 한다. 임금이 어찌 국민을 동원하여 오로지 자신을 받들라고 할 수 있겠는가? 넓은 집에 한가로이 머물 때 가난한 선비를 덮어 줄 것을 생각하고, 전각에 서늘한 기운이 감돌 때 맑은 그늘을 함께 나눌 것을 생각하라. 그렇게 해야 만민을 보살펴야 하는 책무를 저버리지 않을 것이다.[22] _《삼봉집》〈경복궁〉

---

[22] 《삼봉집》〈경복궁〉, 誦周雅旣醉以酒, 旣飽以德, 君子萬年, 介爾景福. 請名新宮曰: 景福. 庶見殿下及與子孫享萬年太平之業, 而四方臣民亦永有所觀感焉. 然春秋, 重民力謹土功, 豈可使爲人君者, 徒勤民以自奉哉? 燕居廣廈, 則思所以庇寒士, 涼生殿閣, 則思所以分淸陰. 然後庶無負於萬民之奉矣.

정도전은 경복궁을 크게 짓고 싶지 않아서 작게 지은 것이다. 크게 지을 수도 있었지만 크게 지을수록 결국 백성들을 많이 동원해야 하므로 그렇게 하지 않은 것이다. 정도전은 때마침 《춘추》에서 '중민력근토공重民力謹土功'의 지침을 찾아낸다. '왕이라는 자가 제 집을 짓는다면 국민을 함부로 동원하지 말며 걸핏하면 새 건물을 지어야겠다고 사업을 발주하지 말라'는 것이다. 여기서 우리는 중요한 개념을 발견할 수 있다. 바로 '자봉自奉'과 '만민지봉萬民之奉'이다. '자봉'이 왕이 제 혼자 편하자고 국민을 마구 동원하는 것이라면, '만민지봉'은 왕이 사회의 도움이 필요한 곳을 두루 살펴서 모두가 먹고 살 수 있는 노릇을 하는 것이다.

금방 떠오르는 말이 있지 않은가. 바로 자봉과 만민지봉은 맹자의 '독락獨樂'과 '여민동락與民同樂'에 대한 정도전식 번안이라고 할 수 있는 것이다. 맹자를 창조적으로 재해석한 이 말들은 자칫 의뭉스러워 보이기까지 한다. 《맹자》를 끌어들이지 않은 것처럼 보이지만 맹자의 생각을 곳곳에 뿌려 놓고 있기 때문이다.

당시 정도전은 이방원과 현실 정치에서 건곤일척의 싸움을 벌이지 않을 수 없었다. 결국 이방원이 승자가 되어 권력의 정점에 오르게 된다. 하지만 그는 경복궁에 머물기를 좋아하지 않았다. 진한 피비린내가 그의 코를 자극했는지도 모른다. 태종 이방원은 즉위하자마자 이궁離宮을 세운다는 명분으로 창덕궁 공사를 실시하여 이듬해 완성한다. 그리고 창덕궁 정전의 이름을 인정전仁政殿이라 짓는다.

'인정仁政' 하면 떠오르는 인물이 누구인가? 다름 아닌 바로 맹자이다. 인정은 맹자의 도덕과 정치사상을 아우르는 말이면서 이상사회를 나타내는 말이기도 하다.

혜왕께서 만약 인정을 국민에게 실시하여 형벌을 줄이고 세금을 적게 하고, 땅을 깊이 갈고 김을 잘 매게 한다면, 성인은 한가한 시간에 효도와 공손, 충실과 믿음을 갈고닦아서 집 안에서 아버지와 형을 잘 모시고 집 밖에서 어른을 섬기게 됩니다. 이렇게 되면 몽둥이를 깎아서 진나라와 초나라의 견고한 갑옷과 예리한 무기에 맞서 싸울 수가 있습니다.²³ _〈양혜왕〉 상5

맹자의 마지막 말은 '인정 공동체'의 견고함을 수사적으로 표현한 말이라고 할 수 있다. 전체적으로 인정이 실시되어 그 혜택이 골고루 퍼지게 되면 누구도 건드릴 수 없는 강력한 나라가 될 수 있다. 부국강병을 추구하지 않지만 그 기세에 눌리지 않고 오히려 그것을 뛰어넘는 사회가 된다는 것이다.

정도전은 《맹자》를 읽으며 자신의 사상을 벼리었다. 그런데 정도전을 참살한 이방원도 맹자를 끌어들이고 있는 것이다. 그들의 대립 관계에만 주목하면 참으로 역설적이라고 할 수 있다. 하지만 적어도 조선에서는 맹자의 위대함을 공인하고 있었다는 반증이기도 하다. 맹자는 두 사람의 관계를 넘어서 모두가 주목할 수밖에 없는 공동의 가치를 설파하고 있기 때문이다.

---

23 〈양혜왕〉 상5, 如施仁政於民, 省刑罰, 薄稅斂, 深耕易耨, 壯者以暇日, 修其孝悌忠信, 入以事其父兄, 出以事其長上, 可使制梃, 以撻秦楚之堅甲利兵矣.

조식의 〈단성소丹城疏〉

관직은 유학자들이 자신의 식견과 이상을 실현할 수 있는 바탕이었다. 하지만 유학자들의 정치 참여가 제도화되고 일상화되자 새로운 욕망이 꿈틀대기 시작했다. 관직을 가진 자들은 더 높은 직책에 오르고자 하고, 높은 직책에 오르면 오래 버티고자 했다. 한 번 관직에 맛을 들이면 가문에서 급제자가 줄줄이 나오기를 바라게 되었다. 이로써 관직은 유학자가 고전을 읽고 깨달은 학식과 포부를 실현하는 기회의 장이 아니라 욕망의 링이 되어 버렸다. 그러한 변화의 극단적인 형태가 사화士禍였다.

남명 조식曺植(1501~1572)은 관직의 한계를 알고서 일찍부터 정치로부터 한 발짝 떨어져 거리를 두었다. 조식은 1551년(명종 6년) 51세에 정6품 종부시宗簿寺 주부主簿에 임명되었지만 사양하고 관직에 나아가지 않았다. 이어서 1553년 53세에 다시 정6품의 벼슬을 내렸으나 다시 사양했다. 당시 이황은 성균관 대사성으로 있으면서 조식에게 정치 참여를 간곡하게 요청했지만 그는 눈병을 핑계로 정치에 발을 들여놓지 않았다.

조정은 1555년(명종 10년)에 55세의 남명 조식에게 다시 벼슬을 내렸다. 이번에는 중앙 관직이 아니라 조식이 머물고 있는 삼가현에서 가까운 단성현(경남 산청)의 현감이었다. 그가 연거푸 관직을 사양하자 한양이 아니라 이웃 고을의 현감에 제수한 것이다. 아마 이번에는 사양하지 못할 거라고 예상했겠지만, 조식은 이른바 〈단성소丹城疏〉를 써서 단호하게 거절한다. 이 〈단성소〉를 《남명집》에는 1555년에 올린 상소문이라 하여 〈을묘사직소乙卯辭職疏〉로 기록하고 있다.

당시 문정왕후가 어린 나이에 보위에 오른 명종을 대신하여 수렴청정을 하고 있었다. 조선은 대내외로 어려운 상황에 놓였지만 뚜렷한 대책을 내놓지 못하고 있었다. 조식은 조정의 무능을 실로 대담한 필치로 표현하여 읽는 사람으로 하여금 간담을 서늘하게 했다. 그 일단을 살펴보기로 하자.

> 나라의 근본은 없어지고 하늘의 뜻도 사라지고 민심도 이미 떠나 버렸습니다. 큰 고목이 백 년 동안 벌레에 먹혀서 그 진이 다 말라 버렸으니 언제 폭풍이 불고 폭우가 내리면 언제 쓰러질지 모르는 지경에 이른 지 오래되었습니다. … 소관小官은 아랫자리에서 오로지 술과 여색에 빠져 있고, 대관大官은 윗자리에서 빈둥거리며 뇌물을 받아 재물을 불리고 있습니다. 오장육부가 썩어 배가 아픈 것처럼 나라의 형세가 곪을 대로 곪았는데도 어느 누구도 책임지려고 하지 않습니다. … 대비(문정왕후)께서는 신실하고 뜻이 깊다 하나 구중궁궐의 한 과부에 불과하고, 전하는 아직 어리시니 다만 돌아가신 임금님의 한 고아에 지나지 않습니다. 자연재해가 백 가지 천 가지 내리는데 어떻게 감당하며, 억만 갈래로 흩어진 민심을 어떻게 수습하시렵니까? … 전하께서는 마음 바르기를 국민을 계몽하는 기준으로 삼고, 몸 닦기를 사람을 취하는 근본으로 삼아서 임금의 굳건한 원칙을 세우십시오. 임금에게 원칙이 원칙으로 서지 않으면 나라가 나라답지 못하게 됩니다.[24] _〈단성소〉

아무리 주장이 옳고 타당하다고 하더라도 말하는 방식도 중요하다.

조식이 16세기 조선의 문제를 제대로 짚었다고 하더라도 과격한 언사는 여러 사람의 비판을 초래하기가 쉬웠다. 특히 문정왕후를 과부라고 부르고 명종을 고아라고 부른 것은 상소문의 압권이라 할 수 있다. 이것은 조정에 대내외의 문제를 풀어 갈 인재가 없고 또 인재를 알아볼 공정한 식견이 없다는 것을 풍자하는 맥락이다.

조식은 도대체 어떻게 명종과 문정황후에게 이렇게 극언을 할 수 있었을까?《맹자》에서 그 실마리를 찾을 수 있다.

> 대인(왕)에게 유세할 때 그를 가볍게 봐야지 그의 드높은 위세에 눌려선 안 된다. 저들이 가진 것은 모두 내가 중시하는 것이 아니다. 내게 있는 것은 모두 옛날부터 전해 오는 제도이다. 내가 무엇 때문에 저들을 두려워하겠는가?²⁵ _〈진심〉 하34

대신이라도 궁궐에 들어서면 위축되게 마련이다. 건물이 일상의 공간보다 높고 규모가 거대하면 '내'가 작은 점처럼 여겨진다. 그 공간은 왕을 중심으로 돌아간다. '나'는 더더욱 왜소해질 수밖에 없다. 그 공간에

---

24 〈단성소〉, 邦本已亡, 天意已去, 人心已離. 比如大木, 百年蟲心, 膏液已枯, 茫然不知飄風暴, 雨何時而至者, 久矣. … 小官嬉嬉於下, 姑酒色是樂. 大官泛泛於上, 唯貨賂是殖. 河魚腹痛, 莫肯尸之. … 慈殿塞淵, 不過深宮之一寡婦, 殿下幼冲, 只是先王之一孤嗣. 天災之百千, 人心之億萬, 何以當之, 何以收之耶? … 伏願殿下, 必以正心爲新民之主, 修身爲取人之本, 而建其有極, 極不極, 則國不國矣.

25 〈진심〉 하34, 說大人, 則藐之, 勿視其巍巍然. … 在彼者, 皆我所不爲也. 在我者, 皆古之制也. 吾何畏彼哉?

들어서서 할 말을 다 하려면 주눅이 들지 않아야 한다. 맹자는 그러기 위해 대인을 깔보라고 말한다. 깔본다는 것은 인격을 무시한다는 뜻이 아니라 그들이 가진 유무형의 권위에 기죽지 말라는 의미이다. 그러기 위해서는 내가 가진 것에 대한 존중과 자부심이 필요하다. 왕이 가진 것과 비교할 필요도 없는 전통의 긍지와 배움의 확신이 있기에 '나'는 궁궐에서도 우뚝 설 수가 있는 것이다.

> 천하의 넓은 집에 살고 천하의 올바른 자리에 서서 천하의 큰 길을 걸어간다. 뜻을 얻으면 국민과 함께 말미암고 뜻을 얻지 못하면 홀로 그 길을 걸어간다. 부귀로도 흔들 수 없고 빈천으로도 변하게 할 수 없고 무력으로도 굴복시킬 수 없다. 이러한 사람을 '대장부'라 부를 만하다.[26] _〈등문공〉 하2

맹자의 대장부에 이르면 앞서 말한 '대인을 깔보라!'는 주문이 허무맹랑한 소리가 아니라는 것을 알 수 있다. 대장부는 호연지기로 가득 차 있기 때문에 그 어떠한 것에도 굴복하지도 무너지지도 않는다. 두 문장을 읽으면 조식의 전투 정신이 맹자에서 왔다는 것에 동의할 수 있을 것이다. "득지, 여민유지. 부득지, 독행기도 得志, 與民由之. 不得之, 獨行其道"라는 부분에 이르면, 조식이 가는 길이 바로 맹자의 대장부가 가는 길의 '데자

---

[26] 〈등문공〉 하2, 居天下之廣居, 立天下之正位, 行天下之大道. 得志, 與民由之. 不得之, 獨行其道. 富貴不能淫, 貧賤不能移, 威武不能屈. 此之謂大丈夫.

뷰dejavu'라고 느껴질 정도이다. 똑같다는 말이 절로 나온다.

다음에 살펴볼 허균도 맹자의 세례를 받지 않고서는 그런 대담한 주장을 할 수 없었을 것이다.

허균의 호민론

조선시대 과거제도는 선비들이 관직에 나아가는 거의 유일한 방법이었다. 하지만 그 자격에 부합하지 않는 사람은 선발될 수 없었다. 또 급제한다 하더라도 자신의 학식과 경륜을 자유롭게 펼치기가 쉽지 않았다. 이렇게 이상과 현실의 괴리가 커질수록 사회 밖에서 새로운 가능성을 찾게 된다.

허균許筠(1569~1618)이 《홍길동전》에서 16~17세기 조선이 드러내고 있던 이상과 현실의 괴리를 어떻게 풀고자 했는지 우리는 잘 알고 있다. '길동'은 한편으로 신분제의 사슬에 묶여 '아버지를 아버지로 부르지 못하는' 부자연스런 현실과 다른 한편으로 '천륜의 실천을 강요당하는' 기막힌 현실에 처해 있었다. 길동은 도무지 불합리한 그 상황을 벗어나고 싶었다. 진지할수록 길동의 상황은 숨 막히게 엄혹해 보이지만 왜 그래야 하는가를 생각해 보면 '코믹'하기조차 하다. 길동은 결국 기존의 사회 질서 안에서 길을 찾지 못하고 그들만의 세계인 율도국律島國을 세우게 된다.

허균이 문학의 세계에서만 현실의 부조리를 고발하고 이상의 세계를 세우려고 했던 것은 아니다. 그는 〈호민론豪民論〉과 〈유재론遺才論〉 등에서 세상을 구할 '웅재대략雄才大略'을 가지고 있지만 차별과 편견에 막혀 제 기량을 펼치지 못하는 인재의 발굴을 역설했다. 이것은 《홍길동전》이 〈호민론〉, 〈유재론〉과 서로 표리를 이루고 있다는 것을 보여 준다.

〈호민론〉의 일단을 들여다보자. 그는 먼저 '백성'에 대한 상반된 태도를 말하고 있다.

> 세상에서 두려워할 만한 존재는 오직 백성일 뿐이다. 백성이 무서운 것은 물과 불, 호랑이와 표범보다 더 심하다. 윗자리에 있는 사람들은 백성을 만만하게 생각해서 제멋대로 부려먹는다. 도대체 무엇 때문에 그런가?[27]

순자가 군주를 배에, 백성을 물에 비유한 뒤 "물은 배를 띄울 수도 있지만 엎을 수도 있다"[28]라고 적절하게 표현했듯이 위정자들은 "백성을 두려워해야 할 존재"로 인식해 왔다. 그런데 당시 조선의 상황은 그렇지 못했다. 허균은 그 원인을 알고자 했던 것이다.

허균은 백성이라고 해서 다 같은 백성이 아니라고 보았다. 그는 백성을 세 부류, 즉 항민恒民, 원민怨民, 호민豪民으로 나누었다. 항민은 일이 어떻게 생기고 흘러가는지 따져 보지도 않고 윗사람이 시키는 대로 하는 사람이다. 원민은 부당하고 가혹하게 빼앗겨서 울분에 차 있지만 개인적

---

27 〈호민론〉, 天下之所可畏者, 唯民而已. 民之可畏, 有甚於水火虎豹. 在上者方且狎馴而虐使之, 抑獨何哉?
28 〈왕제王制〉, 水能載舟, 亦能覆舟.

으로 원망을 늘어놓는 사람이다. 허균은 바로 이 항민과 원민은 전혀 두려워할 만한 존재가 아니라고 보았다. 그들은 불만을 터뜨리느냐, 그렇지 않느냐에 차이가 있지만 자신들의 문제 원인이 어디에 있고 그것을 해결하고자 적극적으로 나서지 않기 때문이다.

여기에서 한 걸음 더 나아가 허균은 호민의 존재를 규명하고자 했다. 지금까지 전개된 역사와 앞으로 전개될 역사에서 호민이 있기에 위정자들은 백성을 두려워한다는 것이다. 그렇다면 호민은 대체 어떤 특성을 가지고 있는 것일까?

> 백정이나 장사치처럼 남들이 가까이하기에 꺼리는 사람들 속에 몸을 숨긴 채 드러내지 않고 딴마음을 품은 채 세상의 흐름을 엿보아 시절이 어지러워지면 자신이 바란 것을 이루려는 자는 호민豪民이다. 저 호민이야말로 크게 두려워할 만한 존재이다. 호민은 나라의 틈을 엿보고 시대의 어지러움을 틈타서 밭도랑 가운데서 한번 치고 일어나면, 저 원민들은 그 소리를 듣고 모여들고 함께 모의하지 않았지만 한목소리를 낸다. 그러면 저 항민도 살 궁리를 찾아서 호미니 낫이니 무기될 만한 것을 들고 따라나서 무도한 자를 죽이려고 한다.[29] _〈호민론〉

---

[29] 〈호민론〉, 潛蹤屠販之中, 陰畜異心, 僻倪天地間, 幸時之有故, 欲售其願者, 豪民也. 夫豪民者, 大可畏也. 豪民, 伺國之釁, 覘事機之可乘, 奮臂一呼於壟畝之上, 則彼怨民者, 聞聲而集, 不謀而同唱, 彼恒民者, 亦求其所以生, 不得不鋤耰棘矜往從之, 以誅無道也.

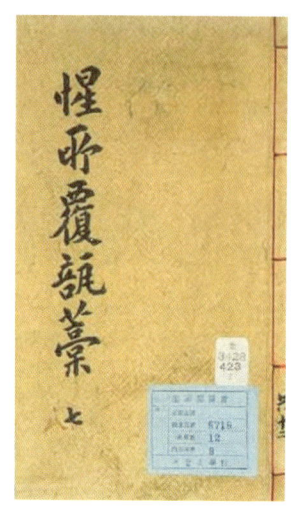

허균의 문집《성소부부고》표지.

허균은 진제국이 진승과 오광의 봉기로 무너졌다는 사실을 언급하며 호민의 역사적 실재를 증명하고 있다. 하지만 조선은 원망의 소리가 고려 때보다 높지만 백성을 두려워하지 않으니, 그 까닭은 호민이 모습을 드러내지 않았기 때문이라고 보고 있다.

흥미롭게도 허균은 정도전과 권근權近에 대한 역사적 평가를 시도했다. 정도전은 고려를 무너뜨리고 조선을 세우는 역성혁명의 공을 세웠지만 비참한 최후를 맞이했다. 영웅의 몰락이라고 할 수 있다. 이에 대해 허균은〈정도전권근론鄭道傳權近論〉에서 "정도전이 자신의 부귀에 신경을 쓰느라 지혜가 어두워지고 자신의 업적을 믿고 자신의 입지를 굳히려고 했다. 그 결과 스스로 위험을 초래했다"는 촌평을 남겼다. 허균은 정도전의 역성혁명을 인정하지만 사적 욕망에 어두웠던 후반부의 삶을 비판하고 있다.

정약용의〈애절양哀絶陽〉

조선 후기 정약용丁若鏞(1762~1836)은 이상적인 군주 정조를 만나 시대의 폐단을 해소하여 조선을 유교의 나라로 만들고자 했다. 원리주의에 치우친 정조는 유교의 경전과 조선의 현실을 일치시키고자 의욕적으로 나섰다. 당시 조선은 권력 내부의 갈등으로 신음하고 있었을 뿐만 아니라 서양 세력의 진출로 인해 이전과 전혀 다른 새로운 시대를 맞이하고 있었다.

하지만 정조의 때 이른 죽음은 조선을 중흥시키려는 거대한 프로젝트에 좌절을 가져왔다. 후원자를 잃은 정약용은 한반도의 최남단, 즉 섬아닌 섬으로 귀양살이를 떠나게 되었다. 그곳에서 정약용은 정도전과 마찬가지로 민초들의 현실을 두 눈으로 마주하게 된다.

정약용이 본 현실은 '어렵겠지!'라는 차원이 아니라 생과 사의 경계를 서성이게 하는 '마지막에 내몰린 극단'에 처해 있었다. 그는 이 극단의 삶을 〈애절양哀絕陽〉(1803), 즉 세금을 내야 하는 남성이 자신의 성기를 잘라 버린다는 시로 절절하게 표현했다.

> 시아버지 상에 상복 입고 아이는 배냇물도 안 말랐는데 삼대가 다 군적에 실리네. 달려가 호소해도 문지기는 호랑이처럼 사납고 향관은 으르렁대며 마구간 소마저 몰고 가네. 세도가는 일년 내내 풍악을 울리면서 낟알 한 톨 비단 한 치 바치는 일 없는데 우리 모두 같은 백성인데 왜 그리 차별이 심할까? 객창에서 거듭거듭 시구편을 외워 보네.[30] _〈애절양〉

〈애절양〉, 보고 듣고서도 믿기지 않는 일이다. 아이를 태어나게 하여 세금이 부과되었으니 아예 원인을 없애 버리겠다며 '애절양'을 한 것이

---

[30] 〈애절양〉, 舅喪已縞兒未澡, 三代名簽在軍保. 薄言往愬虎守閽, 里正咆哮牛去皁. 豪家終世奏管弦, 粒米寸帛無所捐. 均吾赤子何厚薄, 客窓重誦鳲鳩篇.

다. 허균이 〈호민론〉에서 말한 '원민怨民'이다. 할 수 있는 것은 사실을 바로잡아 달라고 청원하는 것인데, 관청을 찾아도 호랑이처럼 무섭게 구는 문지기가 들여보내 주지 않는다. 주위를 둘러보면 세도가들은 세금 걱정하지 않고 넉넉한 삶을 즐기고 산다. 하늘을 찾지 않을 수가 없다. "균오적자하후박均吾赤子何厚薄". 우리 모두 하늘이 낳은 핏덩어리 묻은 자식인데 어떤 놈은 무거운 세금으로 허리가 휘고 어떤 놈은 가벼운 의무로 떵떵거리며 사느냐는 것이다.

정약용 자신도 피해자이다. 잘해 보려고 할수록 거꾸로 내침을 당하는 꼴이니 말이다. 정약용은 시대의 문제를 해결하기 위해 '상제上帝'를 요청했다. 성리학에서는 '리利'가 아니라 '리理'를 믿고 따르라고 한다. '리利'는 추상적이기도 하지만 구체적으로 '나'에게 다가오는 과정이 분명하다. 반면 믿으라는 '리理'는 엄격하여 서슬이 퍼렇지만 '나'와 어떻게 연관이 되는지 분명하지 않다. 정약용은 이 빈자리를 메우기 위해 '리理'의 자리에 분노할 때 분노를 표시하고 사랑할 때 사랑을 표시하는 '상제'를 놓고자 했다.

종래 정약용의 도덕의 근원이자 응징의 주체로서 '돌아온 상제上帝'에 대해 이런저런 소리가 많았다. 이때 상제는 도덕의 근원이자 응징의 주체이다. "천주교의 세례를 받았던 만큼 천주교의 영향을 받아 상제를 말했다." "《서경》과 《시경》에 보면 분노하고 사랑하는 '상제'가 나오는데 그걸 재생했다." 나는 이런 주장들도 가능하지만 한 가지 중요한 사실을 놓치고 있다고 생각한다. 정약용이 도덕 세계의 근원으로 상제를 제시한다고 하더라도 사람들이 그 상제를 믿고 따를 수 있는가라는 점이다. 정약용이 아무리 상제를 말한들 사람들이 상제를 믿고 따르지 않는다면 규제력을 발휘할 수가 없다.

　그렇다면 정약용은 상제를 말하면서 그 규제력이 어떻게 실현될 수 있다고 생각했을까? 나는 그 규제력이 당시 만연하고 있던 '미륵' 신앙 등 초월적 존재의 힘에 의지해서 개인과 공동체의 문제를 해결하려는 흐름과 관련이 있다고 생각한다. 천주교의 하느님도 그러한 흐름 중의 하나라고 할 수 있다. 정약용은 그러한 도도한 흐름을 유배지에서 느끼고 있었기 때문에 상제를 들고 나온 것이다. 그렇지 않고 단순히 고전에 나오기 때문에 재활용한 것이라면 시대의 변화에 어두운 것이고, 천주교의 하느님을 차용한 것이라면 자신이 부정하고 몰래 다시 쓰는 것이니 양심불량이라고 하지 않을 수 없다. 정약용의 상제가 지상의 구舊정부를 뒤엎는 세력으로 도래한다는 점을 고려하면, 고통 받는 백성과 함께 가고자 했던 정도전, 호민을 말했던 허균의 생각과 이어진다. 그리고 그 근원에는 맹자가 보인다고 할 수 있다.

■ 에필로그

삶의 현장에서 사상가를 만나는 '인문여행'을 떠나며

　중국은 이미 세계 경제의 중심입니다. 중국은 우리의 이웃나라에 한정되지 않고 공동의 미래를 위해 이해하고 연구해야 하는 대상이 되었습니다. 그럼에도 불구하고 우리 중에는 중국에 대해 1950~1960년대 또는 1980~1990년대의 인식에 머물러 있는 사람이 많습니다.

　대표적인 예가 "중국 상품은 싸구려이거나 가짜가 많다", "중국 사람은 지저분하다", " 돈만 밝힌다", "사람을 잘 속인다", "중국 여행을 가면 음식 때문에 고생한다" 등입니다. 또 중국의 좋지 않은 점을 유럽과 미국의 좋은 점과 비교하기도 합니다. 어떤 것은 나름 근거도 있고 경험이 뒷받침되기도 합니다만 대부분은 이제 옛말입니다. 현재 중국만큼 빠르게 변화하는 나라도 드물 것입니다. 그 변화를 인정하지 않고 특정 시점의 인상만을 고집하면 사실을 왜곡하게 됩니다.

왜 우리는 중국을 사실대로 보지 못하는 것일까요? 그것은 한국 사람이 중국을 바라보는 시각과 관련이 있습니다. 그 시각은 크게 두 가지로 나뉩니다. 첫째, 과거의 관점에서 중국을 바라보는 입장입니다. 공자와 노자 등 과거의 사상가를 좋아하는 사람들은 사회주의 혁명 이후의 중국에는 관심이 없거나 좋지 않은 인상을 갖고 있습니다. 둘째, 현재의 관점에서 중국을 두려워하는 입장입니다. 이들은 '만약 중국과 관계가 틀어진다면 어떤 일이 생길까?'라고 걱정합니다. 이처럼 현재의 중국을 신경 쓰다 보니 과거는 물론 현재와 미래의 우리 삶과 밀접한 관계를 맺고 있는 중국을 간과합니다.

두 입장의 차이는 뜻밖에 골이 깊습니다. 전자는 중국이 과거 동아시아의 사상과 문화를 일구었던 공통의 지적 자원을 창조했던 점을 높이 삽니다. 이들은 사회주의 이후 중국이 그 가치를 내버렸다고 봅니다. 이를 근거로 은연중에 우리나라가 조선 중화주의의 맥락을 계승하여 동아시아의 사상 문화를 보존하고 재생산하고 있다고 생각합니다.

후자는 중국이 세계 경제의 G2가 되고 우리와의 교역 규모가 나날이 확대되고 있다는 사실을 강조합니다. 그래서 미국과 중국을 대하는 우리 정부의 외교 정책에도 촉각을 곤두세웁니다. 이들은 현재가 중요하지 굳이 중국의 과거까지 알 필요가 있느냐고 반문합니다.

정리하자면 전자는 인문의 가치를, 후자는 경제의 힘을 강조한다고 할 수 있습니다. 과연 이 둘 중 하나만으로 중국의 전모를 이해할 수 있을까요? 당연히 이해할 수 없습니다. 둘 다 중국의 부분을 바라보기 때문입니다.

사실 지금의 중국을 알려면 한 가지를 더 합쳐서 세 갈래를 종합적으로 고려해야 합니다. 첫째, 공자와 노자 등에 연원하는 전통 사상이고 둘째, 마르크스-레닌에 바탕을 둔 마오쩌둥毛澤東의 사상이고 셋째, 생존 욕망과 부의 창출을 위해서 움직이는 실용주의(자본주의)입니다. 이 세 갈래를 고려하지 않고 어느 한 가지만으로 평가한다면 중국의 전모를 제대로 파악할 수 없습니다.

그렇다면 왜 지금 중국의 과거 사상가를 찾아 인문기행을 떠나는 것일까요? 그리고 우리는 과거에서 무엇을 보고 듣고 배울 수 있을까요?

첫째, 사상가들이 텍스트에 무심결에 내뱉거나 공을 들여서 말하는 맥락을 여실하게 잡아챌 수가 있습니다. 우리는 지금까지 사상가를 텍스트 위주로 이해해 왔습니다. 공자와 맹자를 알려면 《논어》와 《맹자》를 읽고, 노자와 장자를 알려면 《노자》와 《장자》를 읽었습니다. 이는 그들의 사상을 이해하는 좋은 방법입니다. 하지만 텍스트만으로 사상가의 전모를 알 수는 없습니다.

사상은 현실로부터 한 걸음 떨어져서 빚어내는 추상적 사유의 산물이기도 하지만 현장에서 길어 올린 고뇌의 산물이기도 합니다. 추상적 사유는 텍스트를 통해 충분히 이해할 수 있습니다. 하지만 고뇌의 현실은 텍스트에서 충분히 드러나지 않습니다. 그래서 사상가의 진면목을 알려면 텍스트 이해와 함께 현장의 답사가 필수라고 할 수 있습니다. 사상가가 거닐던 곳을 거닐고 지났던 길을 되짚으며 그들이 무엇을 고민하고 어떻게 실마리를 풀어 갔는지를 몸과 마음으로 추체험하다 보면 텍스트의 그물에서 자유로워진 사상가를 만날 수 있습니다. 더 나아가 사상가의 마음속으로 성큼 다가갈 수 있습니다.

예컨대 공자가 일찍이 "동산에 오르면 노나라가 작아 보이고 태산에 오르면 천하가 작아 보인다"(登東山而小魯, 登泰山而小天下. _〈진심〉상24)라고 말한 적이 있습니다.

한자의 뜻에만 주목해도 말의 의미를 알아차릴 수는 있습니다. 하지만 동산과 주위, 태산과 주위를 모르면 가정과 상상일 뿐 공자의 말을 제대로 안 것이라고 할 수 없습니다. 직접 동산에 올라 보면 왜 이 말이 공자의 입에서 튀어나왔는지를 금방 깨닫게 됩니다.

둘째, 오늘날 중국이 미국과 함께 G2가 된 원인을 찾을 수 있습니다. 이는 세계 경제에서 차지하는 중국의 규모와 파워를 가리킵니다. 많은 사람들이 질문을 던집니다. "중국이 어떻게 G2로 성장하게 되었을까요?"

이 질문에 대답하려면 오늘의 중국을 낳은 과거로 돌아가지 않을 수 없습니다. 일어나 보니 갑자기 유명 작가가 되었다는 식의 이야기는 신화에서 가능할지 모르지만 한 나라가 갑자기 G2가 될 수는 없기 때문입니다. 가까운 원인을 찾으면 1978년에 덩샤오핑이 추진한 개혁개방改革開放으로 돌아갈 수 있고 먼 원인을 찾으면 전통에 주목하지 않을 수 없습니다. 중국의 전통에서 공자와 노자 등의 사상이 차지하는 비중이 적지 않습니다. 특히 개혁개방 이후 중국 지도부는 유교의 중추적 역할을 강조하고 있습니다. 공자는 이미 '공자학원'이라는 이름으로 세계 각국에서 중국 문화의 상징이 되었습니다. 시진핑 주석의 취임사였던 '무신불립無信不立' 역시 《논어》의 한 구절입니다. 현재의 중국을 하나로 묶는 것은 여전히 과거의 전통 사상인 셈입니다.

셋째, 동아시아를 비롯하여 세계가 앞으로 나아갈 미래의 방향을 예상해 볼 수 있습니다. 근대의 세계 질서는 유럽이 주도해 왔습니다. 그 결과 오늘날의 수많은 제도와 용어 등이 대부분 유럽에 기원을 두고 있습니다. 하지만 오늘날 동아시아가 세계의 정치, 경제에서 차지하는 비중은 나날이 커지고 있습니다. 이것은 국제 사회에서 동아시아 각국의 발언권이 커지는 현상에서도 확인할 수 있습니다.

과거 동아시아는 늦은 출발과 변신으로 인해 근대 질서의 형성에 능동적으로 참여하지 못했습니다. 하지만 동아시아는 더 이상 근대의 후발주자도 희생자도 아닙니다. 지금의 동아시아는 근대 질서의 수혜자이자 현대 질서의 운영자 역할을 하고 있습니다. 앞으로는 이를 바탕으로 미래 질서의 창출자가 될 것입니다.

넷째, 중국 여행도 유럽처럼 개인이 부담을 느끼지 않고 배낭여행을 할 수 있는 나침반이 필요할 때가 되었습니다. 중국이 대세라고 하지만 그것은 주로 영향력의 측면이지 패러다임(대안)의 측면을 가리키지는 않습니다. 중국이 미래의 대안이 될지는 아직 분명하지 않습니다. 유럽과 미국처럼 중국을 편하게 다니면서 관찰할 필요가 있습니다.

하지만 중국 여행은 유럽과 미국처럼 편하지도 다른 지역보다 아주 저렴하지도 않습니다. 게다가 중국 상품에 대한 편견, 언어와 음식의 불편함, 환경오염, 중국인의 무뚝뚝한 업무 스타일 등이 겹쳐지면 "같은 돈이라면 중국 가느니 다른 곳에 가겠다"라는 말이 당연해 보입니다.

이렇듯 중국은 아직 우리에게 '현실적으로는 가까이해야 하지만 선뜻 내키지 않는 거리감'이 느껴지는 나라입니다. 이 거리감을 극복하는 방법은 중국의 언어와 사상, 음식, 문화, 예술 등을 직접 맛보는 '여행'을 가는 것입니다. 과거의 인식에 머물지 않고 중국을 새롭게 찾아가는 것입니다. 우리가 스스로 새로운 눈을 가져야 하는 것이죠.

중국은 과거와 현재의 어떤 시점에 갇혀서 볼 대상이 아니라 미래를 위해서 찾아봐야 할 거대한 텍스트라고 할 수 있습니다. 특히 세계 질서에서 동아시아의 비중이 점차 높아지고 있는 시점에서 과거와 현재에 바탕을 둔 미래의 전망은 그 중요성을 아무리 강조해도 지나치지 않습니다.

이렇게 본다면 중국의 사상가를 만나는 일은 과거로 돌아가는 것이 결코 아닙니다. 우리는 현재에서 과거로 돌아갔다가 그곳에 갇히지 않고 다시 미래로 나아가야 하는 것입니다.

우리가 살아가는 세계에서 시간은 직선이 아니라 끊임없이 '교차'하고 있습니다. 교차의 맥을 짚어 내는 것이 인문학의 힘입니다. 이러한 흐름에서 중국을 주목하는 것은 중국 민족주의의 발로가 아니라 인류의 미래와 직결된 것입니다. 답답하고 꽉 막힌 미래가 아니라 활기차고 열려 있는 미래를 맞이하려면, 과거의 미래였을 현재와 머나먼 과거의 미래였을 과거와 대면하지 않을 수 없습니다. 이를 위해 우리는 삶의 현장에서 텍스트를 읽는 '인문기행'을 떠나는 것입니다.

나는 이 책을 쓰기 전에 권말의 참고자료에 소개했던 '중국 여행' 관련 책을 읽었습니다. 그중에는 유적지를 찾은 개인의 감상을 적은 책도 있고, 감상과 인문 교양을 결합한 책도 있으며, 찾을 유적지를 간단하게 안내하는 책도 있습니다. 하지만 사상가의 고향을 찾아서 그들이 생각하고 느낀 바를 전하고 추체험을 이끄는 책은 아직 없었습니다. 나도 동아시아가 유교의 고향이므로 공자, 묵자, 맹자, 순자, 노자, 장자의 유물을 소개하는 책이 많으리라 예상했지만 그런 책이 거의 없다는 걸 알고 깜짝 놀랐습니다. 이 책은 중국과 한국만이 아니라 세계를 통틀어서 '한 도시에 남아 있는 사상가의 유물에 관한 모든 것'을 밝히는 최초의 시도라고 할 수 있습니다. 속속들이 잘 안다고 짐작하지만 실상 동양철학의 사상가를 잘 모르는 우리의 현주소를 보여 주고 있습니다. 공자, 묵자, 맹자, 순자, 노자, 장자 등의 시리즈 '인문기행'으로 동양철학을 밑바닥에서부터 제대로 이해하는 길이 되기를 바라마지 않습니다.

2015년 겨울

如如 신정근 씁니다.

부록

- 맹자성적도
- 쩌우청의 식박
- 쩌우청의 특색 음식

중국에서 가장 오래된 《맹자성적도》

단기교자.

양혜왕문리국.

《맹자성적도》는 〈맹씨종전조도비〉에 새겨진 맹자의 일대기이다. 금나라 대연 3년(1211)에 새겨진 것으로 석각 자료로는 가장 오래되었다.

제선왕문치국.

전식어제후.

《맹자성적도》

문인.

공손추문호연.

《孟子聖迹圖》

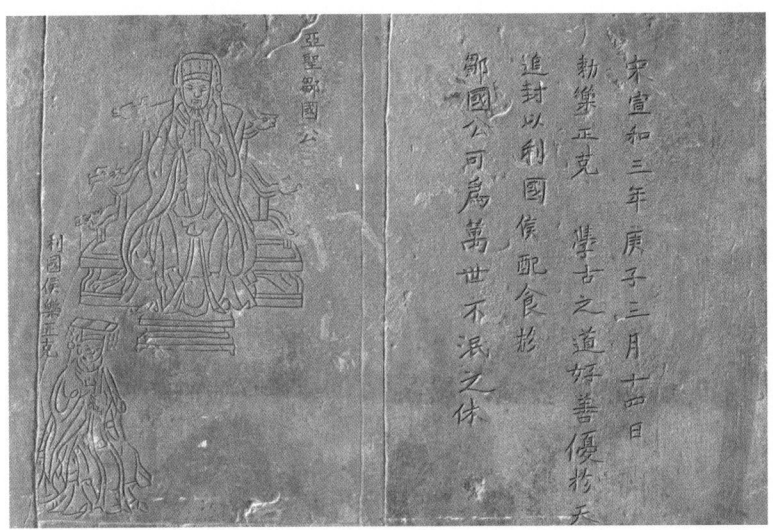

아성추국공.

등문공과 도성선.

《맹자성적도》

주국선헌부인과 주국공.

사맹전수.

《孟子聖迹圖》

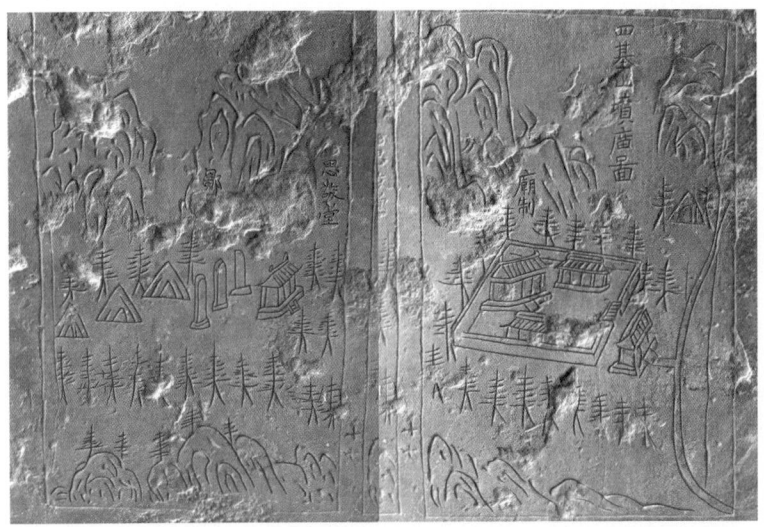
사기산분묘도.

아성공부인.

어디서 잘까? – 쩌우청의 숙박

중국은 현재 건설 중이며 과거와 미래가 한 곳에서 교차한다. 대로변의 큰 건물을 돌아 뒷골목으로 한 걸음만 들어서면 금방 과거의 모습을 만날 수 있다. 호텔에 짐을 풀었다면 한 번쯤 주변을 둘러보시기를 권한다.

쩌우청은 취푸에서 20km가량 떨어져 있다. 맹자가 공자를 이은 아성으로 불리듯이, 대부분의 여행 상품이 취푸에 숙소를 잡고 쩌우청의 맹자 유적지 몇 군데를 둘러보고 돌아오는 일정으로 구성된다. 그래서 알려진 숙소가 많지 않다. 하지만 덕분에 비교적 저렴한 가격에 묵을 수 있다. 최근 관광객이 늘어나면서 새로운 호텔들이 들어서는 추세이다. 숙박 시설은 중심가인 쩌우청 기차역과 티에산 공원 주변에 몰려 있다. 시설이 깨끗하고 현대적이다. 저렴한 곳은 1~2만 원대에 묵을 수 있다. 인터넷으로 예약할 때는 조식 포함 여부를 꼭 확인할 필요가 있다. 쩌우청의 숙소 몇 군데를 소개한다.

▬ 쩌우청국제호텔

邹城油龙大厦 (原邹城国际饭店, Zoucheng International Hotel)
주소: 邹城市 太平西路 2269号

쩌우청의 도심 대로변에 자리하고 있어 쩌우청 기차역, 맹모삼천사, 티에산 공원 등 주요 유적지로 이동이 편리하다. 우리 일행이 묵었던 곳으로 고급 호텔에 속한다. 2인 1실 5~6만 원. 조식이 괜찮은 편이다. 인터넷 무료. 호텔 주변에 식당들이 많다.

지린리조트

择邻山庄(Zoucheng Zelin Resort)

주소: 邹城市 岗山北路 1571号

쩌우청의 명소 중 한 곳인 티에산 공원과 인접해 있다. 동문 길 건너편에 위치해 있다. 쩌우청 기차역에서 2.9km, 약 30분 거리에 있어서 외국인들에게 인기가 있다. 시설에 비해 숙박비도 저렴해서 3~4만 원에 묵을 수 있다.

진장비지니스호텔

锦江商务宾馆(邹城岗山北路店, Zoucheng Jinjiang Business Hotel)

주소: 邹城市 岗山北路 1309号

티에산 공원 남문 쪽에 위치한 비즈니스호텔 체인으로 가격이 저렴하다. 1~2만 원대에 잘 수 있다. 티에산 공원, 맹자 유적지 등과 가까운 거리에 있다. 객실에 컴퓨터가 갖추어져 있으며 인터넷은 무료이다. 조식은 평범한 중국식이다. 영어에 능숙한 직원이 없을 수 있지만 의사소통은 가능하다.

Home Inn

如家快捷酒店(邹城矿建东路店, Zhoucheng East Kuangjian Road Branch)

주소: 邹城市 矿建东路 317号

중국 전역에 있는 호텔 체인으로 가격에 비해 현대적인 시설을 갖추고 있다. 최근에 오픈했다. 쩌우청 기차역과 인접한 시내 중심에 위치해 있어 교통이 편리하다. 맹모삼천사가 가깝다. 2만 원 내외이다. 조식은 현지 통화로 결제한다(12위안).

Home Inn
如家快捷酒店(邹城火车站龙山南路店, Zoucheng South Longshan Road Branch)

주소: 邹城市 太平西路 559号

쩌우청 기차역 주변에 위치해 있다. 교통이 편리하고 깨끗하다.

Home Inn
如家快捷酒店(邹城铁山公园店, Zoucheng Tieshan Park Branch)

주소: 邹城市 岗山北路 1263号

티에산 공원 남쪽에 위치해 있다. 버스 정류장과 가까워서 맹자 유적지 등으로 이동이 편리하다. 인터넷 무료. 현대적인 객실을 갖추고 있다.

진장무역호텔
邹城锦江商务酒店(Zoucheng Jinjiang Traders Hotel)

주소: 邹城市 城前西路 1419号

쩌우청 도심의 남쪽에 위치해 있다. 현대적인 시설과 수영장, 카페 등 부대시설을 갖추고 있다. 인터넷 무료, 공항 픽업도 가능하다. 2만 원 정도면 묵을 수 있다. 대로변에 위치해 있어 이동이 편리하고 맹묘, 맹부, 이산 등과 가깝다.

무엇을 먹을까? – 쩌우청의 특색 음식

맹자는 〈고자〉에서 "식욕과 성욕은 인간의 타고난 본성이다"(食色, 性也)라고 했다. 쩌우청은 산둥 요리의 발원지 중의 하나로 먹거리 종류가 많고 특색이 선명하다. 우선 쩌우청의 음식을 이야기할 때 '맹부연孟府宴'을 빼놓을 수 없다. 역대 권력자들의 맹자에 대한 숭배를 느낄 수 있는 음식이다. 예의와 격식을 갖추어 참석자의 위치 선정, 착석, 요리, 주문, 술, 식기까지 꼼꼼히 신경을 쓴다. 이와 함께 평범한 가정 요리도 포함되어 있다. 맹부연은 "오곡위양五穀爲養, 오과위조五果爲助, 오축위익五畜爲益, 오채위충五菜爲充으로, 오곡은 생존의 근본이요, 과일과 야채, 육류 등은 주식을 보하여 이로움을 보충한다"라는 의미를 품고 있다. '네모나게 썬 음식이 아니면 먹지 않는다'(不食不正) 등의 원칙을 지켰다. 요리는 짜거나 느끼하지 않고 먹는 사람의 나이, 성별, 식습관 등 상황에 따라 정해진다. 아래는 쩌우청에서 맛볼 수 있는 특색 요리들이다.

1. 라우떠우푸 老豆腐

라우떠우푸는 베이떠우푸北豆腐라고도 하는데, 산둥성山東省의 전통 먹거리이다. 떠우푸나오豆腐腦와 비슷하지만 제작 과정이 더 복잡하다. 라우떠우푸는 희고 연하지만 쉽게 부서지지 않는다. 두부 향이 독특하다. 3위안.

2. 떠우푸나오 豆腐腦

떠우푸나오는 대두로 만든 영양만점의 식품으로 우리의 순두부와 흡사하다. 라우떠우푸보다 식감이 훨씬 부드럽다. 떠우푸나오를 '묘령의 소녀', 라오떠우푸를 '우아한 여인'이라고 표현한다. 떠우푸나오는 아침에 주로 먹고 라오떠우푸는 오후에 먹는다. 노릇노릇한 떠우푸나오 위에 중국 특유의 향이 나는 시큼하면서 매콤한 간장을 살짝 얹고 실파나 버섯 등을 곁들여서 먹으면 더욱 풍미가 있다. 쩌우청 시민들은 주로 아

침식사로 중국의 튀김 빵 사우빙燒餅과 함께 즐겨 먹는다. 중국의 큰 도시에서는 볼 수 없지만 작은 도시나 전통 마을에서는 지금도 이 두부를 어깨에 메고 파는 사람을 볼 수 있다. 5위안.

3. 촨웨이미엔티아오 川味麵條
중국인들이 뽑은 쩌우청의 특색 요리 중 인기가 많은 면 요리이다. 천미국수라고 할 수 있다. 이름에 천川이 들어가서 사천요리라고 착각하는 사람이 많지만, 사천四川에서는 맛볼 수 없는 쩌우청鄒城의 고유한 음식이다. 한국의 바지락 칼국수와 비슷한 맛이지만, 매콤하고 시큼한 맛이 함께 있고 칼국수에 비하면 진하고 강한 맛이다. 10~12위안.

4. 따샨사오지 大山燒鸡
'사오지燒鸡'는 중국 한족의 특색 음식이며, 쩌우청에서는 '따샨사오지'가 가장 유명하다. 사오지는 중국 특유의 향신료로 구워 낸 향기로운 닭고기 요리이다. 전래에 따르면 명나라 신조 황제가 닭고기를 매우 좋아하여 전국의 유명 요리사들을 선발해 7일간 '닭'을 주제로 요리경연을 벌였다. 그 경연에서 황제의 입맛을 사로잡은 1등 요리가 바로 이 '사오지'이다. 그 후 중국인들에게 가장 인기 있는 닭고기 요리 중 하나가 되었다고 한다. 한국의 바비큐 맛과 유사하다. 30위안.

5. 띠궈 地锅
띠궈 역시 쩌우청을 대표하는 유명 먹거리의 하나이다. 띠궈는 1천여 년의 역사를 갖고 있는데 한대漢代 초상석에 이미 조리하는 모습과 요리를 맛보는 광경이 묘사되어 있다고 한다. 쩌우청 동부의 시골에서는 집 마당에 부뚜막을 쌓고 철가마에 나무장작을 때면서 재료를 얹고 궈티에锅贴(현지에서는 일명 '소혓바닥'이라 부른다)를 솥에 붙인다. 요리가 익으면서 궈티에에 나무 향이 배게 된다. 띠궈 닭요리는 여러 음식점에서 주 요리로 선보이고 있다. 45위안.

6. 스시완즈 四喜丸子

우리나라의 동그랑땡과 비슷한 돼지고기로 만든 완자 요리이다. 스시완즈는 산둥 요리의 전형적인 메뉴 중 하나인데, 네 개의 맛스럽게 생긴 완자와 야채가 곁들여진다. 이 네 가지는 인생의 복福, 녹祿, 수壽, 희喜 네 가지 경사를 상징한다. 전통에 따르면, 스시완즈는 반드시 한 접시에 완자 네 개만을 담는다. 그리고 청록색 야채를 함께 올려서 좋은 색감을 만든다. 중국 명절 요리에서 빠지지 않는 음식이다. 산둥성 쩌우청의 전통 요리 중 하나로 만들기 쉬워서 가정에서도 자주 만들어 먹는다. 우리에게도 익숙한 맛으로 소스는 약간 새콤한 편이다. 18위안.

7. 와우샹춘야 瓦屋香椿芽

춘아椿芽는 참죽나무 가지 끝에 자라난 부드러운 붉은 새순을 말한다. 매년 이른 봄철에 참죽나무(香椿樹) 가지에 빨간색 새순이 돋아나기 시작하는데 중국인들은 이 춘아를 향춘두香椿頭라고 부르기도 한다. 춘아에는 단백질과 베타카로틴, 비타민 B와 C, 칼슘, 인, 철분 등 다양한 영양분이 가득 들어 있는데 그중 특히 비타민 C의 함량이 매우 높아 한漢나라 때부터 식용으로 사용되었다는 기록이 있다. 샹춘야는 쩌우청의 전통 요리 중 하나이며, 관광객들에게도 인기가 좋은 음식이다. 처음에는 약간 쓴맛이 나지만 끝 맛은 고소하다. 맛보다는 영양식으로 많이 찾는다. 당연히 봄이 제철이지만 사철 먹을 수 있다. 20위안.

8. 뻥러우 甏肉

경항대운하京杭大运河가 개통되면서 남쪽의 쌀이 북으로 왔다. 질그릇에 찐 고기와 흰쌀밥을 함께 먹으니 그 맛이 좋아서 공자와 맹자 고향의 전통 음식이 되었다. 질그릇에 찔 고기는 엄선한 재료만을 고집하는데 허리 부분의 오겹살이어야 한다. 조리 과정에서 명주실로 얇은 비계가 밴 신선한 고기를 묶어 2시간 정도 졸인다. 사회가 발전함에 따라 뻥러우 요리도 끊임없이 개선되어 달걀, 켄셴卷煎, 글루텐麵筋, 소시지 등이 추가되었다. 10~20위안.

■ 참고문헌과 자료

- 《서경》
- 《시경》
- 《예기》
- 공구, 《논어》
- 묵적, 《묵자》
- 맹가, 《맹자》
- 사마천, 《사기》
- 반고, 《한서》
- 유향, 《열녀전》
- 한영, 《한시외전》
- 조기, 《맹자장구》
- 응소, 《풍속통의》
- 공부, 《공총자》
- 범엽, 《후한서》
- 위징 등, 《수서》
- 사마광, 《자치통감》
- 주희, 《맹자집주》
- 주희·유청지 편, 《소학》
- 왕응린, 《삼자경》
- 초순, 《맹자정의》
- 정도전, 《삼봉집》
- 강판권, 《세상을 바꾼 나무》, 다른, 2011; 2쇄 2012
- 신정근, 《맹자와 장자, 희망을 세우고 변신을 꿈꾸다》, 사람의무늬, 2014
- 신정근, 《동양철학, 인생과 맞짱 뜨다》 제1회, 〈맹자와 돈키호테의 모험여행〉 네이버캐스트

- 신정근,《동양철학, 인생과 맞짱 뜨다》제21회,〈권력은 영원하지 않다〉네이버캐스트
- 신정근,《동양철학, 인생과 맞짱 뜨다》, 21세기북스, 2014
- 오종일,《중국 사상과 역사의 근원을 찾아서》, 한울, 2008
- 위치우위, 유소영·심규호 옮김,《중국문화답사기》, 미래M&B, 2000
- 임중혁,《스무날의 황토 기행》, 소나무, 2002
- 조창완,《중국도시기행》, 성하출판, 2003
- 유향, 이숙인 옮김,《열녀전 —중국 고대 106여인 이야기》, 예문서원, 1996; 2쇄 1997
- 光緒本《重纂三遷志》
- 劉培桂, 中國孔子基金會文庫《孟子林廟歷代題咏集》, 齊魯書社, 2001
- 劉培桂,《孟廟歷代碑文題咏選注》, 泰山出版社, 2009
- 程福華 主編,《孔孟聖迹圖》, 亞洲出版社, 2005
- 邵澤水,《孟子和他的弟子》, 亞洲出版社, 2010
- 邵澤水·田霞·張惠 編著,《孟廟 孟府 孟林 孟母林》, 亞洲出版社, 2010
- 鄭建芳,《孟廟 孟府 孟林》, 亞洲出版社, 2012
- 趙鵬俊 編著, 王雲石 繪畫,《孟子的故事》, 內蒙古人民出版社, 2009
- 孔德平·彭慶濤 主編,《游賞曲阜》, 泰山出版社, 2012
- 郭沂,〈子思弟子孟軻非孟子說〉,《國學網》(www.guoxue.cn)
- 李峻岫,〈漢代孟子'傳記博士'考論〉,《齊魯學刊》, 2007年 第1期 總第197期, 23~27쪽
- 《사해辭海》, 上海辭書出版社, 1999
- 《중국고금지명대사전中國古今地名大辭典》, 商務印書館, 1931
- 孟子研究院 http://www.zgmzyjy.com
- 天下孟子網 http://www.txmengzi.com
- 孟子傳承網 http://www.mengs.org
- 儒風鄒城 http://www.mencius.gov.cn

- 〈옌콩뉴스〉 2012년 6월 22일판
- 〈신쩌우청〉 2012년 9월 15일판
- 〈쩌우청문화예술〉 2012년 제3기
- http://friendlyshandong.co.kr
- http://www.ctrip.com
- http://blog.sina.com
- http://wenshi.dzwww.com
- http://www.dianping.com